ADAC Reiseführer

W0184667

Dresden

Meißen Pirna Sächsische Schweiz

Museen · Kirchen · Schlösser und Burgen · Events
Naturerlebnisse · Ausblicke · Hotels · Restaurants

Die Top Tipps führen Sie zu den Highlights

von Axel Pinck

☐ Intro

☐ Unterwegs

Lamina terminalis

Leserforum

Die Meinung unserer Leserinnen und Leser ist wichtig, daher freuen wir uns von Ihnen zu hören. Wenn Ihnen dieser Reiseführer gefällt, wenn Sie Hinweise zu den Inhalten haben – Ergänzungs- und Verbesserungsvorschläge, Tipps und Korrekturen –, dann kontaktieren Sie uns bitte:

Redaktion ADAC Reiseführer
Travel House Media GmbH
Grillparzerstr. 12, 81675 München
adac.reisefuehrer@travel-house-media.de

Dresden Kaleidoskop

Karten und Pläne

☐ Service

Dresden multimedial erleben

Mit Ihrem Smartphone, Tablet-PC oder Computer können Sie viele Sehenswürdigkeiten Dresdens nun auch in bewegten Bildern erleben. Ergänzt wird das multimediale Angebot durch Hörstücke voller Hintergrundinformationen über die Elbmetropole.

1

Im Buch finden Sie bei ausgewählten Sehenswürdigkeiten QR Codes sowie Internet-Adressen.

▶ Reise-Video Dresden
QR Code scannen oder dem Link folgen:
www.adac.de/rf0195

2

Öffnen Sie den QR Code-Scanner auf Ihrem Handy und scannen Sie den Code. Gut geeignet sind Apps wie barcoo oder Scanlife.

3

Die meisten Apps schlagen Ihnen nun ein Programm zum Öffnen von Film oder Audio-Feature vor. Das iPhone startet sie automatisch. Am flüssigsten laufen die Filme bei einer WLAN- oder 3G-Verbindung.

4

Sollten Sie kein Smartphone besitzen, dann nutzen Sie bitte die neben dem QR Code stehende Internet-Adresse.

Bitte beachten Sie, dass beim Aufruf der Filme und Audio-Features über das Handy Kosten bei Ihrem Mobilfunkanbieter entstehen können. Im Ausland fallen Roaming-Gebühren an.

Dresden Impressionen

Barocke Schönheit, heiteres Ambiente und Kunstschätze ohne Gleichen

Es sind die malerische Barocksilhouette der Dresdner **Altstadt**, die hochkarätigen Museen, die vielen Kulturhighlights und die ›sächs'sche Gemiedlichgeed‹, die der Stadt an der Elbe ein einzigartiges Flair verleihen. Auf engstem Raum versammeln sich am linken Elbufer monumentale Prachtbauten wie *Zwinger*, *Residenzschloss* und *Frauenkirche*. So kann sich der Besucher zwischen zwei Besichtigungen entspannt durch die Gassen und Straßen treiben lassen, in einem Café an der *Brühlschen Terrasse* einkehren und dort die Dresdner Patisserie kosten. An seinem Cappuccino – oder einem sächsischen ›Schälschen Heeßes‹ – nippend, genießt er einen traumhaften Ausblick über die Elbe auf die Dresdner **Neustadt** und die Vorfreude auf die nächste Sehenswürdigkeit – das ist Dresdner Dolce Vita. Übrigens zeigte sich bereits im 18. Jh. der Dichter Gottfried Herder von den Kunstschätzen der sächsischen Residenzstadt so beeindruckt, dass er sie als ›Elbflorenz‹ mit der toskanischen Kulturmetropole auf eine Stufe stellte. Und der Dramatiker Heinrich von Kleist schwärmte in einem Brief von 1801 davon, dass der Elbstrom in seinem Lauf extra eine Biegung mache, um Dresden, seinen Liebling, zu küssen. Dresden ist eben einmalig, auch wenn es weltweit drei Dutzend Orte diesen Namens gibt, und im All sogar einen Asteroiden von 10 km Durchmesser, der die Sonne zwischen Mars und Jupiter umkreist. Doch zurück auf die Erde und die Brühlsche Terrasse, wo der Besucher plötzlich durch das Tuten eines *Raddampfers* aus seinen Gedanken gerissen wird. Und wenig später steht er schon an Bord, während das Schiff elbabwärts tuckert, vorbei an den malerischen Wein-

Oben: *Moderne Architekturgewalt – die Neue Synagoge mit Gemeindehaus (2001)*
Rechts: *Liebreiz total – Tizians ›Dame in Weiß‹ (1561), Gemäldegalerie Alte Meister*
Unten: *Bedeutende Köpfe unter sich – Schaudepot der Antiken im Albertinum*

hängen der Lößnitz über Radebeul bis nach **Meißen** oder elbaufwärts über Pirna bis zum östlichen **Elbsandsteingebirge**. Wer sich aber nicht von Dresden lösen kann, der schlendert durch einen der herrlichen Parks und Gärten, schließlich ist die Stadt eine der grünsten Europas. Überdies ist ihre Lage traumhaft – an den Ufern der Elbe kann man wunderbar Spazieren gehen oder picknicken und bei Events wie dem Open-Air-Kino nahe am Wasser im Liegestuhl lümmeln, beim Drachenbootrennen die Ruderer anfeuern oder beim Stöbern auf dem Elbeflohmarkt allerlei Kurioses entdecken. Zum feierlichsten Höhepunkt eines Dresden-Tages geht es ins Theater: die weltberühmte *Semperoper* etwa verzaubert mit Klängen und Gesängen aus dem Universum Richard Wagners, das Schauspielhaus begeistert mit flotten Variationen großer Klassiker und frechen Inszenierungen junger Dramatiker. Und wer noch mehr Begeisterung braucht, der stürzt sich ins bunte *Nachtleben* der Neustadt mit ihrer trendigen Bar- und Clubszene.

Das Erbe der Kurfürsten

Am nächsten Morgen tankt man bei Kaffee, frischem Obst und einer ›Bemme‹, sächsisch für Butterbrot, neue Energie und schmiedet Pläne für den Tag. Bei der vorbereitenden Lektüre zur Dresdner Stadtgeschichte stößt man immer wieder auf den Namen **Augusts des Starken** (1670–1733). Er war wohl die mächtigste und schillerndste Figur am sächsischen Hofe. Während der Regierungszeit dieses Kurfürsten und polnischen Königs in Personalunion entstanden monumentale Prachtbauten, darunter der Zwinger in der Altstadt und weiter elbaufwärts *Schloss Pillnitz*. Beide waren Schauplätze für zahlreiche höfische Feste, bei denen sich der europäische Hochadel ein Stelldichein gab. Auch heute kann man in der Stadt stilvoll das Tanzbein schwingen und die große Abendrobe ausführen, etwa beim traditionellen Semper Opernball oder beim originellen Hutball, einer kunterbunten Schau fantasievoller Kopfbedeckungen. ›Hut ab‹ auch vor der Sammelleidenschaft Augusts des Starken und seines Sohnes *Friedrich August II.*

Oben: *Kartenkontrolleure – Goethe und Schiller sitzen am Entrée der Semperoper*
Rechts: *Gefiederte Freunde – Pfau, Wiedehopf und Papagei in der Porzellansammlung*
Unten: *Wovon sie wohl träumt – Giorgiones ›Schlummernde Venus‹ und die Alten Meister*

(1696–1763), die immer wieder ihre Agenten nach Paris, Rom oder Prag entsandten, um dort kostbare Kunstobjekte zu erstehen. Gut für den heutigen Kunstfreund, der die mit viel Liebe und Leidenschaft für Luxus angehäuften Schätze im Residenzschloss und Zwinger bestaunen kann. Für diese unermesslich reichen Kollektionen sollte man zwei Dinge im Gepäck haben: Zeit und Muße. Funkelnde Juwelen, filigrane Figuren aus Elfenbein und Märchengebilde in Gold und Silber füllen die meist opulent gestalteten Säle des Neuen Grünen Gewölbes und des Historischen Grünen Gewölbes im Residenzschloss. Ferner fasziniert hier die Türckische Cammer, eine der bedeutendsten Sammlungen osmanischer Kunst außerhalb der Türkei. In einem gigantischen Prunkzelt etwa werden Harnische sowie mit Juwelen besetzte Dolche und Säbel vorgeführt. Publikumslieblinge sind die fünf holzgeschnitzten, ungeheuer vitalen und tänzelnden Araberpferde, ausgerüstet mit Zaumzeug, Sattel, Schabracke oder Rosspanzer feinster Machart. – Doch jetzt ist höchste Zeit für eine kleine Verschnaufpause auf einer der Bänke des Zwingerhofes, um von dort den Wasserspielen zuzusehen und dem Gitarrenspiel eines Straßenmusikers zu lauschen. Übertönt wird er nur von den 40 Glocken des Porzellanpavillons, die viertelstündlich Melodien aus Antonio Vivaldis ›Die vier Jahreszeiten‹ erklingen lassen. Über das geschäftige Treiben rundherum und alle irdischen Dinge erhaben ist in der nahen Gemäldegalerie Alte Meister Raffaels ›**Sixtinische Madonna**‹ (1512/13) mit den beiden lausbübisch gen Himmel blickenden Engelchen. Jährlich strömen über 500 000 Besucher in den Semperbau, um dieses Spitzenwerk der Renaissance zu sehen.

Kreative Köpfe der Elbmetropole

Einige der Museumsbesucher verweilen auch länger vor dem Gemälde Raffaels und man sieht sie mit gespitztem Bleistift Skizzen anfertigen, denn als Studenten der hiesigen Kunstakademie analysieren sie Komposition und Malweise im Detail. Nach dem Verlassen der Galerie wird manchmal mit farbiger Pastellkreide und flotten Handbewegungen ein erster Entwurf auf den Asphalt gebannt – Streetart eben. Junge Leute aus ganz Deutschland zieht es in die Stadt, um an einer der neun Hochschulen zu studieren. Auch sie prägen die urbane Kultur Dresdens. In der Neustadt findet man wissenschaftliche Buchläden, in denen abends Poetry Slam zum Besten gegeben wird, und ostalgische Szeneläden, die DDR-Erinnerungsstücke zwischen Kitsch und Kult anbieten. Aufstrebende Designer zeigen in Schaufenstern ihre Entwürfe und setzen vom High-Fashion-Kleid bis zum Ringelpulli modische Akzente. Hier bietet die Bio-Suppenbar neben dem Currywurst-Imbiss und dem sächsisch-mediterranen Gourmetrestaurant kulinarische Köstlichkeiten an. Inspiration und Innovation liegen in Dresdens Straßen in der Luft – heute wie damals. Schließlich gründeten im Jahr 1905 vier Architekturstudenten die expressionistische Künstlergruppe ›**Brücke**‹, die mit ihrer wilden, farbenfrohen Malerei bald Furore machen sollte. Heute sieht man die energiegeladenen Bilder von Ernst Ludwig Kirchner, Karl Schmidt-Rottluff und Co. in der Galerie Neue Meister des *Albertinums*. Die Sommermonate verbrachten die Brücke-Künstler im Dresdner Umland an den Moritzburger Seen, Landschaft und Modelle waren Quellen der Inspiration. ›Zurück zur Natur‹ war zu Beginn des 20. Jh. auch das Credo von Karl Schmidt, seines Zeichens Gründer der ersten deutschen Gartenstadt in Hellerau. Dort fertigten die Mitarbeiter der ›Deutschen Werkstätten

Unten links: *Ritter mit Rock und Federhut in der Rüstkammer im Residenzschloss*
Unten rechts: *›Der Strahlende‹ – Luxuskarosse Phaeton in der Gläsernen Manufaktur*

für Handwerkskunst‹ moderne Reformmöbel, die Maßstäbe in puncto Design sowie Funktionalität setzten und sich auch heute großer Beliebtheit erfreuen. Nicht selten wird in Dresdner Wohnzimmern ein Tischchen aus Hellerau von einem Teeservice der *Porzellan-Manufaktur Meissen* geziert – natürlich stilecht im blau-weißen Zwiebelmuster-Look. Die edlen Stücke blicken auf eine lange Tradition zurück, denn im Jahr 1708 erfand der Alchemist Johann Friedrich Böttger in Dresden das erste europäische Porzellan.

Dresdner Wein und Wunder

In den heimischen Weinregalen wird sich gewiss in Zukunft auch ein guter sächsischer Tropfen finden. Die saftigen Trauben des spritzigen Müller-Thurgau und Riesling gedeihen in der sonnenverwöhnten Landschaft der Lößnitz. Eine Wanderung durch die malerischen *Weinberge* mit anschließender Gutsführung und Degustation in der Kellerei ist ein Erlebnis. Oder wie wäre es mit einer entspannten Ausflugsfahrt auf dem *Elbe-Radweg* durch die Sächsische Schweiz, einer beschaulichen Wanderung vorbei an den romantischen Schlössern und Burgen oder, für eher Wagemutige, mit Freeclimbing im Elbsandsteingebirge? Allenthalben bieten Felstürme und Aussichtspunkte im Grünen die fantastischsten Panoramen. Den krönenden Abschluss aber bilden die Ausgucke hoch über Dresden selbst, z.B. vom Turm der Kreuzkirche. Nahebei erhebt sich die elegante Kuppel der Dresdner Frauenkirche am Neumarkt, ein Symbol des Weltfriedens und des Wiederaufbaus. Die Zerstörung Dresdens im Jahr 1945 war total, seine glorreiche Auferstehung als barocke Architekturperle wirkt noch heute wie ein Wunder. Vom Garten des Japanischen Palais am Neustädter Elbufer entfaltet sich die Altstadt-Silhouette tatsächlich wie ein altes Gemälde – mit Augustusbrücke, Kathedrale SS. Trinitatis, Brühlscher Terrasse und Frauenkirche. Genau hier stand im 18. Jh. der Venezianer *Canaletto* und machte Skizzen für seine Dresden-Veduten, die in der Gemäldegalerie Alte Meister ausgestellt sind. Gestern wie heute sind der Garten und die Elbwiesen schöne Orte zum Verweilen, während die Raddampfer friedlich vorübertuckern.

▶ Reise-Video Dresden
QR-Code scannen [s.S.5] oder dem Link folgen: www.adac.de/rf0195

Geschichte, Kunst, Kultur im Überblick

Macht der Wettiner und Pracht der Kurfürsten, moderne Landeshauptstadt mit großem Kulturerbe

ab 5000 v. Chr. Erste Besiedlung des Elbtales.

200 v. Chr. Der germanische Stamm der Hermunduren lässt sich in dem Gebiet nieder.

600 n. Chr. Während der Völkerwanderung verlassen die Germanen die Region, westslawische Stämme aus Böhmen besiedeln das Land zwischen Elbe und Saale. An einem Übergang der Elbe entsteht das Dorf Drezdany.

929 Der ostfränkische König Heinrich I. lässt beim heutigen Meißen die Zwingburg Misni errichten.

1089 Der Wettiner Heinrich von Eilenburg erhält von Kaiser Heinrich IV. die Mark Meißen als Lehen. Beginn der bis 1918 andauernden Regierungszeit der wettinischen Dynastie.

1168 Silberfunde im Erzgebirge bringen wirtschaftlichen Aufschwung in die Region. Die Elbfurt bei Dresden liegt an der Silberstraße, über die das Edelmetall bis nach Böhmen gelangt.

1206 Dresden wird in einer Urkunde des Markgrafen Dietrich von Meißen erstmals erwähnt.

1403 Die Siedlung Altendresden, am rechten Elbufer gelegen, erhält in einer Urkunde des Markgrafen Wilhelm I. das Stadtrecht.

1423 Markgraf Friedrich IV. der Streitbare (1370–1428) erlangt die Kurwürde und regiert als Kurfürst Friedrich I. von Sachsen in der Residenz Meißen.

1434 Kurfürst Friedrich II. erteilt den Dresdnern das Privileg, den ›Freien Markt‹ abzuhalten. Er gilt als Vorläufer des Striezelmarktes.

1480 3800 Menschen leben innerhalb der Dresdner Stadtmauern.

August der Starke und der Porzellanerfinder Böttger

1485 Nach 20 Jahren gemeinsamer Regierungszeit der Brüder Ernst (1441–1486) und Albrecht (1443–1500) erfolgt mit dem Leipziger Vertrag die Aufteilung der Wettiner Lande. Ernst erhält die mit dem Herzogtum Sachsen-Wittenberg verbundene Kurwürde, sein Bruder Albrecht die Markgrafenschaft Meißen. Er und seine Nachkommen, die Albertiner, regieren fortan als Herzöge von Sachsen. Dresden wird Residenzstadt.

1491 Ein Stadtbrand zerstört weite Teile Dresdens. Für den Wiederaufbau sind Ziegeldächer und steinerne Fassaden bis zum ersten Stock vorgeschrieben.

1539 Herzog Heinrich der Fromme (1473–1541) führt die Reformation ein. Es erfolgt die Auflösung der sächsischen Klöster.

1547 Herzog Moritz von Sachsen (1521–1553) erhält die Kurfürstenwürde.

1549 Altendresden wird als Stadtteil Dresdens eingemeindet.

1560 Kurfürst August (1526–1586) legt mit der Dresdner Kunstkammer den Grundstein für die Staatlichen Kunstsammlungen.

1618–48 Im Dreißigjährigen Krieg bewahrt Sachsen bis 1631 seine Neutralität, danach wird es ebenfalls zum Kriegsschauplatz. Dank seiner starken Befestigungen kann Dresden alle Angriffe abwehren.

1632/33 Der Pestepidemie fällt ein Großteil der Bevölkerung zum Opfer.

1685 Ein Brand zerstört das überwiegend aus Holzhäusern bestehende Altendresden. Der Wiederaufbau dauert über 40 Jahre.

1694 Nach dem frühen Tod von Johann Georg IV. (1668–1694) wird sein jüngerer Bruder Friedrich August I. (August der Starke, 1670–1733) Kurfürst. Unter seiner Herrschaft kommt es zu einer kulturellen und politischen Blüte. Es entstehen barocke Prachtbauten wie Zwinger, Frauenkirche und Taschenbergpalais.

1697 Nur durch einen Glaubenswechsel kann der Protestant August der Starke zum König des katholischen Polen gewählt werden. Im selben Jahr wird ihm die Königskrone verliehen und er regiert fortan als König August II. von Polen (bis 1706 und 1709–1733). Er will Polen-Sachsen als gleichberechtigte Großmacht neben Preußen (ab 1701 Königreich) und der Habsburgermonarchie positionieren.

1708 Dem Alchemisten Johann Friedrich Böttger (1682–1719) gelingt zusammen mit Ehrenfried Walther von Tschirnhaus (1651–1708) die Herstellung des ersten europäischen Porzellans.

1710 August der Starke gründet auf der Albrechtsburg in Meißen die erste europäische Porzellanmanufaktur. Die Produktion steht unter der Leitung von Johann Friedrich Böttger.

1719 Der Erbprinz Friedrich August II. (1696–1763) heiratet Maria Josepha von Österreich. Für die Feierlichkeiten lässt August der Starke den Dresdner Zwinger erweitern. Dieser gilt als Hauptwerk des Architekten Matthäus Daniel Pöppelmann (1662–1736) und des Bildhauers Balthasar Permoser (1651–1723).

1732 Erneuerung von Altendresden im Barockstil nach den Vorstellungen Augusts des Starken. Ihm zu Ehren erhält das Stadtviertel nun den Namen Neue Königsstadt, später wird daraus Neustadt.

1733 Nach dem Tod von August dem Starken wird sein Sohn Friedrich August II. Kurfürst von Sachsen und als August III. König von Polen.

1743 Die barocke Frauenkirche am Neumarkt wird vollendet, der Baumeister ist George Bähr (1666–1738).

1748 Der in Venedig geborene Künstler Canaletto (1722–1780) wird Hofmaler.

1756 Sachsen tritt dem Bündnis zwischen Österreich und Frankreich gegen Preußen bei. Da Friedrich II. befürchtet, Österreich könne Sachsen als Aufmarschgebiet nutzen, holt er zu einem Präventivschlag aus und besetzt das Kurfürstentum. Beginn des Siebenjährigen Krieges (1756–1763), in dessen Verlauf Preußen einen Großteil seiner Kriegskosten aus der sächsischen Kasse finanziert, was zum Staatsbankrott führt.

1763 Der Friedensschluss von Hubertusburg beendet den Siebenjährigen Krieg. Sachsen verliert damit das Anrecht auf die polnische Königskrone.

1791 Als Reaktion auf die Französische Revolution arrangiert Kurfürst Friedrich August III. auf Schloss Pillnitz ein Treffen zwischen dem österreichischen Kaiser Leopold I. und Friedrich Wilhelm II. von Preußen. In der Pillnitzer Deklaration stellen die beide Großmächte eine militärische Unterstützung des französischen Monarchen in Aussicht.

1806 Sachsen kämpft an der Seite Preußens gegen die vorrückenden Truppen Napoleons I. (1769–1821) und erleidet bei Saalfeld und Jena schwere Niederlagen. Anschließend zwingt Frankreich Sachsen zum Beitritt in den Rheinbund, einem Militärbündnis deutscher Staaten mit Frankreich. Aus dem Kurfürstentum wird das Königreich Sachsen von Napoleons Gnaden.

1809 Auf Befehl Napoleons I. erfolgt bis 1829 der Abriss der alten Dresdner Stadtbefestigungen.

1813 Napoleons Truppen erleiden eine Niederlage in der Völkerschlacht von Leipzig gegen die Heere von Preußen, Österreich, Schweden und Russland. Als Verbündeter Frankreichs wird der sächsische König Friedrich August I. am 19. Oktober gefangengenommen. Sachsen wird russisch-preußisches Generalgouvernement, an dessen Spitze der Fürst Nikolai Repnin-Wolkonski (1778–1845) steht.

1815 Auf dem Wiener Kongress tritt Sachsen zwei Drittel seines Gebietes an die Siegermacht Preußen ab, daraufhin entlässt man den sächsischen König im Juli aus der Gefangenschaft. – Der Komponist Carl Maria von Weber (1786–1826) erreicht als Königlicher Kapellmeister und Operndirektor in Dresden den Höhepunkt seiner Karriere.

1831 Sachsen wird Verfassungsstaat, und dem Landtag werden mehr Rechte zugesprochen.

1834 Der Architekt Gottfried Semper (1803–1879) folgt einem Ruf an die Königliche Kunstakademie in Dresden.

1837 Beginn der Dampfschifffahrt auf der Elbe zwischen den Städten Dresden und Rathen.

Hofmaler Canaletto und sein Dresden – Hofkirche, Residenzschloss und Augustusbrücke

1839 Einweihung der ersten Bahnverbindung zwischen Dresden und Leipzig.
1843 Richard Wagner (1813–1883) wird Dresdner Hofkapellmeister.
1849 Der zu Beginn seiner Regierungszeit liberale König Friedrich August II. von Sachsen (1797–1854) wird zunehmend konservativer. Seine Ablehnung der Frankfurter Paulskirchenverfassung und die Auflösung des Landtags führen zum Maiaufstand bürgerlicher Kräfte, an dem sich auch der Baumeister Gottfried Semper und der Komponist Richard Wagner beteiligen. Das Militär schlägt die Bewegung nieder, Semper und Wagner fliehen aus Dresden.
1850–72 Im Zuge der Industrialisierung entwickelt sich Dresden zu einem prosperierenden Wirtschaftsstandort. Zahlreiche Firmen werden in dieser Zeit gegründet, darunter 1862 die ›Compagnie Laferme‹, die erste Zigarettenfabrik in Deutschland, und 1869 die Nähmaschinenfabrik ›Seidel & Naumann‹. In den folgenden Jahrzehnten produziert diese auch Schreib- und Rechenmaschinen und ist eine der wichtigsten Großbetriebe Dresdens. 1872 folgt die Gründung der ›Dresdner Bank‹. – Dresdens Bevölkerung wächst fortan rasant. In den 1850er-Jahren leben bereits über 100 000 Menschen in der Stadt, 1872 sind es 180 000. Im selben Jahr nimmt auch die erste Pferdestraßenbahn Dresdens ihren Betrieb auf.
1878 Nachdem ein Brand das 1841 von Gottfried Semper (1803–1879) erbaute Hoftheater zerstört hatte, eröffnet das neue, nach einem Entwurf Sempers errichtete Opernhaus.
1893 Die Blaues Wunder genannte Loschwitzer Brücke, ein Meisterwerk der Ingenieurskunst, wird als fünfte Elbquerung eingeweiht. – Elektrischer Strom ersetzt die Pferde als Antriebskraft für die Straßenbahnen.
1898 Die Gründung der ›Dresdner Werkstätten für Handwerkskunst‹ erfolgt. Deren formschöne Möbel erhalten auf internationalen Kunsthandwerksausstellungen hohe Auszeichnungen. Um 1910 ziehen sie als ›Deutsche Werkstätten für Handwerkskunst‹ nach Hellerau.
1899 In der Neustadt wird der Schriftsteller Erich Kästner (1899–1974) geboren.
1901 An der Loschwitzhöhe nimmt die erste Bergschwebebahn der Welt den Betrieb auf.
1905 Die expressionistische Künstlergruppe ›Brücke‹ konstituiert sich.
1911 Die 1. Internationale Hygiene-Ausstellung zieht über 5 Mio. Besucher an. Der Organisator Karl August Lingner plant die Gründung des Deutschen Hygiene-Museums.
1918 Nach dem verlorenen Ersten Weltkrieg greift die Novemberrevolution auf Sachsen über. König Friedrich August III. (1865–1932) dankt mit den Worten ab ›Nu, dann machd eiern Drägg alleene‹. – Die Republik wird ausgerufen. Mit der Verfassung von 1920 entsteht der Freistaat Sachsen, Hauptstadt ist Dresden.
1925 Gret Palucca (1902–1993) eröffnet ihre Schule für künstlerischen Tanz.
1933 Nach der Machtergreifung der Nationalsozialisten wird der Sächsische Landtag aufgelöst.
1935 Im nördlichen Vorort Klotzsche entsteht der Dresdner Flughafen.
1938 Während der Reichspogromnacht brennt auch die von Gottfried Semper erbaute Synagoge nieder. Jüdische Mitbürger werden verfolgt, vertrieben und ermordet, ihre Zahl sinkt zwischen 1933 und 1945 von über 6000 auf nur noch 70.

Trümmerhaufen und Unversehrtes – die Frauenkirche und das Luther-Denkmal nach 1945

1945 Am 13./14. Februar werfen alliierte Fliegerverbände über eine halbe Million Brandbomben ab. Sie lösen einen Feuersturm aus, der etwa 25 000 Bewohner tötet und das Stadtzentrum völlig zerstört. Am 8. Mai marschiert die Rote Armee in Dresden ein.
1946 Während des Krieges ausgelagerte Kunstschätze werden in die Sowjetunion verbracht.
1949 Gründung der DDR. Die Sowjetische Militäradministration übergibt die Verwaltung Dresdens an den Rat der Stadt.
1952 Im Zuge einer Verwaltungsreform in der DDR werden Sachsen und die anderen Länder aufgelöst und in die Bezirke Dresden, Leipzig und Chemnitz eingeteilt. Dresden ist die Hauptstadt des gleichnamigen Bezirks. – In der Bautzner Straße 112 wird die Bezirksverwaltung Dresden des Ministeriums für Staatssicherheit eingerichtet.
1953 Am 17. Juni formieren sich in Dresden und in anderen Städten der DDR Streiks und Demonstrationszüge gegen das sozialistische Regime. Sowjetische Truppen schlagen den Volksaufstand nieder.
1956 Nachdem viele Gemälde aus der Sowjetunion zurückkehrten, erfolgt die Wiedereröffnung der Gemäldegalerie Alte Meister.
1961 Um die Republikflucht einzudämmen, werden im August in Berlin die Sektorengrenzen abgeriegelt, danach kommt es zum Bau der Berliner Mauer.
1969 Die DDR-Regierung fasst zahlreiche Unternehmen der Hochtechnologie zum Kombinat ›Robotron‹ zusammen. Zu dessen Vorgängerunternehmen gehört auch der Schreib- und Rechenmaschinenfabrikant ›Seidel & Naumann‹. Nach der Wiedervereinigung wird das Kombinat aufgelöst. Doch dank der gut ausgebildeten Arbeitskräfte wird in Folge die Ansiedlung von Mikroelektronik- und Feinmechanikbetrieben möglich, die Sachsen später den Beinamen ›Silicon Saxony‹ einbringen.
1974 Baukampagnen sollen die Wohnungsnot beseitigen. In den nächsten Jahren entstehen mehr als 60 000 Wohnungen, überwiegend kostengünstige Plattenbauten.
1976 Der Wiederaufbau der Katholischen Hofkirche ist abgeschlossen. Vier Jahre später wird sie als Kathedrale SS. Trinitatis Sitz des Bistums Meißen-Dresden.
1985 Zum 40. Jahrestag der Zerstörung Dresdens eröffnet nach achtjährigem Wiederaufbau die Semperoper mit einer Inszenierung des ›Freischütz‹ von Carl Maria von Weber.
1989 Nach friedlichen Demonstrationen und Kirchenversammlungen auch in Dresden löst sich die Herrschaft der SED in der DDR auf. Maßgeblich daran beteiligt ist in Dresden die am 9. Oktober gebildete ›Gruppe der 20‹. Diese Bürgervertretung führt erstmals erfolgreiche Gespräche mit Oberbürgermeister Berghofer (SED) und leitet die friedliche Revolution ein.
1990 Landtagswahl in Sachsen. Der Freistaat Sachsen wird neu gegründet, Dresden wird erneut seine Hauptstadt. – Die spektakulären Fels- und Waldlandschaften des Elbtals zwischen Stadt Wehlen und tschechischer Grenze werden zum ›Nationalpark Sächsische Schweiz‹.
1994 Der Abzug der sowjetischen Truppen aus dem Großraum Dresden ist abgeschlossen.
2001 Abwanderung in den Westen Deutschlands und niedrige Geburtenraten lassen die Einwohnerzahl Dresdens von 500 000 im Jahr 1989 auf 478 000 sinken. – Auf dem Grund der 1938 zerstörten Synagoge entsteht ein modernes jüdisches Gotteshaus.
2002 Das Elbehochwasser im August flutet mit einem Pegelstand von 9,40 m das Dresdner Stadtzentrum.
2004 Die UNESCO nimmt das Dresdner Elbtal in die Liste der Weltkulturerbestätten auf.
2005 Unter weltweiter Anteilnahme wird im Oktober nach zwölfjähriger Bauzeit die rekonstruierte Frauenkirche geweiht.

Raddampfer mal anders – der überflutete Zwinger 2002

2006 Dresden feiert sein 800-jähriges Bestehen. – Die Bevölkerung wächst stetig, da Industrie und Tourismus Arbeitsplätze schaffen. – Der Stadtrat verkauft alle städtischen Wohnungen an die amerikanische Firmengruppe Fortress. Mit den 982 Mio. Euro Erlös werden sämtliche Schulden getilgt, Dresden wird zur ersten schuldenfreien Großstadt Deutschlands.
2009 Die UNESCO erkennt dem Dresdner Elbtal wegen des Baus der Waldschlösschenbrücke den Status als Weltkulturerbe ab.
2011 Ende des Jahres wird die Wiedereröffnung des Militärhistorischen Museums mit dem spektakulären Erweiterungsbau von Daniel Libeskind gefeiert.
2013 Nach sechs Jahren Bauzeit wird im August die Waldschlösschenbrücke eingeweiht.

Innere Altstadt – Kostbarkeiten zwischen Residenzschloss und Zwinger

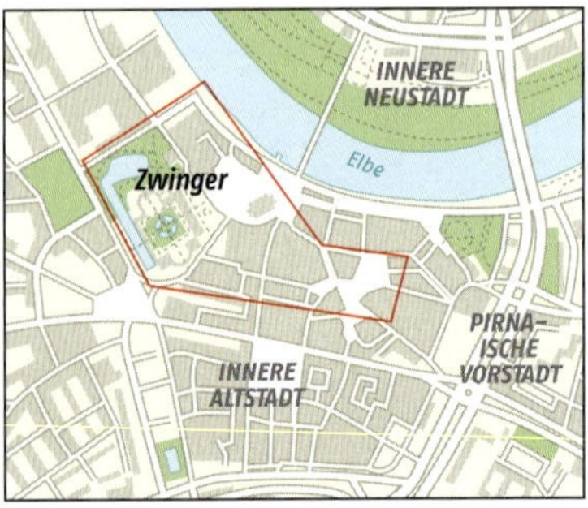

Seit Jahrhunderten fasziniert die malerische Silhouette der Dresdner Altstadt am linken Elbufer Besucher aus aller Welt. Erstmals urkundlich erwähnt wurde Dresden Anfang des 13. Jh. Mit der Erhebung zur **Residenzstadt** 1485 avancierte es zum politischen und kulturellen Zentrum Sachsens und wurde glanzvoll ausgebaut. Vor allem im Auftrag des Kurfürsten und späteren polnischen Königs **August der Starke**, ehrgeiziger Bauherr und leidenschaftlicher Kunstsammler, entstanden im 18. Jh. jene opulenten Barockbauten, die das kleine Dresden an die Seite prunkvoller europäischer Städte wie Rom und Paris stellen sollte. Ein Glanzpunkt aus dieser Ära ist der **Zwinger**. Einst Ort höfischer Feste, beherbergt er heute die **Gemäldegalerie Alte Meister** mit Raffaels berühmter ›Sixtinischer Madonna‹ (1512/13) und weitere hochkarätige Sammlungen, allen voran die **Porzellansammlung** mit ihren fantasievoll bemalten Figuren und Gefäßen aus China, Japan und Meißen und den **Mathematisch-Physikalischen Salon** mit seiner einzigartigen Globensammlung.

Unweit vom Zwinger, am **Theaterplatz**, erhebt sich die im Stil der italienischen Hochrenaissance festlich gestaltete **Semperoper**. In guter Erinnerung wird ein abendlicher Besuch einer fulminanten Ballett- oder Operndarbietung bleiben. Weiter geht es über den Theaterplatz zur Hofkirche, der heutigen **Kathedrale SS. Trinitatis**, die der Sohn Augusts des Starken, Friedrich August II., in Auftrag gab. Unweit der Kathedrale erhebt sich das **Residenzschloss**, seit dem 15. Jh. Stammsitz der sächsischen Kurfürsten. Hier verzaubert das **Grüne Gewölbe** mit einer reichen Schatzkammer voller Diamanten, Juwelen und Perlen, gefasst in Kunstwerke von überwältigender Opulenz. Auch die anderen Sammlungen von Weltrang wie die Türckische Cammer und das Kupferstich-Kabinett laden zum Staunen ein. Ein kurzer Spaziergang führt anschlie-

Canaletto lässt grüßen – Blick auf Dresdens barocke Altstadt vom Neustädter Ufer aus

ßend am größten Porzellanwandbild der Welt, dem **Fürstenzug**, entlang zum Neumarkt. Mittelpunkt des von barocken Gebäuden umringten Platzes ist die **Frauenkirche** mit ihrer eleganten Kuppel. Jahrzehntelang war sie als Ruine berühmtes Mahnmal für die Zerstörung Dresdens 1945, seit 2005 erstrahlt sie in neuem Glanz und ist der Besuchermagnet Dresdens. Die Stadt an der Elbe, eine schöne, kleine Schatztruhe voller Kunst, versammelt eine Fülle von Highlights, die sich bei Spaziergängen über barocke Plätze und durch vornehme Straßen spielerisch erschließen. Wer ein wenig Entspannung von der Besichtigungstour sucht, den laden Cafés und Restaurants zur Einkehr. Auf der Karte stehen dabei allerlei Dresdner Köstlichkeiten von hauseigener Patisseriekunst bis zu traditioneller sächsischer Küche.

1 Residenzschloss

TOP TIPP

Einst Herrschersitz der Wettiner und politisches Zentrum Sachsens – heute eine Schatzkammer der Kunst.

Residenzschloss, Taschenberg 2
Eingang: Kleiner Schlosshof
Tel. 03 51/49 14 20 00
www.skd.museum
Öffnungszeiten s. u.
Tram 4, 8, 9 bis Theaterplatz,
Tram 1, 2, 4 bis Altmarkt

Im Herzen der Dresdner Altstadt mit Blick auf die Elbe erhebt sich das Residenzschloss, der einstige Herrschersitz der wettinischen Kurfürsten und Könige. Die prunkvollen Gebäude der im Laufe von mehreren Jahrhunderten gewachsenen Anlage gruppieren sich um drei Innenhöfe. Zentrum ist der *Große Schlosshof*, in den vier Flügeln ringsum befinden sich heute Kunstsammlungen von Weltrang, allen voran das *Grüne Gewölbe* im West-

flügel. In der Mitte des Nordflügels ragt der von einer welschen Haube bekrönte *Hausmannsturm* auf, nach Süden hin ist der Komplex mit Gebäuden rund um den *Kleinen Schlosshof* und den *Wirtschaftshof* erweitert.

Geschichte Bereits im 12. Jh. standen an der Stelle des heutigen Schlosses einfache Bauten, die einen Elbübergang sicherten. Von 1471 an gestaltete der Baumeister Arnold von Westfalen im Auftrag der Brüder *Kurfürst Ernst* und *Markgraf Albrecht* diesen Komplex zu einem vierflügeligen Schloss um. Nach der Teilung Sachsens unter den Brüdern 1485 wurde es zur ständigen Residenz der albertinischen Wettiner. Zwischen 1530 und 1535 ließ *Georg der Bärtige* das Elbtor an der nordöstlichen Ecke zum *Georgenbau* erweitern. Im Inneren dieses ersten Renaissancegebäudes Dresdens lagen die herzoglichen Appartements. Nach Erlangen der Kurfürstenwürde 1547 ordnete *Moritz von Sachsen* an, das Schloss im Stil der Renaissance umzubauen. Der Westflügel wurde abgerissen und die Schlossanlage auf das Doppelte vergrößert. Alle Fassaden erhielten Sgraffitomalereien.

In den folgenden Jahrzehnten kamen die Gebäude um den *Kleinen Schlosshof* im Süden hinzu. Der *Hausmannsturm* im Nordflügel wurde 1674–76 auf 101 m aufgestockt. Er war bis ins 20. Jh. hinein das höchste Bauwerk der Stadt. Nachdem ein Großbrand 1701 besonders den Georgenbau und den Ostflügel verwüstet hatte, entstanden die zerstörten Teile bis 1719 teils in barocken Formen neu. 1729 wurde das *Grüne Gewölbe* im Erdgeschoss des Westflügels fertiggestellt, das *August dem Starken* als kurfürstlich-königliche Schatzkammer diente und von Beginn an einem ausgewählten Publikum zugänglich war. August der Starke war der erste unter den kunstliebenden Fürsten Europas, der nicht nur sammelte, sondern die Idee verfolgte, ein barockes Gesamtkunstwerk zu schaffen.

Anlässlich der 800-Jahr-Feier des Hauses Wettin wurden 1889–1901 die Außenfassaden einheitlich im Stil der Neorenaissance gestaltet und das Schloss erweitert. Dabei entstand ein neuer Südflügel, der sich aber nicht über die gesamte Breite des ursprünglichen Südflügels erstreckte, sondern nur auf halber Länge einen kleinen Wirtschaftshof umschloss.

Durch die Bombenangriffe im Zweiten Weltkrieg wurde die Residenz zur Ruine.

Ab den 1960er-Jahren begannen Vorbereitungen zum *Wiederaufbau*, aber erst 1985 fiel der Beschluss für die äußerliche Rekonstruktion der gesamten Schlossanlage im Zustand vor der Zerstörung 1945. Lediglich im Großen Schlosshof werden die Fassaden mit den Sgraffitodekorationen nach Vorbild des 16. Jh. gestaltet.

Ab dem Beginn des 21. Jh. zogen nach und nach die Sammlungen des Münz- und Kupferstich-Kabinetts, des Grünen Gewölbes und der Türckischen Cammer ins Residenzschloss ein. Seit 2009 wird der Kleine Schlosshof, der nun als Besucherfoyer fungiert, von einem lichtdurchlässigen Dach aus Kunststoffkissen überwölbt. Anfang 2013 zog die Rüstkammer aus der Säulenhalle des Semperbaus, in der sie seit 1872 untergebracht war, zurück an ihren ursprünglichen Platz im Riesensaal. Die Wiederherstellung des Kleinen Ballsaals im Georgenbau und der Appartements werden die Arbeiten am Residenzschloss in Bälde vollenden.

Reise-Video Residenzschloss
QR-Code scannen [s. S. 5] oder dem Link folgen: www.adac.de/rf0198

TOP TIPP

Grünes Gewölbe

Neues Grünes Gewölbe
Mi–Mo 10–18 Uhr
Historisches Grünes Gewölbe
Mi–Mo 10–19 Uhr
Das Ticket für das Neue Grüne Gewölbe gilt auch für die Rüstkammer, die Türckische Cammer, das Kupferstich-Kabinett, die Ausstellung des Münzkabinetts im Hausmannsturm und für Sonderausstellungen. Das Ticket für das Historische Grüne Gewölbe gilt nur für ein Zeitfenster, da maximal 120 Besucher pro Stunde eingelassen werden. Auf www.skd.museum kann man Eintrittstickets online buchen. 40 % der Karten für den Tag werden ab 10 Uhr an der Tageskasse verkauft.

Das bedeutendste Schatzkammermuseum Europas besteht aus zwei Ausstellungsbereichen, dem *Neuen* und dem *Historischen Grünen Gewölbe*. Bei der Restaurierung des Historischen Grünen Gewölbes Ende des 20. Jh. war schnell klar geworden, dass die weltweit einmalige Sammlung nicht allein in den bisherigen Räumen gezeigt werden konnte. So sind heute Kostbarkeiten wie der ›Hofstaat des Großmoguls‹ oder der ›Kirschkern

Die kostbare Figur des ›Mohr mit Smaragdstufe‹ ist der Besuchermagnet im opulent ausgestatteten Juwelenzimmer (rechts)

mit 185 Angesichtern‹ gut geschützt in den modernen, zurückhaltend dekorierten Räumen des Neuen Grünen Gewölbes im 1. Obergeschoss zu sehen.

Das spätbarocke **Historische Grüne Gewölbe** mit seiner Folge von neun Sälen ist weitgehend im Zustand von 1733 rekonstruiert. August der Starke ließ das Grüne Gewölbe so konzipieren, dass sich die sinnlichen Eindrücke von Raum zu Raum steigern, denn jeder Saal ist opulenter als der vorhergehende und die Ausstellungsstücke werden immer kostbarer. Auf Prunktischen vor reich bemalten oder mit Spiegeln verkleideten Wänden präsentieren sich heute rund 3000 Kunstwerke wieder so, wie einst in der historischen Schatzkammer. Der Name Grünes Gewölbe ist bereits seit 1572 belegt und stammt von den einst malachitgrün gestrichenen Säulen des Pretiosensaals. Damals hieß dieser auch *Geheime Verwahrung* und war der Tresorraum des Gewölbes.

Im *Vorgewölbe* sieht man Exponate vom Mittelalter bis zur Frührenaissance, darunter gotische Edelsteingefäße, eine goldene Trinkschale des russischen Zaren Iwan des Schrecklichen sowie Siegelring und Trinkbecher von Martin Luther.

Durch eine Staubschleuse gelangt man ins *Bernsteinkabinett*. Glanzstück ist hier der große Kabinettschrank, ein Geschenk von Friedrich Wilhelm I. von Preußen an August den Starken. Die Schubladen und Fächer des Schrankes waren mit Bernstein-Objekten gefüllt, die nun in einer Vitrine ausgestellt sind, darunter ein bernsteingeschnitztes Schachspiel. Im anschließenden *Elfenbeinzimmer* sieht man auf Tischen und Wandkonsolen filigrane Schnitzereien und Drechselarbeiten aus dem 16./17. Jh. Von dort gelangt man ins *Weißsilberzimmer*. Die Exponate, die der Raum mit zinnoberrot lackierten Wandvertäfelungen und goldgerahmten Spiegeln einst barg, sind bereits 1772 als Spätfolge des Siebenjährigen Krieges eingeschmolzen worden. Einzig drei Silberstatuetten aus der Zeit Augusts des Starken sind erhalten. Desweiteren sind Elfenbeinfiguren und Prunkgefäße aus Serpentin zu bewundern. An den malachitgrün gestrichenen Wänden des *Silbervergoldeten Zimmers* hängen noch mehr und noch größere Spiegel als im vorhergehenden Saal, und auch die Ausstellungsstücke aus vergoldetem Silber sind wertvoller. Ein wahres Glanzlicht ist schließlich der fast 200 m^2 große, gänzlich verspiegelte *Pretiosensaal*. Hier glitzern und glänzen kunstvoll gefasste Straußeneier, Gefäße aus Bergkristall und Edelsteinen, Pokale aus Seeschnecken, ein Kalvarienberg aus Perlmutt, große Barockperlen und vieles mehr. Hinter einem Gitter öffnet sich das *Eckkabinett* mit winzigen, atemberaubend detailreichen Figuren aus Edelsteinen oder Elfenbein.

Im *Wappenzimmer* mit in Eichenholzschränke eingelassenen, vergoldeten Wappentafeln können sich die Augen

Kraftakt – im ›Ersten Raum der Kurfürsten‹ trägt Neptun eine Fregatte aus Elfenbein

dann ein wenig von all der Pracht erholen. Anschließend folgt mit dem *Juwelenzimmer* der Gipfelpunkt der barocken Rauminszenierung. Die bemalten und vergoldeten Spiegelwände bilden den pompösen Rahmen für die unglaublichsten Edelsteingarnituren, deren Glitzern und Funkeln durch die Spiegel vielfach reflektiert und ins Betörende gesteigert wird. Der vom Hofbildhauer Balthasar Permoser und vom Hofgoldschmied und Hofjuwelier Johann Melchior Dinglinger um 1724 geschaffene ›Mohr mit Smaragdstufe‹ gehört zu den bekanntesten Exponaten. Die etwa 64 cm große Figur aus lackiertem Birnbaumholz ist mit Smaragden, Rubinen, Saphiren, Topasen und Schildpatt verziert. In ihren Händen trägt sie eine kostbare Smaragdstufe, eine Gesteinsplatte, aus der mehrere Smaragde emporragen.

Die französischen Kleinbronzen im *Bronzenzimmer* stellen vor allem Szenen aus der antiken Mythologie dar, z.B. ›Selene und Endymion‹ (um 1700) oder ›Das Bad des Apoll‹ (um 1715). Auch im modern gestalteten *Raum der Renaissancebronzen* geht es mit Giambolognas ›Schlafender Nymphe mit Satyr‹ (um 1580) und Adriaen de Vries' ›Faun und Nymphe‹ (vor 1621) um den künstlerischen Dialog mit den großen Vorbildern des Altertums.

Die zehn Räume des **Neuen Grünen Gewölbes** bergen rund 1000 Kunstwerke aus Gold, Edelsteinen und Elfenbein, die mehrere Fürstengenerationen zusammengetragen haben. Die Exponate aus Renaissance und Barock sind in Vitrinen so arrangiert, dass man sie aus der Nähe studieren kann. Im ersten Raum, dem *Saal der Kunststücke*, besticht eine 1586 vom Nürnberger Goldschmied Abraham Jamnitzer gefertigte, teilvergoldete Silberstatuette der ›Daphne‹. Sie ist im Moment der Verwandlung in einen Lorbeerbaum dargestellt, Arme und Kopfhaar gehen in blutrote Korallenäste über. Auf Gürtelhöhe ist die Figur teilbar, der untere Teil diente als Trinkgefäß. Im zum Raum gehörigen *Mikro-Kabinett* sind Winzigkeiten wie der berühmte ›Kirschkern mit den 185 Angesichtern‹ versammelt. Der Kern mit den winzigen Porträtschnitzereien ist in ein goldenes Ohrgehänge eingefasst, eine Lupe in der Vitrine erleichtert die Betrachtung. Das anschließende *Kristall-Kabinett* zeigt edle Gefäße aus Bergkristall, im *Ersten Raum der Kurfürsten* fällt die ›Große Fregatte aus Elfenbein von Neptun getragen‹ ins Auge. Der Meeresgott sitzt in einer von zwei Hippokampen gestützten Muschel, in der einen Hand hält er einen Dreizack, mit der anderen balanciert er das Schiff auf dem Kopf. In dessen millimeterdünnem Hauptsegel ist das Wappen der Wettiner eingeschnitzt, und winzig kleine Elfenbein-Matrosen klettern in den Masten umher. Im *Raum der königlichen Pretiosen* sind Figuren ausgestellt, deren Körper aus großen, unregelmäßig geformten Barockperlen bestehen. Im *Dinglinger-Saal* richtet sich das Augenmerk auf die Juwelierkunst Johann Melchior Dinglingers. Besonders herrlich ist sein ›Goldenes Kaffeezeug‹, das aus 45 goldenen und silbervergoldeten, mit Emailmalereien und tausend Edelsteinen dekorierten Gefäßen besteht. Ein wahres Wunderwerk der Goldschmiedekunst aber ist der ›Hofstaat zu Delhi am Geburtstag des Großmoguls Aureng-Zeb‹. Der Tischaufsatz (142 x 114 cm) entstand 1701–08. Ihn bevölkern 137 goldene und farbig emaillierte menschliche Figuren und drei Dutzend Tiere. Personal und Kulissen sind mit rund 5000 Diamanten und anderen Edelsteinen geschmückt. Dargestellt ist das Geburtstagsfest des Großmoguls Aureng-Zeb, der in einem Pavillon im Hintergrund Hof hält. Auf der goldenen Freitreppe, die zu seinem Thron emporführt und auf dem Palasthof zu seinen Füßen tummeln sich die Gratulanten. Würdenträger werden in Sänften herbeigetragen und Diener führen mit Geschenken beladene Elefanten und Kamele am Zügel. Der Tischaufsatz kostete seinerzeit die enorme Summe von 58 000 Reichsthalern, etwa das Jahresgehalt von 1000 Hofbediensteten.

Der anschließende *Raum der reisenden Pretiosen* zeigt kleinere Kostbarkeiten wie Trinkgefäße, Schalen oder Uhren samt passenden Etuis. Zu Repräsentationszwecken gingen diese Stücke oft auf Reisen und mussten entsprechend gut verpackt sein. Im *Watzdorf-Kabinett* am Ende des Rundgangs erwartet den Besucher noch eine Berühmtheit: hier wird der *Dresdner Grüne* verwahrt, der mit 41 Karat größte grüne Diamant der Welt. 1722 wurde er in London aus einem Rohdiamanten geschliffen, welcher vermutlich aus Indien stammte. Friedrich August II. erwarb ihn 1742 in Leipzig. Der tropfenförmige Edelstein ist zusammen mit 411 Brillianten zu einer pompösen Hutagraffe verarbeitet, einer Schmuckspange, die an der Hutkrempe getragen wurde.

Vom Neuen Grünen Gewölbe aus gelangt man auch in die **Fürstengalerie**. Der 40 m lange Saal im 1. Geschoss des ehem. Südflügels gehörte einst zu den königlichen Wohnräumen. Heute hängen hier auf roten Seidentapeten Gemälde mit *Porträts* wettinischer Kurfürsten und auch einiger Kurfürstinnen. Gleich gegenüber stehen *Büsten* der wettinischen Könige und ihrer Gemahlinnen. Die Reihe der Herrscherbildnisse reicht von Kurfürst Moritz (1521–1553), dem Kaiser Karl V. 1547 die Kurwürde verlieh, bis hin zu König Friedrich August III. (1865–1932), der 1918 abdankte. Die Galerie stellt die Verbindung zwischen dem Neuen Grünen Gewölbe und dem Riesensaal im Ostflügel her. Dieser beherbergt seit Februar 2013 wieder die Rüstkammer, die seit 1832 im Semperbau untergebracht war. Außerdem erreicht man auf diesem Wege die **Englische Treppe** in der Südostecke der Residenz. Sie führt hinab in den Schlosshof und wurde früher nur vom Kurfürsten und seinen Gästen benutzt. Ihren Namen erhielt sie Ende des 17. Jh., nachdem Kurfürst Johann Georg IV. zum Ritter des Englischen Hosenbandordens ernannt worden war. 2005–2010 wurde das elegante Treppenhaus im neobarocken Zustand vom Ende des 19. Jh. wiederhergestellt. Ein roter Teppich liegt auf den weißen Marmorstufen, die Balustraden sind aus Sandstein gefertigt, die weißen Wände und die Decke sind stuckverziert.

Reise-Video
Grünes Gewölbe
QR-Code scannen [s.S.5]
oder dem Link folgen:
www.adac.de/rf0200

Rüstkammer

Mi–Mo 10–18 Uhr

Die Rüstkammer, ursprünglich Teil der kurfürstlichen Sammlungen im Residenzschloss und nach langer Unterbringung im Semperbau nun wieder an ihrem einstigen Standort im Riesensaal, zählt zu den bedeutendsten Prunkwaffen- und Kostümsammlungen Europas. Die meisten Exponate kamen einst bei Jagden, Tierhetzen, Ritterspielen und Festen zum Einsatz. Besonders kostbare Harnische, Schwerter, Pistolen und Gewehre waren Statussymbole der sächsischen Herrscher und wurden bei Zeremonien getragen. Kurfürst August von Sachsen (1526–1586) lag die Rüstkammer besonders am Herzen. Er gab die Anfertigung kostbarer Waffen und Rüstungen in Auftrag und erwarb zudem alte Stücke aus ganz Europa. 1590 zog die Kollektion wegen Platzmangels ins Stallgebäude [Nr. 5], später kam sie in den Semperbau.

Heute sind Prunkgewänder, Turnierwaffen, Harnische und Jagdutensilien wie Pulverflaschen und Waldhörner im **Riesensaal** effektvoll in Szene gesetzt. Zum Bestand der 2000 Schwerter gehört auch das sächsische *Kurschwert* von 1425, das Würdezeichen des Kurfürsten. Und wer sich über die enorme Anzahl an Schusswaffen wundert: Ihr Fundus wuchs im 18. Jh. auf etwa 3000 Stück an, weil August der Starke mit Hingabe kunstvoll verzierte Radschlosspistolen und Radschlossgewehre sammelte. Glanzlichter sind die goldglänzenden *Prunkharnische* für Ross und Reiter. Sie wurden 1563/64

Harnische für Ross und Reiter und prächtige Waffen zeigt die Türckische Cammer vom Antwerpener Eliseus Libaerts für den schwedischen König Erik XIV. angefertigt und gelangten 1603 in den Besitz des sächsischen Hofes.

Türckische Cammer

Mi–Mo 10–18 Uhr

Die 2010 im 2. Geschoss des ehem. Südflügels eröffnete Türckische Cammer ist eine der bedeutendsten Sammlungen osmanischer Kunst außerhalb der Türkei. Sie gehörte mehr als 400 Jahre lang zur Rüstkammer und kann nun erstmals eigenständig präsentiert werden.

Wer aus dem hellen Treppenhaus in die abgedunkelte Cammer tritt, sieht sich fünf lebensgroßen, meisterlich geschnitzten *Araberpferden* gegenüber. Die zwei Schimmel und drei Braunen sind in eleganten Posen wiedergegeben und so wirklichkeitsgetreu gestaltet, dass man meint, sie schnauben und wiehern zu hören. Sie sind mit prunkvoll verziertem Zaumzeug, prächtigen Samtsätteln, silbernem Rüstzeug oder leuchtendbunt bestickten Schabracken geschmückt. Im nächsten Saal fühlt man sich ins Osmanische Reich versetzt, denn hier ist ein prunkvolles 20 x 8 m großes und 6 m hohes *Dreimastzelt* aus dem 17. Jh. in Szene gesetzt. Die Außenhaut aus blaugrüner Baumwolle kontrastiert reizvoll mit der farbenfrohen Innenhaut aus Seide, vergoldetem Leder und Atlas. Ein Zeugnis direkt vom Schlachtfeld ist der *Feldkürass* Kurfürst Johann Georgs III., den dieser 1683 in der Schlacht bei Wien gegen die Türken trug. Im Brustpanzer sieht man den Abdruck einer Kugel, doch dem Kurfürst konnte sie nichts anhaben. Was früher im Gepäck eines gutbetuchten Reisenden nicht fehlen durfte – faltbare Trinkbecher aus Leder, doch diese vier hier sind die einzigen erhaltenen Exemplare auf der Welt. Imponierend ist auch die Phalanx der reich mit Juwelen besetzten Dolche und Säbel, der Panzerhemden, Helme, Gewehre und Gewänder. Der Großteil der Stücke stammt aus dem

16.–19. Jh. und setzt sich aus Ankäufen, diplomatischen Geschenken und Beutestücken aus Feldzügen gegen die Osmanen zusammen.

Kupferstich-Kabinett

Mi–Mo 10–18 Uhr

Im Stockwerk über der reichen osmanischen Sammlung ist heute das Kupferstich-Kabinett untergebracht. Die Kollektion umfasst rund 500 000 Druckgrafiken und Zeichnungen aus der Zeit vom 15. Jh. bis zur Gegenwart. Hinzu kommen zahlreiche Fotografien. Ins Leben gerufen wurde das Kupferstich-Kabinett 1720. Es ist die älteste grafische Sammlung im deutschsprachigen Raum und eine der wichtigsten weltweit. In ihrem Besitz sind Blätter von großen Meistern wie Dürer, Cranach d. Ä., Rembrandt, Jan van Eyck, Rubens, Goya, Caspar David Friedrich, Toulouse-Lautrec, Chagall und Picasso. Im Rahmen von Wechselausstellungen werden Werke und Werkgruppen aus den Beständen des Kabinetts präsentiert. Im angegliederten *Studiensaal* (Mo, Mi 10–13 und 14–16, Do 10–13 und 14–18, Fr 10–13 Uhr) kann man sich auch unabhängig von den Sonderausstellungen viele Blätter der Sammlung vorlegen lassen.

Hausmannsturm

April–Okt. Mi–Mo 10–18 Uhr

In der Mitte des Nordflügels ragt der Hausmannsturm auf. Bereits um 1400 erbaut, markierte er damals die nordwestliche Ecke der Burganlage. Seit der Erweiterung des Schlosses Ende des 16. Jh. erhebt er sich über der Mitte des Nordflügels. Im Turm tat ein Hausmann seinen Dienst, er wachte über die Burg und ihre Umgebung. Der Grundriss des Turms ist quadratisch, Wolf Caspar von Klengel erhöhte ihn im 17. Jh. mit einem oktogonalen Aufbau auf 101 m und setzte ihm die Barockhaube auf, welche von einer offenen Laterne mit schlanker Spitze bekrönt wird. Bei den Luftangriffen des Zweiten Weltkrieges verlor der Turm seine Spitze und brannte aus. Ende der 1940er-Jahre wurde er mit einem Notdach gesichert und 1991 erhielt er seine Haube zurück.

Nach dem Erklimmen von 237 Treppenstufen wird man von der Aussichts-

Majestätisch erhebt sich die Kathedrale SS. Trinitatis vis-à-vis des Residenzschlosses

plattform des Hausmannsturmes mit einem schönen Blick auf die benachbarte Hofkirche mit ihrem reichen Statuenschmuck und weiter über Altstadt und Elbe belohnt. Gegenwärtig werden in einem Raum auf halber Höhe des Turmes Wechselausstellungen des *Münzkabinetts* präsentiert. Die ungewöhnlich reichhaltige Sammlung, die in ein paar Jahren in den Georgenbau ziehen wird, umfasst 300 000 Exponate, Münzen, Medaillen, Orden und Ehrenzeichen aller Zeiten und Länder, ferner historische Wertpapiere, Münz- und Medaillenstempel, Modelle und Petschafte für Siegel.

Georgenbau

zzt. wegen Restaurierung geschl.

Nähert man sich dem Residenzschloss von der Elbe her, fällt der Georgenbau mit seiner skulpturengeschmückten Neorenaissancefassade und hohem Treppengiebel ins Auge. Der breite Tordurchgang stellt die Verbindung zwischen Schlossplatz und Schlossstraße her. 1530–35 ließ *Herzog Georg der Bärtige* (1471–1539) das mittelalterliche Elbtor an der nordöstlichen Ecke des Schlosses zum Georgenbau umgestalten, der damit das erste Renaissancegebäude Dresdens wurde. Er diente als herzogliche Wohnstätte und war gleichzeitig der öffentliche Zugang zur Stadt für Besucher, die Dresden über die Elbbrücke erreichten. Im Laufe der Jahrhunderte wurde der Georgenbau dreimal grundlegend verändert, zuletzt 1899–1901 bei der Neugestaltung des Schlosses im Stil der Neorenaissance.

Von dem ursprünglichen Fassadenschmuck des Georgenbaus ist kaum etwas geblieben: der berühmte ›Totentanz‹ (1534) von Christoph Walter I. wurde 1721 in die Dreikönigskirche [Nr. 34] versetzt. Am Gebäude selbst ist einzig das alte Nordportal erhalten, das 1901 an die Westseite verlegt wurde. In den Zwickeln des Portalbogens sieht man Reliefs mit der ›Vertreibung Adams und Evas aus dem Paradies‹, am Schlussstein gewahrt man einen Totenkopf. Die Fassade der Nordseite wird gegliedert durch zwei seitliche Runderker und einen zweigeschossigen Erker über der Tordurchfahrt. Der auffälligste Bauschmuck ist das in der unteren Giebelzone angebrachte ›Reiterstandbild Georgs des Bärtigen‹. Christian Behrens schuf die 4 m hohe Skulpturengruppe um 1900. Im Zweiten Weltkrieg wurde sie zerstört, konnte aber rekonstruiert werden. Nach Abschluss der Restaurierungsarbeiten wird im Georgenbau das Münzkabinett eine neue Heimstatt finden.

Großer Schlosshof

Die **Schlosskapelle** der sächsischen Kurfürsten hat ihren Platz im Nordflügel des Residenzschlosses. Selbst nach der Konversion Augusts des Starken zum Katholizismus 1697 wurden hier weiterhin evangelische Gottesdienste abgehalten, ab 1737 fungierte dann die Sophienkirche als evangelische Hofkirche. Damals wurde auch das 1555 von Hans Walther II. in Form eines Triumphbogens gestaltete *Schöne Tor* von der Schlosskapelle an die Sophienkirche verlegt. 1872 versetzte man das Tor erneut, diesmal an die Südfassade des Johanneums. Heute ziert es wieder den Eingang zur Schlosskapelle im Großen Schlosshof. Deren einst kostbar ausgestatteter Innenraum ist zur Zeit wegen Restaurierung nicht zugänglich.

Auch im **Großen Schlosshof** wird noch auf Jahre hinaus restauriert. Der Hof besitzt eine rechteckige Form, in den vier Ecken befinden sich Treppentürme. Das auffälligste Architekturelement ist der vierstöckige *Altan* im Schatten des Hausmannsturms. Seit dem Jahr 2009 erstrahlt der balkonartige Vorbau mit offenen Bogengängen und reichem Reliefschmuck wieder in altem Glanz. Ein Großteil der figürlichen und ornamentalen *Sgraffitomalereien* an den Fassaden und den Treppentürmen wurde bereits im Stil des 16. Jh. rekonstruiert. Dargestellt sind Szenen aus der römischen Antike und dem Alten Testament.

2 Kathedrale SS. Trinitatis

Majestätisch erhebt sich die barocke Hofkirche am Altstädter Elbufer.

Schlossplatz
Tel. 03 51/484 47 12
www.bistum-dresden-meissen.de
Mo/Di 9–18, Mi/Do 9–17, Fr 13–17, Sa 10–17, So 12–16 Uhr
Tram 4, 8, 9 bis Theaterplatz

Schräg zur Elbe und zum Residenzschloss und mit letzterem durch einen heute nicht mehr begehbaren Gang verbunden steht die barocke **Katholische Hofkirche** der sächsischen Kurfürsten. *August der Starke* war 1697 aus politischem Kalkül zum Katholizismus übergetreten, da er sich als Protestant keinerlei Chancen auf die polnische Königskrone ausrechnen durfte. Auch sein Sohn *Friedrich August II.*, der ihm als polnischer König nachfolgen sollte, konvertierte 1712, und er gab 1738 den Auftrag zum Bau einer katholischen Hofkirche. *Gaetano Chiaveri* (1689–1770) wurde mit der Planung beauftragt. Zehn Jahre später verließ Chiaveri Dresden wegen Unstimmigkeiten mit der Baubehörde, seine Aufgaben übernahmen *Johann Christoph Knöffel* und *Julius Heinrich Schwarze*, die das Gotteshaus 1754 vollendeten. Geweiht wurde die Kirche bereits 1751, und zwar der *Sanctissimae Trinitates*, der Heiligsten Dreifaltigkeit. 1980 ernannte der Vatikan die frühere Hofkirche zur Kathedrale des Bistums Dresden und Meißen.

Der Bau ist eine auf elliptischem Grundriss errichtete dreischiffige Basilika mit stark überhöhtem Mittelschiff. Die **Fassade** ist durch Pilaster gegliedert, Mittelschiff und Seitenschiffe werden von Balustraden abgeschlossen. Kulminationspunkt der elgant-höfischen Architektur ist der gut 85 m hohe **Glockenturm**, der sich an der Nordostseite über dem Hauptportal erhebt. Er ist nur bis zur Höhe der Seitenschiffe mit der Basilika verbunden. Dann schwingt er sich energievoll in die Höhe, wo er sich von Stockwerk zu Stockwerk verjüngt. Die oberen Geschosse sind mittels hoher Bogenstellungen komplett dem Firmament geöffnet, bekrönt von einer orientalisch anmutenden Zwiebelhaube. Turm, Balustraden und Fassade schmücken 78 Figuren (1738–48) aus der Werkstatt des Venezianers Lorenzo Mattielli. Die 3,50 m großen Statuen zeigen Apostel, Evangelisten, Kirchenväter, Heilige und Personifikationen der christlichen Tugenden Glaube, Liebe, Hoffnung und Barmherzigkeit. Mit ihren würdevollen Posen und ihrer eindringlichen Herrschergestik erinnern sie an antike Porträtstatuen und sind damit schon Vorboten des Klassizismus.

Im **Inneren** fällt der zweigeschossige *Umgang* um das Mittelschiff auf. Hier fanden die Prozessionen zu katholischen Feiertagen statt. Man hielt sie nicht im Freien ab, um die protestantische Bevölkerung Dresdens nicht zu provozieren. Die sechs über 2 m hohen *Silberleuchter* (1752) des marmornen Hochaltars fertigte der Augsburger Ignaz Joseph Bauer, das gigantische Hochaltarbild ›Himmelfahrt Christi‹ (1752–65) stammt vom Dresdner Hofmaler Anton Raphael Mengs. Ein weiterer Glanzpunkt der Ausstattung ist die *Barock-Kanzel* (1722) mit reichem Figurenschmuck von Balthasar Permoser. Bei Gottesdiensten und Konzerten ertönt die einzige in Dresden original erhaltene *Orgel* (1750–55) von *Gottfried Silbermann* mit 47 Registern auf drei Manualen und mehr als 3000 Pfeifen.

Die vier *Eckkapellen* stehen schräg zum Mittelschiff. Die Kreuz- und die Sakramentskapelle rechts und links des Chors sind nahezu originalgetreu restauriert. In der *Sakramentskapelle* steht Balthasar Permosers Statue ›Christus an der Geißelsäule‹ von 1718. Die *Kreuzkapelle* schmückt ein Altarblatt mit der ›Kreuzigung Christi‹ (1753) von Charles Hutin. In der *Bennokapelle* rechts vom Hauptportal fällt das Altarbild ›Predigt des hl. Benno‹ (1752) von Stefano Torelli ins Auge. Die *Johann-Nepomuk-Kapelle* dient heute als Gedächtnisort für die Opfer der Bombenangriffe auf Dresden am 13./14. Februar 1945. Die ›Pietà‹ (1973) aus Meissener Porzellan von Friedrich Press wirkt, als sei sie

Fürstenzug – auf dem größten Porzellanbild der Welt paradieren die wettinischen Herrscher

aus Kriegstrümmern zusammengesetzt und versinnbildlicht das tausendfache Leid der Menschen. Die über dem Leib Christi trauernde Maria hält eine gleichfalls trümmerhafte Dornenkrone.

Kurfürst Friedrich August II. als Stifter der Kirche, seine Gattin Maria Josepha sowie 47 weitere Wettiner und ihre Ehepartner haben in der **Krypta** unter dem Chor ihre letzte Ruhe gefunden. Die Sarkophage des Stifterpaares stehen im ältesten Raum, in einer Urne darüber wird auch das Herz Augusts des Starken aufbewahrt. Sein Körper hingegen ist im polnischen Krakau begraben.

Audio-Feature Hofkirche
QR-Code scannen [s.S.5] oder dem Link folgen: www.adac.de/rfo868

3 Fürstenzug

Das größte Porzellanbild der Welt zeigt die Ahnengalerie der Wettiner.

Augustusstraße
Tram 4, 8, 9 bis Theaterplatz

Ein Spaziergang vom Georgentor über die Augustusstraße führt am 102 m langen Fürstenzug vorbei. Das Wandbild wurde 1872–76 als schwarzweißes Sgraffito auf die Außenwand des *Langen Ganges* aufgetragen, der zum Stallhof [Nr. 4] gehört. Wilhelm Walther entwarf die wettinische Ahnengalerie zum bevorstehenden 800-jährigen Jubiläum der Belehnung der Wettiner mit der Mark Meißen im Jahr 1889. Da die weiß-grauen Malereien vor Goldgrund bereits 1901 stark verwittert waren, übertrug man die Komposition auf 24 600 *Meissener Porzellanfliesen*, und so entstand das größte Porzellanbild der Welt. 94 Personen ziehen in einer Parade über den Fries. Die 35 Markgrafen, Kurfürsten und Könige Sachsens sitzen zu Pferde, sie tragen Paradeuniformen und Prunkgewänder, wie man sie auch in der Rüstkammer [Nr. 1] studieren kann. In kleinen Grüppchen zu zweit oder dritt traben sie stolz daher, der Reigen beginnt mit *Konrad dem Großen* (1127–1156). Die beiden bekanntesten Wettiner, *August der Starke* und sein Sohn *Friedrich August II.*, sind mit ihren polnischen Königsnamen August II. und August III. aufgeführt. August der Starke trägt einen prunkvollen Harnisch mit einem weitem Pelzmantel darüber. Gebieterisch sitzt er auf dem sich aufbäumenden Pferd und verdeckt zur Hälfte seinen neben ihm reitenden Sohn. Den letzten König der Wettiner, *Friedrich August III.*, sucht man auf dem prunkvollen Fliesenbild vergeblich. Er war zur Zeit, in der der Fürstenzug entstand, noch ein Kind. Zwischen den Wettinern sowie am Ende des Zuges tummelt sich die Entourage des

Hell und farbenfroh wirkt der Innenraum der wiedererstandenen Frauenkirche

Hofes, darunter Wissenschaftler, Künstler, Bauern, Handwerker, Soldaten und sogar einige Kinder. All diese sind übrigens zu Fuß unterwegs. Ganz am Schluss des Aufmarsches kann man auch den Schöpfer dieses grandiosen Kunstwerks selbst entdecken: Halb versteckt hinter seinen Gehilfen blickt der Maler Wilhelm Walther dem Betrachter entgegen.

Audio-Feature Fürstenzug
QR-Code scannen [s.S.5] oder dem Link folgen: www.adac.de/rf0867

4 Stallhof und Langer Gang

Auf dem ältesten Turnierplatz der Welt finden noch heute Ritterspiele und andere Veranstaltungen statt.

Tram 4, 8, 9 bis Theaterplatz oder 1, 2, 4 bis Altmarkt

Im späten 16. Jh. ergänzte Kurfürst Christian I. das Residenzschloss um einen Komplex, der sich östlich an den Georgenbau anschließt. Er besteht aus dem *Johanneum* [Nr. 5] genannten Stallgebäude und dem *Langen Gang*. Der dazugehörige *Stallhof* gilt als einer der ältesten Turnierplätze der Welt. Auch heute noch wird er für nostalgische Ritterturniere und andere Festlichkeiten genutzt. Am Nordostende stehen zwei 6,10 m hohe *Ringstechsäulen* (1601) aus Bronze. An ihnen hingen die Ringe, welche die Reiter beim Ringelstechen mit ihren Lanzen treffen mussten. Im Süden ist noch das Becken der *Pferdeschwemme* zu sehen, in der die Pferde nachher gesäubert wurden.

Den Turnierplatz begrenzen die von 20 toskanischen Säulen getragenen Arkaden des *Langen Ganges*, der 1586–88 nach Entwürfen von Giovanni Maria Nosseni entstand. Oberhalb der Säulen sind die Wappen der Gebiete zu sehen, die einst unter wettinischer Herrschaft standen. Die Fassaden sind mit Sgraffito verziert. Die grau-weißen Malereien zeigen Figuren und Ornamentbänder. Der über dem Langen Gang gelegene *Lange Saal* beherbergte einst die Ahnengalerie der Wettiner und eine Gewehrgalerie.

5 Verkehrsmuseum Dresden

Historische Fahrzeuge aller Art im einstigen Kutschengebäude.

Augustusstraße 1
Tel. 03 51/864 40
www.verkehrsmuseum-dresden.de
Di–So 10–18 Uhr
Tram 1, 2, 4 bis Altmarkt

Kurfürst Christian I. ließ 1586–90 ein dreiflügeliges *Stall- und Kutschengebäude* errichten, in dem auch das Zeughaus, die fürstliche Rüst- und Harnischkammer Platz fanden. Unter August dem Starken kamen 1722–31 die doppelläufige Freitreppe an der Südseite sowie ein weiteres Geschoss hinzu. Bevor Mitte des 18. Jh. die Gemäldegalerie einzog, wurden große Rundbogenfenster eingesetzt. Vom ursprünglichen Renaissancebau blieben nur die beiden Rustikaportale links und rechts der Freitreppe erhalten. Auch in den folgenden Jahrhunderten erfuhr das Gebäude Veränderungen, zuletzt unter

König Johann (1801–1873), nach dem es dann **Johanneum** genannt wurde.

Seit 1956 ist hier das *Verkehrsmuseum Dresden* mit seiner Ausstellung zur sächsischen Mobilitätsgeschichte beheimatet. Man erfährt z.B., dass 1710 in Dresden 20 Sänftenträger Dienst taten und dass ab 1839 die erste deutsche Ferneisenbahn zwischen Dresden und Leipzig verkehrte. Zu den Exponaten gehören eine Sänfte von 1705, Schiffe, Flugzeuge, Schienengefährte, Autos und Fahrräder, also alles, was schwimmt, fliegt oder rollt. Dutzende von Fahrzeugraritäten sind zu sehen, im Original oder als Modell. Ein Phänomen 4-RL Lastwagen der Autowerke Hiller aus Zittau von 1927 und der mondäne Simson Supra SO von 1925 der Fahrzeugwerke Simson aus dem thüringischen Suhl gehören zu den Stars unter den Exponaten zur ostdeutschen Automobilgeschichte. Mittwochs, samstags und sonntags zuckeln außerdem rund 150 Loks und Waggons einer Spur 0-Modelleisenbahn kreuz und quer durch eine 325 m² große, liebevoll gestaltete Miniatur-Landschaft.

6 Frauenkirche

TOP TIPP

Die Kuppel der Barockkirche ist Dresdens schönstes Wahrzeichen.

Neumarkt
Tel. 03 51/65 60 61 00
www.frauenkirche-dresden.de
Mo–Fr 10–12 und 13–18 Uhr, Sa/So wegen Gottesdiensten und Konzerten eingeschränkte Besichtigungszeiten
Mo–Mi, Fr 12 und 18 Uhr Andacht mit anschließender Führung
Turmbesteigung März–Okt. Mo–Sa 10–18, So 12.30–18, Nov.–Febr. Mo–Sa 10–16, So 12.30–16 Uhr
Tram 1, 2, 4 bis Altmarkt

Seit einigen Jahren ist die rekonstruierte Frauenkirche wieder Dresdens berühmteste Sehenswürdigkeit und strahlender Mittelpunkt auf dem Neumarkt. Bereits im 11. Jh. stand hier eine Kirche, sie war *Unserer Lieben Frau* geweiht. Nach mehreren Umbauten in den folgenden Jahrhunderten beschloss der Stadtrat im 18. Jh. einen vollständigen Neubau des Gotteshauses. 1722 begannen Ratszim-

Die Frauenkirche mit ihrer ›steinernen Glocke‹ ist strahlender Mittelpunkt des Neumarktes

mermeister *George Bähr* (1666–1738) und Oberlandbaumeister *Johann Christoph Knöffel* (1686–1752) mit den Planungen, 1726 erfolgte die Grundsteinlegung.

Da der Bauplatz nur ein kleines Geviert mit einer Grundfläche von 50 m im Quadrat war, entwickelte Bähr den Plan eines turmartig aufstrebenden überkuppelten Zentralbaus auf oktogonalem Grundriss. Die vier über Eck gestellten Außentürme sollten zusätzlich Stabilität verleihen. Die Kuppel war das Sorgenkind der Planer. Die erste Variante, eine kupferverkleidete Holzkuppel, stellte sich als zu teuer heraus. Bährs Lösung, statt Holz Stein zu verwenden, war enorm umstritten. Keiner glaubte daran, dass die Fundamente das immerhin 12 000 Tonnen schwere Gewölbe tragen könnten. Doch Bähr setzte sich durch, und seine steil aufragende, wegen ihres geschwungenen Anlaufs auch *Steinerne Glocke* genannte Kuppel übertraf an Eleganz und Erhabenheit so manches ältere Meisterwerk der Weltarchitektur. Erst 1743, fünf Jahre nach Bährs Tod, war die Frauenkirche vollendet. 202 Jahre lang zierte das außergewöhnliche Bauwerk Dresdens Stadtsilhouette. Den schweren Bombenangriffen im Februar 1945 konnte die Kirche jedoch nicht standhalten. Sie brannte vollständig aus und stürzte am 15. Februar in sich zusammen.

Zu DDR-Zeiten galt die Ruine als ein tragisches Mahnmal gegen den Krieg. Ende der 1980er-Jahre gründete sich eine Dresdner Initiative für den **Wiederaufbau**. Nach einem internationalen Spendenaufruf fanden sich in vielen Ländern, vor allem in Großbritannien und den USA, Freundeskreise mit insgesamt 13 000 Mitgliedern, die Gelder sammelten. Der britische *Dresden Trust* etwa stiftete das neue Turmkreuz. Gefertigt wurde es von einem Londoner Kunstschmied, dessen Vater zu den Bomberpiloten des 13./14. Februar gehört hatte. Die Frauenkirche war somit zu einem Symbol der Versöhnung avanciert. Da möglichst viele Originalbauteile für den Wiederaufbau verwendet werden sollten, begann man 1993 zunächst mit einer archäologischen *Enttrümmerung*. Wie bei einem riesigen Puzzlespiel wurden tausende Steine, Altar- und Säulenteile, insgesamt etwa ein Drittel der Bausubstanz, genau analysiert, damit sie an ihrer ursprünglichen Stelle wieder eingebaut werden konnten. An den Außenmauern heben sich die alten Steine durch ihren dunkleren Ton ab. In der

Kuppel wurden allerdings nur neue Steine verbaut, da man fürchtete, dass die alten Steine die extreme Last nicht tragen könnten. In diesem Zuge wurde auch die Statik noch einmal verändert und Fehler in den Berechnungen George Bährs ausgeglichen. Nach zwölf Jahren Bauzeit, im Oktober 2005, konnte die Frauenkirche erneut geweiht werden.

Auch im **Inneren** entschied man sich für eine Rekonstruktion, die soweit wie möglich dem Zustand von 1743 folgt. So zeigt sich der Raum heute wieder in einer für protestantische Kirchen ungewöhnlichen Farbenfreude und von beschwingter Leichtigkeit. In dem fast kreisrunden Kirchenschiff orientieren sich fünf halbkreisförmig angeordnete *Emporen* zum Chor mit Altar, Kanzel, Taufstein und Orgel. Die unterste Empore ist mit Fenstern verschlossen, vor der Zerstörung der Kirche waren dort mehrere Betstübchen eingerichtet, die wohlhabenden Dresdner Bürgern gehörten. Die anderen vier Emporenränge sind offen. Die *Kanzel* (1733–39) ist in die Chorbalustrade eingelassen, von wo sie einem Schiffsbug gleich in den Kirchenraum ragt. Der *Altar* (1733–39) ist ein barockes Meisterwerk von Johann Christian Feige. Im Zentrum sieht man Christus beim Gebet am Ölberg, über ihm erscheinen ein Engel und eine Gloriole mit dem Auge Gottes. Im Hintergrund schlafen die Jünger, während der Verräter Judas gefolgt von den römischen Legionären aus dem Stadttor tritt. Diese Szene wird flankiert von je einer Sitz- und einer Standfigur, links *Moses* mit den Gesetzestafeln und *Paulus* mit dem Schwert, rechts *Aaron* im Gewand eines jüdischen Hohepriesters und *Philippus* mit dem Kreuz. Der Altar besteht übrigens zu 80 % aus Originalmaterial, da bei der Enttrümmerung mehr als 2000 Einzelteile geborgen werden konnten.

Ein weiteres Glanzlicht der Frauenkirche ist die *Orgel*, die sich über dem Altar erhebt. Der reich verzierte, von zwei Engeln bekrönte Orgelprospekt mit vorgewölbtem Mittelturm und zurücktretenden Seitenteilen ist eine originalgetreue Rekonstruktion. Die Orgel (1736) galt als eines der bedeutendsten Werke *Gottfried Silbermanns*, wurde jedoch bei den Bombenangriffen 1945 vollständig zerstört. Von den 4876 Pfeifen sieht man nur einen kleinen Teil, die größte unter ihnen misst über 5 m und die kleinste weniger als 1 cm. Ein besonders hübsches Element ist die größte Orgelpfeife, die mittig angeordnet mit ihrer Spitze auf einen Engelskopf deutet, der wiederum dem Organisten genau auf den Spieltisch und in die Noten schaut. Auch das alte, stark lädierte *Turmkreuz* wurde 1993 bei Sichtung der Trümmer gefunden. Es steht heute als Mahnmal und Zeichen der Erinnerung unter einer der Emporen rechts vom Chor. Über dem lichtdurchfluteten Kirchenraum schwingt sich die **innere Kuppel** bis in 37 m Höhe auf. Die Malereien (1733–39) in den Wölbungen zeigen die vier Evangelisten Matthäus, Markus,

1945 – eine Geschichte von Zerstörung und Neubeginn

»Die Stadt Dresden gibt es nicht mehr. Sie ist, bis auf einige Reste, vom Erdboden verschwunden. Der Zweite Weltkrieg hat sie, in einer einzigen Nacht und mit einer einzigen Handbewegung, weggewischt.« So der erschütterte *Erich Kästner* 1946 beim Anblick der zerbombten Elbmetropole. In der Nacht vom 13. auf den 14. Februar 1945, wenige Wochen vor Kriegsende und als der Krieg eigentlich bereits entschieden war, griff eine Armada von 1100 britischen und amerikanischen Bombern die Stadt an. Eine gewaltige Menge an Sprengbomben und 650 000 Brandbomben entfachten einen Feuersturm, der die Altstadt dem Erdboden gleichmachte. 25 000 Menschen kamen in den Flammen um. Die Stadt verfügte über keinerlei Luftabwehr oder Bunker, da niemand mit einem Angriff auf die militärisch unbedeutende Kunstmetropole gerechnet hatte. Anfang 1945 gab es in Dresden keine kriegswichtigen Verkehrs- und Industrieanlagen mehr, die Stadt lag zudem außerhalb des Kampfgebietes. Mit den Luftangriffen sollte wohl die Zivilbevölkerung demoralisiert werden.

Der Abtransport der 18 Mio. m^3 Trümmer dauerte bis 1962. Meilensteine der Erneuerung Dresdens waren die Kreuzkirche 1955, Zwinger und Albertinum 1964, die Hofkirche 1976 und 1985 die Semperoper. Zur 800-Jahr-Feier Dresdens 2006 erstrahlten auch Hauptbahnhof, Residenzschloss und Frauenkirche wieder im alten Glanz, doch noch sind nicht alle Spuren jener Nacht vor 69 Jahren getilgt.

Lukas und Johannes sowie Personifikationen der christlichen Tugenden Glaube, Liebe, Hoffnung und Barmherzigkeit.

Wer den Blick von der 67 m hohen Aussichtsplattform der **äußeren Kuppel** genießen möchte, fährt im nordöstlichen Treppenturm mit dem Aufzug zunächst 24 m in die Höhe. Dann geht es auf einem stufenlosen Wendelgang zwischen äußerer und innerer Hauptkuppelschale mit einer Steigung von 14 Grad ganz nach oben. Dabei bieten sich immer wieder Einblicke in den tief unten liegenden Kirchenraum. Auf der Aussichtsplattform angekommen öffnet sich eine einzigartige Rundumsicht über Stadt und Fluss.

Reise-Video Frauenkirche
QR-Code scannen [s.S.5] oder dem Link folgen:
www.adac.de/rf0202

7 Neumarkt

Jahrzehntelang Brachland – heute wieder ein städtebauliches Juwel.

Tram 1, 2 ,4 bis Altmarkt

Wer heute den um die Frauenkirche wiedererstandenen Neumarkt sieht, glaubt kaum, dass sich hier nach dem Zweiten Weltkrieg 40 Jahre lang Brachland ausbreitete. Die Bombardierungen im Februar 1945 legten den Neumarkt in Schutt und Asche. Bis auf die Ruine der Frauenkirche, die als Mahnmal stehenblieb, wurde der Platz alsbald von Trümmern befreit, aber nicht weiter städtebaulich gestaltet. Erst durch den Beschluss zur Rekonstruktion der Frauenkirche wurde auch die Neubebauung des Neumarkts möglich. Frauenkirche und Platz waren, wie auch das Gemälde ›Neumarkt mit Frauenkirche und Altstädter Wache‹ (1749–51, Gemäldegalerie Alte Meister) von *Canaletto* dokumentiert, im 18. Jh. von barocken Bürgerhäusern und Palais umringt. Die Interessengemeinschaft *Gesellschaft Historischer Neumarkt* wachte bei der Planung darüber, dass nach Möglichkeit die alten Vorbilder berücksichtigt wurden. Einige Gebäude sind originalgetreu wiederhergestellt, andere haben rekonstruierte Fassaden. Dazwischen fügen sich moderne Bauten ein.

Östlich der Frauenkirche steht das **Coselpalais** (An der Frauenkirche 12) mit seiner gelben Fassade, das Johann Chris-

Gräfin von Cosel – Aufstieg und Fall der Königsmätresse

Anna Constantia von Brockdorff (1680–1765) sprach bereits als junges Mädchen mehrere Sprachen und kannte sich in Fragen der Politik und Zeitgeschichte aus. Mit 23 Jahren heiratete sie Adolph Magnus Freiherr von Hoym. Als dieser die Stelle des sächsischen Obersteuerdirektors am Hofe zu Dresden antrat, wurde August der Starke auf Anna Constantia aufmerksam. Er machte sie zu seiner Mätresse und ernannte sie zur Reichsgräfin von Cosel. Auf dem Höhepunkt ihrer Macht stand sie an der Spitze der höfischen Ordnung. Ein geheimes Abkommen sicherte ihr im Fall, dass die Gattin Augusts verstarb, die Heirat mit dem Regenten zu. Doch ihre Missbilligung seiner Polenpolitik brachte sie nach sieben Jahren zu Fall und 1713 folgte die Verbannung auf ihr Schloss Pillnitz. Als die Gräfin von Cosel 1715 nach Berlin floh, um sich in ihrer Verzweiflung das dort hinterlegte Heiratsversprechen zu beschaffen, galt ihr Handeln als Landesverrat. August der Starke ließ sie festsetzen. Zu Weihnachten 1716 traf sie auf Burg Stolpen ein, die sie nie wieder verlassen sollte, 1765 verstarb sie nach 49 Jahren Festungshaft. Die Faszination, die von der Cosel als einer der schillernsten Figuren am Dresdner Hof ausgeht, ist bis heute ungebrochen, wie zahlreiche Romane und Filme zeigen.

Barockschönheit – die einflussreiche Mätresse Gräfin von Cosel

toph Knöffel 1744–46 erbauen ließ. Nachdem es 1760 im Siebenjährigen Krieg durch Kanonenschüsse stark beschädigt worden war, ließ der neue Besitzer Graf Carl Friedrich August von Cosel, ein Sohn *Augusts des Starken* und seiner Mätresse, das Palais im Stil des Spätbarock wiederherstellen. Damals kamen auch die zweigeschossigen Flügelbauten hinzu. Heute befindet sich in der unteren Etage das Grand Café und Restaurant *Coselpalais* [s. S. 127] mit einer großen Terrasse im Ehrenhof, in den oberen Etagen sowie im barocken Festsaal ist der *Dresdner Piano Salon*, ein Klavier- und Flügelgeschäft, sowie Büros ansässig. An der südöstlichen Ecke des Neumarkts fällt das **Hotel de Saxe** (Neumarkt 9, s. S. 135) auf, das zur Steigenberger Kette gehört. Im Konzertsaal des alten Hotels de Saxe erlebte im Jahre 1845 das Klavierkonzert Opus 54 in A-Moll von Robert Schumann seine Uraufführung, am Flügel saß Schumanns Frau Clara, eine gefeierte Pianistin.

An der Ecke zur Frauenstraße im Südwesten des Platzes lohnt das **Heinrich-Schütz-Haus** (Neumarkt 12), die einstige Residenz des kurfürstlichen Oberkapellmeisters und Komponisten Heinrich Schütz (1585–1672), einen genaueren Blick. Es besitzt einen schönen *Runderker*, der reich mit ornamentalen Zierleisten und einem Fries mit spielenden Kindern geschmückt ist, den Christoph Walter I. um 1535 schuf. Der Kinderfries überstand den Zweiten Weltkrieg und konnte nach der Rekonstruktion des Hauses an seiner ursprünglichen Stelle wieder eingefügt werden.

Drei Denkmäler zieren den Neumarkt. Das von Adolf von Donndorf und Ernst Rietschel 1885 geschaffene überlebensgroße **Standbild Martin Luthers** zeigt den Reformator in ruhiger, unerschütterlicher Pose und mit der rechten Hand auf die Bibel pochend. Die Skulptur stürzte beim Bombenangriff 1945 nur um und konnte bald wiederaufgerichtet werden. Frisch restauriert blickt Luther von seinem Standort vor der Frauenkirche über den Platz. Vor dem Hotel de Saxe erhebt sich das **Bronzemonument des Friedrich August II.** von 1867. Das Denkmal wurde gleichfalls von Ernst Rietschel ausgeführt, basierte aber auf Entwürfen von Ernst Julius Hähnel. Der 1854 bei einem Unfall in Tirol zu Tode gekommene sächsische König steht in Feldherrenpose auf einem hohen Sockel. Vier Frauenfiguren, die Frömmigkeit, Weisheit, Gerechtigkeit und Stärke symbolisieren, sitzen rund um den Sockel. Hauptakzent des westlich mit dem Neumarkt verbundenen *Jüdenhofes* ist der **Türkenbrunnen** (1650). Der Name des Jüdenhofes rührt wahrscheinlich von einer mittelalterlichen Synagoge und einem jüdischen Gemeindehaus her, die hier standen. Der Türkenbrunnen war ursprünglich als Friedensbrunnen konzipiert worden und entstand unter dem Eindruck des gerade beendeten Dreißigjährigen Krieges. Er wurde bekrönt von einer Statue der Friedensgöttin Irene und war mit einer den Frieden beschwörenden Inschrift versehen. Doch nur 33 Jahre später wurde er zu Ehren des Kurfürsten Johann Georg III. umgestaltet, der unter dem Oberbefehl des polnischen Königs Johann III. Sobieski das vor Wien stehende türkische Heer besiegt hatte. Daher auch sein neuer Name. Seitdem trägt der Brunnen statt der Irene eine Sandsteinfigur der Siegesgöttin *Victoria* mit Fahne und Lorbeerkranz.

8 Taschenbergpalais

Einst Wohnsitz der Gräfin von Cosel, heute Grand Hotel im Barockstil.

Am Taschenberg
Tel. 03 51/491 20
www.kempinski-dresden.de
Tram 4, 8, 9 bis Theaterplatz

Seinen Namen verdankt das dreiflügelige Taschenbergpalais der Lage am Taschenberg, einer Erhebung, die heute im Stadtbild nicht mehr sichtbar ist. August der Starke ließ den Barockbau 1706–11 für seine Mätresse, die Reichsgräfin von Cosel, nach Plänen von Hofbaumeister *Matthäus Daniel Pöppelmann* errichten. Nach der Verbannung der Cosel 1713 diente das Palais dann als kurfürstliche Bleibe. Im Jahr 1756 kam der Westflügel nach Plänen von Julius Heinrich Schwarze hinzu, 1763 der von Christian Friedrich Exner konzipierte Ostflügel.

Ganze 50 Jahre, nachdem das Palais im Zweiten Weltkrieg zerstört worden war, konnte es 1995 in strahlender Schönheit und Opulenz als **Hotel Taschenbergpalais Kempinski** [s. S. 135] wiedereröffnet werden. Hatte man bei der Ersterbauung noch an einigen von Pöppelmann geplanten Architekturelementen gespart, kamen jetzt seine Originalpläne voll zur Ausführung. Glanzlicht des Hotels ist die 360 m^2 große Kronprinzensuite, doch so viel Exklusivität hat natürlich ihren Preis. Günstiger als eine Übernachtung ist ein Besuch im *Café Vestibül*. Unter Säulen und mit Blick auf die elegante Barocktreppe kann man bei einem Café Crème und einem Stück Torte aus der Patisserie des Hauses stilvoll entspannen. Ein besonderes Freizeitvergnügen lockt in der Adventszeit: Im Innenhof ist dann eine Eisbahn aufgebaut, auf der man Schlittschuh laufen kann. Eiskalte Nasen tauen bei einem Glühwein wieder auf.

Vor dem Westflügel des Taschenbergpalais steht der neogotische **Cholerabrunnen** (1843–46). Aus seinem achteckigen Becken erhebt sich eine 18 m hohe, mit Ornamenten verzierte Säule. Freiherr Eugen von Gutschmid stiftete den von Gottfried Semper entworfenen Brunnen aus Dank dafür, dass Dresden von der Choleraepidemie der Jahre 1840/41 weitgehend verschont geblieben war. Bei den vier Statuen zu Füßen der Säule handelt es sich um Johannes den Täufer, den hl. Bonifatius, den sächsischen Herzog Witteking und die hl. Elisabeth.

9 Theaterplatz

Einer der schönsten Plätze Europas umringt von Hofkirche, Residenzschloss, Zwinger und Hoftheater.

Tram 4, 8, 9 bis Theaterplatz

Den Theaterplatz umgeben monumentale Bauten wie das *Residenzschloss* [Nr. 1], die *Kathedrale SS. Trinitatis* [Nr. 2], die *Semperoper* [Nr. 10] und der *Zwinger* [Nr. 11]. Bis Mitte des 19. Jh. war das Areal in die mittelalterlichen Festungsanlagen integriert, unter der Regentschaft von König Johann von Sachsen (1854–1873) wurde der Platz in seiner heutigen Form gestaltet. In der Mitte steht das von Johannes Schilling entworfene bronzene **Reiterdenkmal König Johanns** (1889). Der Regent hält majestätisch das Zepter in der Hand und blickt in Richtung der Kathedrale SS. Trinitatis. Im realen Leben war er ein Intellektueller auf dem Thron, der sich mit Künstlern und Gelehrten umgab. Bereits als Prinz erfreute er sich an den Schönen Künsten und übersetzte später unter dem Pseudonym Philalethes (Freund der Wahrheit) Dantes ›La Divina Commedia‹ ins Deutsche.

Der Theaterplatz mit dem Reiterdenkmal König Johanns, Zwinger und Semperoper

Zwischen Semperoper und Zwinger ehrt seit 1860 Ernst Rietschels überlebensgroße Statue den Komponisten und Dirigenten **Carl Maria von Weber** (1786–1826). Im Jahr 1817 war der hier so versonnen über sein Notenpult hinweg blickende Weber zum Königlichen Kapellmeister und Operndirektor am damaligen Hoftheater ernannt worden. Während seiner Dresdner Jahre komponierte er die Opern ›Der Freischütz‹ (1821), ›Euryanthe‹ (1823) und ›Oberon‹ (1826).

Im Südosten des Platzes fällt die spätklassizistische **Altstädter Wache** ins Auge. Das 1832 vollendete Bauwerk geht auf Entwürfe von *Friedrich Schinkel* zurück, daher ihr Beiname Schinkelwache. Sie ist das einzige erhaltene Werk des berühmten preußischen Baumeisters in Dresden. In dem mit ionischen Säulen geschmückten Gebäude taten einst Wachsoldaten Dienst. Heutzutage residieren hier die Kasse der Semperoper, und das stimmungsvolle *Café Schinkelwache*.

Das 1911–13 von Hans Erlwein im klassizistischen Stil entworfene Gebäude des **Italienischen Dörfchen** [s. S. 127] grenzt den Platz zur Elbe ab. Der Name erinnert an die Bauhütten italienischer Handwerker. Sie kamen Mitte des 18. Jh. im Gefolge des römischen Architekten Gaetano Chiaveri nach Dresden und waren am Bau der Katholischen Hofkirche beteiligt. Heute locken in den mit Wandmalereien geschmückten Räumen des Italienischen Dörfchens ein Café und zwei Restaurants mit sächsischer bzw. italienischer Küche.

Schräg gegenüber, am Terrassenufer, steht das 1912 im neoklassizistischen Stil errichtete **Basteischlösschen**. Es bildet den Rahmen für ein weiteres italienisches Restaurant, das auf Fisch spezialisiert ist.

10 Semperoper

Ein architektonisches Meisterwerk Gottfried Sempers und eine Opernbühne von Weltruhm.

Theaterplatz
Ticket-Tel. 03 51/491 17 05
Tageskasse in der Altstädter Wache
www.semperoper.de
Tram 4, 8, 9 bis Theaterplatz

Im Jahr 1869 zerstörte ein Brand das von **Gottfried Semper** errichtete erste Königliche Hoftheater. Nach dem Willen der Dresdner Bürgerschaft sollte Semper schnell einen neuen Entwurf vorlegen. Er hatte sich allerdings 20 Jahre zuvor, 1849, am *Dresdner Maiaufstand* beteiligt und musste anschließend fliehen. Da er die strafrechtliche Verfolgung wegen revolutionären Umtrieben zu befürchten hatte, konnte er den Neubau nur aus der Ferne planen. Vor Ort übernahm sein Sohn Manfred Semper (1838–1913) die Bauleitung für das zweite Hoftheater.

Der im Stil der italienischen Hochrenaissance errichtete Rundbau aus Sandstein wurde 1878 mit Carl Maria von Webers ›Jubel-Ouvertüre‹ und Johann Wolfgang von Goethes ›Iphigenie auf Tauris‹ eröffnet, denn er diente damals als Bühne für Oper und Schauspiel. Als der Schauspielkader in das *Königliche Schauspielhaus* in der Neustadt zog, wurde die hiesige Bühne zum reinen Opernhaus. Nach der Abdankung des sächsischen Königs Friedrich August III. im Jahr 1918 erfolgte die Umbenennung des Hoftheaters in **Sächsische Staatsoper Dresden**, doch der Volksmund nannte sie schon immer Semperoper. 1945 brannte der Bau aus, lediglich Teile der Fassade blieben erhalten. In den Jahren 1952–56 wurde zunächst der Außenbau rekonstruiert. Die Wiederherstellung des Inneren sollte sich

Zwischen dem Besuch der Sammlungen lädt der Zwingerhof mit seinen Wasserspielen zum Flanieren und Verweilen ein

Wagner – Oper mal anders

Der berühmteste Opernkomponist Deutschlands, *Richard Wagner* (1813–1883), wurde in Leipzig geboren und wuchs in Dresden auf, wo er die Kreuzschule besuchte. Als 16-Jähriger hörte er die Sopranistin *Wilhelmine Schröder-Devrient* in Beethovens Oper ›Fidelio‹, ein Erlebnis, das seinen Berufswunsch entscheidend prägte. Nach dem Studium der Musik in Leipzig trat Wagner 1833 seine erste Stelle als Chordirektor in Würzburg an. In den folgenden Jahren war er Musikdirektor an verschiedenen Häusern und komponierte ›Die Feen‹ (1834), ›Das Liebesverbot‹ (1836) und ›Rienzi‹ (1840). 1842 feierte er mit dessen Uraufführung in Dresden den ersten großen Erfolg seiner Komponistenkarriere. Im Jahr darauf wurde Wagner zum Königlich-Sächsischen Kapellmeister am Semperschen **Hoftheater** ernannt. Hier erlebten auch seine Opern ›Der Fliegende Holländer‹ (1843) und ›Tannhäuser‹ (1845) ihre Uraufführung. Diese beiden Werke kündeten bereits Wagners Abkehr von der traditionellen **Nummernoper** an. Deren Struktur, eine Aneinanderreihung in sich geschlossener Sätze (oder Nummern), löste er zugunsten eines durchkomponierten Musikdramas nach dem Prinzip der **unendlichen Melodie** auf, wie es auch für seine noch in Dresden begonnenen Werke, ›Lohengrin‹ (1850) und ›Die Meistersinger von Nürnberg‹ (1868) kennzeichnend ist.

Richard Wagner war nicht nur passionierter Komponist, sondern setzte sich auch für soziale Reformen ein. Beim **Dresdner Maiaufstand** im Jahr 1849 kämpfte er zusammen mit seinem Freund Gottfried Semper auf der Seite der republikanischen Aufständischen. Nach der Niederschlagung der Revolution musste Wagner fliehen. Dresden verlor auf diese Weise einen seiner größten Musiker. Richard Wagners Wirken und seine Werke hatten den Weltruf der Semperoper begründet und zugleich der modernen Oper den Weg bereitet.

bis 1977 hinziehen, die feierliche Wiedereröffnung fand 1985 statt, mit Carl Maria von Webers Oper ›Der Freischütz‹.

Die **Fassade** der Oper mit ihrer an einen antiken Triumphbogen erinnernden *Exedra* wirkt feierlich und erhaben. Beiderseits des Eingangs thronen Ernst Rietschels Sitzfiguren der Dichterfürsten *Goethe und Schiller*. Sie konnten aus den Ruinen von 1869 gerettet werden, gleichfalls die vier Statuen ihrer Dichterkollegen an der Fassade: Links außen posieren Sophokles (o.) und Shakespeare (u.), rechts außen Euripides (o.) und Molière (u.). Der Figurenreigen setzt sich an den beiden Außenseiten des 1. Obergeschosses fort, jeweils acht Skulpturen huldigen dramatischen Rollen wie Don Juan, Faust, Mephisto und Medea.

Auch das **Innere** beeindruckt mit opulenter Ausstattung. An den Wänden des *Rundfoyers* reihen sich mit Stuckaturen verzierte ionische Halbsäulen aneinander. Zusammen mit den dunkelroten Vorhängen und den goldenen Kronleuchtern lassen sie den Raum festlich-erhaben wirken. Mit rotem Stoff bespannte Sofas laden zum Verweilen ein. Hier kann man wunderbar Vorfreude und Pausen genießen, an einem Sekt von der Bar nippen und die Deckenmalereien mit Motiven aus der griechischen Mytholo-

gie betrachten. Auch die *Treppenvestibüle* und die Wandelgänge sind anmutig verziert, wenngleich häufig mit dem schönen Schein gespielt wird, unter Verwendung von viel Stuck und Messing.

Der 1300 Zuschauer fassende *Theatersaal* mit den vier Rängen und der prunkvollen Königsloge wurde nach den Plänen Gottfried Sempers wiederhergestellt. Von der Saaldecke hängt ein gewaltiger Kronleuchter. Die Medallions drumherum stellen die Musen Griechenlands, Englands, Frankreichs und Deutschlands dar. Über dem Bühnenportal hängt die *Fünf-Minuten-Uhr*, ein Werk Johann Christian Friedrich Gutkaes von 1841 für das erste Hoftheater. Sie zeigt in zwei Feldern die Stunden mit römischen Ziffern, die Minuten im Fünfminuten-Rhythmus in arabischen Ziffern. Prachtvoll ist auch der Schmuckvorhang, eine Rekonstruktion des Originals von Ferdinand Keller aus dem Jahr 1875. Gerahmt von Putten, Blumen- und Fruchtgirlanden erscheinen Dichter wie Gotthold Ephraim Lessing, Friedrich Schiller und Johann Wolfgang von Goethe und Komponisten wie Ludwig van Beethoven, Richard Wagner und Carl Maria von Weber.

Am schönsten erlebt man die Semperoper im Rahmen einer Aufführung der Sächsischen Staatsoper, des Semper Opernballets oder der Staatskapelle Dresden. Viel Wissenswertes über Architektur und Geschichte des Hauses bieten die **Führungen** (45 Min., Voranmeldung, Lingnerplatz 1, Tel. 0351/3207360, www.semperoper-erleben.de).

Reise-Video
Semperoper
QR-Code scannen [s.S.5]
oder dem Link folgen:
www.adac.de/rf0199

11 Zwinger

TOP TIPP

Einst Schauplatz für die prunkvollen Feste Augusts des Starken, heute Rahmen für berühmte Sammlungen.

Tram 4, 8, 9 bis Theaterplatz

Der Zwinger ist ein Paradebeispiel des *Barock* und eine der bedeutendsten Sehenswürdigkeiten Dresdens. Das Gebäudeensemble besteht aus sechs durch Galerien miteinander verbundene Pavillons, die einen 116 m x 204 m großen Hof mit Springbrunnen und symmetrisch angelegten Rasenflächen umschließen. Der Name Zwinger stammt aus dem Mittelalter und bezeichnet einen Teil der

Befestigungsanlagen zwischen der inneren und äußeren Festungsmauer. Militärischen Zwecken diente er allerdings nie, sondern war zunächst eine Orangerie. Später ließ August der Starke ihn zu einem Prunkbau für höfische Feste erweitern. Heute beherbergt er mit der Gemäldegalerie Alte Meister [Nr. 12], der Porzellansammlung [Nr. 13] sowie dem Mathematisch-Physikalischen Salon [Nr. 14] einige der qualitätvollsten Sammlungen der Elbestadt.

Geschichte Weil er südländische Früchte liebte, beauftragte August der Starke im Jahr 1709 seinen Hofbaumeister *Matthäus Daniel Pöppelmann* (1662–1736) damit, eine **Orangerie** anzulegen. Als Bauplatz wurde das Terrain zwischen dem inneren und äußeren Verteidigungswall im Westen von Stadt und Residenzschloss bestimmt. 1710 reiste Pöppelmann im Auftrag des Kurfürsten nach Prag, Wien und Rom, um sich dort inspirieren zu lassen. Der Bau des Zwingers erfolgte in enger Zusammenarbeit mit dem Hofbildhauer *Balthasar Permoser* (1651–1732), der das Konzept für den Figurenschmuck mit Satyrn, Nymphen und Putten entwickelte und die meisten der Skulpturen auch eigenhändig ausführte. Der **erste Bauabschnitt** (1710–15) umfasste zwei doppelgeschossige Pavillons auf der Nordseite: der heutige Mathematisch-Physikalische Salon (Nordwesten), der durch eine Bogengalerie mit dem heutigen Französischen Pavillon (Nordosten) verbunden wurde. In den Gebäuden überwinterten die südländischen Gewächse aus dem Besitz des Kurfürsten, darunter Lorbeer-, Feigen- und Orangenbäume. Auch die hinter dem Französischen Pavillon liegende barocke Brunnenanlage des Nymphenbades stammt aus dieser Zeit. In einer **zweiten Bauphase** bis 1718 entwarf Pöppelmann zur Erweiterung der Orangerie im Westen die Langgalerie. Das sich in ihrer Mitte aufschwingende Kronentor ließ August der Starke ab 1716 errichten. Als architektonisches Highlight entstand zwischen den beiden nördlichen Pavillons noch der Wallpavillon, dessen mit Wandmalereien und Stuck verzierten Säle für Feste genutzt wurden. Die **dritte Bauphase** begann 1718 aus Anlass der ein Jahr später stattfindenden Hochzeit des Erbprinzen Friedrich August II. mit der Erzherzogin Maria Josepha, der Tochter des verstorbenen österreichischen Kaisers Joseph I. Die Orangerie wurde von Pöppelmann zu einem höfischen **Festplatz** erweitert. Zunächst ließ er als Pendants zu den Bauten der Nordseite den heutigen Porzellanpavillon (Südwesten), den Stadtpavillon und den Deutschen Pavillon (Südosten) aus Holz fertigen, bis 1728 wurden diese provisorischen Bauten sukzessive durch Steinkonstruktionen ersetzt. Damals begann man auch, den Zwinger als Aufbewahrungsort und Ausstellungsgebäude für die königlichen **Kunst- und Naturaliensammlungen** zu nutzen.

Seine heutige Gestalt erhielt der Zwinger 1847–55 mit der Errichtung eines Gebäudeflügels an der Elbseite nach Plänen von Gottfried Semper. Dieser nach ihm benannte *Semperbau* beherbergte fortan das Neue Königliche Museum, aus dem schließlich die heutige Gemäldegalerie Alte Meister hervorging.

1924–36 erfolgte eine Restaurierung der Bausubstanz, neun Jahre später, im Februar 1945, trafen die Bomben des Zweiten Weltkrieges auch den Zwinger und zerstörten ihn weitgehend. Der Wiederaufbau begann noch im selben Jahr und zog sich bis 1963 hin, die Rekonstruktion und die Sanierungsarbeiten der Innenräume dauern bis heute an.

Kronentor

Von der Ostra-Allee führt der Weg zum Zwingerhof zunächst über die Wallgrabenbrücke und dann durch das im Stil des italienischen Hochbarock gestaltete zweigeschossige Kronentor. August der Starke ließ dieses Prunktor anlässlich seiner Krönung zum polnischen König errichten. Es nimmt kaum Wunder, dass seine Vorbilder bei den antiken *Triumphbögen* zu Ehren römischer Kaiser zu suchen sind. Die blau-schwarze Zwiebelhaube mit vier polnischen Adlern trägt eine vergoldete Krone. Weitere Insignien der Herrschaft sind die Wappen von Sachsen und Polen an der Außenseite, die Innenseite schmückt an gleicher Stelle das kunstvoll bekrönte Monogramm *FASRP* (Friedrich August von Sachsen, Rex Poloniae, König von Polen). Zum Skulpturenschmuck gehören seitlich des Eingangs Nischenfiguren von Balthasar Permoser. An der Außenseite sieht man rechts Bacchus, den Gott des Weines und links Vulkan, den Gott der Waffenschmiede. An der dem Zwingerhof zugewandten Seite trifft man auf die Göttinnen der Früchte und des Korns, Pomona (rechts) und Ceres (links). Im Obergeschoss residieren die Liebesgöttin Venus und ihr Gehilfe Amor. An der Hofseite des Torbogens wiederum posieren ein Tamburin- und ein Flötenspieler.

Wallpavillon

Der zweigeschossige Wallpavillon wird von zwei geschwungenen Galeriebauten gerahmt. Über eine Treppe gelangt man unter die fünf mächtigen Arkaden und weiter in das hallenartige Innere, wo drei Brunnen plätschern. Von hier aus erreicht man das 1. Obergeschoss mit dem einzigen geschlossenen Raum des Wallpavillons, in dem heute Events stattfinden (www.schloesser-dresden.de).

Die skulpturale Ausgestaltung der Fassade gilt als Höhepunkt im Œuvre *Balthasar Permosers*. Barocker Überschwang zeichnet schon allein das Baudekor aus, die Weinranken, die Blumenbouquets und das Muschelwerk. Das heroisch gestimmte Figurenpersonal entstammt der griechischen Mythologie. Die Pfeiler im Untergeschoss zieren zwölf Satyrn. Die kraftvoll und theatralisch agierenden Fabelwesen wachsen hermenförmig aus den Pfeilern hervor und tragen die Konsolen der Balustrade. Am Giebel erkennt man die gekreuzten Schwerter des sächsischen Wappens, das Signum *AR* (Augustus Rex) und die polnische Königskrone. Auf dem Giebelfirst balanciert ein muskulöser **Hercules Saxonicus**, der eine Weltkugel trägt. Die Figur des siegreichen antiken Heros verweist auf August den Starken, der sich bewusst als herkulischer Regent stilisierte. Und es nimmt kaum Wunder, dass der Kurfürst auch noch als Paris inszeniert und in Stein gemeißelt ist, der unter den drei Göttinnen Aphrodite, Athena und Hera sein Urteil zu sprechen hat.

Nymphenbad

Zwischen Wallpavillon und Semperbau erhebt sich der **Französische Pavillon**, in dem bis 1945 Gemälde aus Frankreich gehütet wurden. Vom Zwingerhof führt eine doppelläufige Freitreppe hinauf zum Eingang. Von hier aus gelangt man in einen Innenhof mit dem barocken Nymphenbad. Hinter dem zentralen Wasserbecken erblickt man eine Kaskade, die mit Riesenmuscheln verziert ist, hier tummeln sich Tritonen und Nymphen. Zu Seiten der Kaskade öffnen sich zwei Wandbrunnen mit Wasserspeiern. An den bei-

August der Starke ließ das Kronentor anlässlich seiner Krönung zum König von Polen errichten

den Längsseiten der Anlage öffnen sich 16 Rundnischen, in denen anmutige *Nymphen* auf ihren Sockeln posieren. Das Skulpturenprogramm des Nymphenbades stammt von Balthasar Permoser, Paul Egell und Johann Christian Kirchner. In den 1920er-Jahren wurden die Originale von dem Künstlerkreis um Georg Wrba restauriert. Damals kamen auch einige neue Figuren hinzu.

Glockenspielpavillon

Besucher können den Zwinger auch durch den Glockenspielpavillon von Südosten her betreten. Der ursprünglich *Stadtpavillon* genannte Bau war 1728 als Pendant zum gegenüberliegenden Wallpavillon errichtet worden, ging aber beim Brand des benachbarten Hoftheaters im Jahr 1849 ebenfalls in Flammen auf. Sein Wiederaufbau unter der Leitung von Karl Moritz Haenel kam 1863 zum Abschluss. Seinen heutigen Namen erhielt er 1933, als an der Fassade ein **Glockenspiel** angebracht wurde. Viertelstündlich erklingen die 40 Glocken aus Meissener Porzellan, ihre Stundenschlagmelodie komponierte Günter Schwarze 1994. Täglich um 10.15 Uhr werden zudem einige Takte aus Antonio Vivaldis ›Die Vier Jahreszeiten‹ gespielt (weitere Melodien tgl. 14.15 und 18.45 Uhr, www.schloesser-dresden.de). Im Inneren des Pavillons führen zwei Treppen hinauf zu den **Bogengalerien**. Von hier oben genießt man einen herrlichen Blick über den Zwinger.

Semperbau

Um die Mitte des 19. Jh. sollte nach den Plänen *Gottfried Sempers* im Nordosten ein Bauwerk entstehen, das den Zwinger zum Theaterplatz hin abgrenzte. Da Semper als Teilnehmer am Maiaufstand 1849 aus Dresden fliehen musste, führte Oberlandbaumeister *Karl Moritz Haenel* die Arbeiten fort. Der so im Jahr 1855 glücklich vollendete Semperbau ist ein wuchtiges Gebilde aus Sandstein im Stil der Neorenaissance, das sich harmonisch in die barocke Anlage einfügt. Der markante Mittelrisalit mit Kuppel ist antiken Triumphbögen nachempfunden. Zum Baudekor gehören Skulpturen von der Hand Ernst Rietschels und Ernst Julius Hähnels, darunter die Standbilder von Dante, Goethe, Raffael und Michelangelo. Nach den starken Zerstörungen 1945, vor allem des Westflügels, wurde der Semperbau in den Nachkriegsjahren bis 1956 wiederaufgebaut. Er beherbergt heute die *Gemäldegalerie Alte Meister*. Bis Februar 2013 war hier auch die *Rüstkammer* untergebracht, die nun wieder im Residenzschloss [Nr. 1] ihren ursprünglichen Platz einnimmt.

Reise-Video Zwinger
QR-Code scannen [s. S. 5] oder dem Link folgen: www.adac.de/rf0197

12 Gemäldegalerie Alte Meister

TOP TIPP

Ein bedeutendes Kunstmuseum mit Raffaels ›Sixtinischer Madonna‹ als Highlight.

Semperbau des Zwingers
Theaterplatz 1
Tel. 0351/49 14 66 79
www.skd.museum
Di–So 10–18 Uhr
Tram 4, 8, 9 bis Theaterplatz

Seit dem Jahr 1855 beherbergt der Semperbau des Zwingers die Gemäldegalerie Alte Meister, eine hochkarätige Sammlung europäischer Kunst des 15.–18. Jh., die jährlich 500 000 Besucher anlockt. Glanzvoll vertreten sind vor allem die Bildwerke der deutschen und italienischen Renaissance sowie die flämische und niederländische Malerei des 17. Jh.

Geschichte Die aus der kurfürstlichen Kunst- und Naturalienkammer von 1560 hervorgegangene Sammlung wurde im 18. Jh. unter August dem Starken und seinem Sohn Friedrich August II. systematisch geordnet und in großem Stil erweitert. Beide Kurfürsten erwarben wertvolle Gemälde aus Italien, aus Paris, Amsterdam und Prag. Im Jahr 1746 gelang ein spektakulärer Ankauf von 100 bedeutenden Kunstwerken aus dem Besitz des hochverschuldeten Herzogs Francesco III. von Modena. 1747 zog die Gemäldesammlung in das Stallgebäude des Residenzschlosses, später Johanneum [Nr. 5]. genannt. Eines der wertvollsten Gemälde wurde ihr 1754 hinzugefügt: **Raffaels** Anfang des 16. Jh. entstandenes Altarbild der ›Sixtinischen Madonna‹. Mit Einzug in den hiesige Semperbau 1855 firmierte die Kollektion unter dem Namen *Neues Königliches Museum*. Beim Ausbruch des Zweiten Weltkrieges wurden die wertvollen Exponate allesamt aus Sicherheits-

Kein Stäubchen soll den Betrachter beim Anblick von Raffaels ›Sixtinischer Madonna‹ stören

gründen in die Festung Königstein und in verschiedene Bergwerkstollen ausgelagert. Nach Kriegsende transportierte die Rote Armee die Alten Meister nach Moskau und Kiew. Die Rückgabe erfolgte 1956, und vier Jahre später konnte die Gemäldegalerie Alte Meister endlich wieder ihre Pforten öffnen.

Besichtigung Durch das vornehme Foyer schreitet der Kunstfeund die Treppe hinauf in das 1. Obergeschoss. Ein paar Schritte weiter öffnet sich die Saalflucht mit den Meisterwerken der **italienischen Renaissance**. Hier sieht man weltberühmte Gemälde, vertraut wie alte Bekannte, weil vielfach abgebildet, doch überwältigend in der persönlichen Begegnung. Man wird hineingezogen in Szenen voller Drama, Innigkeit und Geheimnis, taucht ein in Farbenrausch und Lichterglanz, vernimmt das Rascheln von Gewändern und das Klimpern von Geschmeide. Herzergreifend sind vor allem die dargestellten Personen, Wesen voller Ernst, Huld und Liebreiz. Mal versonnen, mal fragend, mal keck blicken sie auf den Betrachter, und es entspinnt sich ein Dialog, der so lebendig ist wie vor 500 Jahren, als der Maler sie mit Pinsel und Farbe hervorzauberte. Zu den bedeutendsten Werken gehören der ›Zinsgroschen‹ (um 1515) von Tizian, die ›Heilige Nacht‹ (1522–30) von Correggio und die selbstvergessen-verführerische ›Schlummernde Venus‹ (um 1508), die von Giorgione begonnen und von Tizian vollendet wurde. Unbestrittener Star der Sammlung ist Raffaels ›**Sixtinische Madonna**‹ (1512/13), die an der Stirnseite des letzten Saals einen Ehrenplatz einnimmt. Kurfürst Friedrich August II. ließ sich das Meisterwerk ein Vermögen von 60 000 Talern kosten. Im Bild, das als Auftagsarbeit für den Hochaltar der Kirche San Sisto in Piacenza entstanden war, öffnet sich ein grüner Vorhang auf eine Himmelsszenerie. Die Madonna steht inmitten weicher Wolken. Innig ist ihre Zweisamkeit mit dem Jesuskind, das sie zärtlich in den Armen hält. Beide blicken ernst aus dem Bild heraus. Man hat ergründet, was sie so traurig macht, denn gegenüber dem Hochaltar von San Sisto hing ein großes Kruzifix, sodass Mutter und Kind dessen Schicksal, die spätere Kreuzigung und Passion, schon vor Augen hatten. *Papst Sixtus II.*, der links neben Maria kniet, nimmt ebenfalls auf den Gekreuzigten Bezug, denn er weist in dessen Richtung, während sein Gegenüber, die *hl. Barbara*, die Augen niedergeschlagen hat. Sie blickt zum unteren Bildrand, in den eine Kante des Altartisches hineinzuragen scheint. Auf ihn stützen sich zwei pummelige, pausbäckige Engelchen mit zerzausten Haaren. Mit nachdenklichen

Canalettos Augenblicke

Seine Ausbildung erhielt der in Venedig geborene Maler **Bernardo Bellotto** (1721–1780) in der Werkstatt seines Onkels Giovanni Antonio Canal. Wie dieser gab er sich den Künstlernamen **Canaletto** und signierte so auch seine Werke. Im Anschluss an seine Lehrjahre in Venedig begab er sich auf Wanderschaft durch Italien und malte in dieser Zeit 16 Ansichten von Rom sowie 20 Stadtansichten aus Lombardei, Piemont und Venetien.

Im Jahr 1747 kam der Künstler nach Sachsen und entwarf als Hofmaler im Dienste des Kurfürsten Friedrich August II. Stadtansichten von Dresden und Pirna. Die **Veduten** (ital. *veduta*, Ansicht), wirklichkeitsgetreue Abbildungen von Städten und Landschaften, schuf Canaletto mit Hilfe einer *Camera obscura*. Zu den Merkmalen seiner Gemälde gehören tiefe Bildräume, kühle, klassische Farbigkeit und starke Licht-Schatten-Kontraste.

36 Veduten von **Dresden** sowie von Pirna und Umgebung sind heute in der Gemäldegalerie Alte Meister [Nr. 12] versammelt. Eines der berühmtesten Werke Canalettos ist die 1748 geschaffene Stadtansicht ›Dresden vom rechten Elbufer unterhalb der Augustusbrücke‹ (s. Abb. oben). Besucher sollten es sich nicht entgehen lassen und während einer Stadttour eine Pause vor dem Japanischen Palais [Nr. 31] am Neustädter Elbufer einlegen. Belohnt wird man mit einem herrlichen Blick auf die barocke Altstadt mit Augustusbrücke, Kathedrale SS. Trinitatis, Brühlscher Terrasse und Frauenkirche. Canalettos Vedute aus der Gemäldegalerie noch vor Augen, zeigt sich, wie stark sich die heutige Stadtsilhouette dem Vorbild aus dem 18. Jh. wieder angenähert hat.

Kindermienen schauen sie in höchste Höhen, als ob sie gespannt auf eine Reaktion von Gottvater warteten. Die beiden geflügelten Lausbuben avancierten im 20. Jh. zu den Stars der Gemäldegalerie und zieren seither millionenfach Postkarten, Poster und T-Shirts.

Doch es warten noch weitere Glanzlichter auf den Besucher. In den Sälen mit **flämischer** und **niederländischer Malerei** des 17. Jh. bezaubern zwei Gemälde des **Jan Vermeer van Delft**, ›Bei der Kupplerin‹ (1656) und ›Brief lesendes Mädchen am offenen Fenster‹ (um 1659). Dieses Porträt einer jungen Frau, die in häuslicher Atmosphäre einen Liebesbrief liest, gehört zu den Frühwerken Vermeers und kam 1742 in die Sammlung. Unter den Meisterwerken **Rembrandts** fällt das ›Selbstbildnis mit Saskia‹ von 1635 ins Auge. Es zeigt das Paar ein Jahr nach der Hochzeit in fröhlicher Stimmung, Rembrandt sitzt mit dem Rücken zum Betrachter an einer gedeckten Tafel und hält Saskia auf dem Schoß. Beide haben sich umgewandt und schauen neugierig aus dem Bild heraus. Der Maler erhebt schwungvoll sein Glas, als wolle er einen eintretenden Gast begrüßen. Nicht weniger faszinierend ist Rembrandts ›Ganymed in den Fängen des Adlers‹ (1635), eine frappierende Neuinterpretation antiker Mythologie. Der Hirtenjunge Ganymed sollte nach dem Willen des Göttervaters Zeus im Olymp als Mundschenk dienen. Das Gemälde stellt den dramatischen Moment dar, als Zeus in Gestalt eines riesigen Adlers den vor Angst wimmernden und weinenden Knaben raubt.

Auch auf Gemälde prominenter Flamen stößt man bald, mal sieht man recht Ungestümes wie die ›Wildschweinjagd‹ (1615/20) von **Peter Paul Rubens**, mal Kontemplatives aus der Einöde wie Anthonis van Dycks ›Hl. Hieronymus‹ (1617).

Zu den Höhepunkten **deutscher Malerei** des 15.–17. Jh., untergebracht im anschließenden *Deutschen Pavillon*, gehören Albrecht Dürers ›Die Sieben Schmerzen der Maria‹ (1495). Die sieben um einen verlorenen Mittelteil angeordneten Tafeln zeigen Szenen aus dem Leben der Muttergottes, von der Flucht nach Ägypten bis zur Kreuzigung Christi. Zur Cranach-Sammlung des Hauses, es ist die größte weltweit, gehört der von Lucas Cranach d. Ä. gestaltete ›Katharinenaltar‹ (1506). Lucas Cranach d. J. wiederum schuf im Auftrag des Dresdner Hofes Bildnisse wie das der ›Kurfürstin Anna von Sachsen‹ (1564) und das ihres Gatten ›Kurfürst August von Sachsen‹ (1565).

Verführungskünste der Renaissance von Giorgione zeigt die Gemäldegalerie Alte Meister

Die Gemälde des berühmten Vedutenmalers Bernardo Bellotto, genannt **Canaletto** (1721–1780), werden im Erdgeschoss des Deutschen Pavillons gezeigt. Der venezianische Künstler war 1747 auf Einladung Augusts des Starken nach Dresden gekommen. Während seiner Zeit als Hofmaler schuf Canaletto Stadtansichten von Dresden und Pirna. Glanzlicht der 36 Stadtlandschaften im Besitz der Gemäldegalerie ist das 1748 entstandene Werk ›Dresden vom rechten Elbufer unterhalb der Augustusbrücke‹.

Im 2. Obergeschoss des Semperbaus begegnet man schließlich den Arbeiten **spanischer und französischer Maler** des 17./18. Jh. wie Murillo, El Greco, Poussin und Watteau. Ein wahrer Publikumsliebling ist das pastellfarbene, zarte Porträt des ›Schokoladenmädchens‹ (um 1744) von Jean-Étienne Liotard, das eine Tasse heißer Schokolade auf einem Tablett trägt, wohl eine Zofe am Hofe der österreichischen Kaiserin Maria Theresia.

13 Porzellansammlung

Das kostbare Porzellan Augusts des Starken wird in originell gestalteten Räumen präsentiert.

Südwestpavillon des Zwingers
Sophienstraße 2
Tel. 03 51/49 14 66 12
www.skd.museum
Di–So 10–18 Uhr
Tram 4, 8, 9 bis Theaterplatz

Kurfürst August der Starke hatte eine besondere Vorliebe für ostasiatisches Porzellan. Er selbst bezeichnete seine

Think pink – in neu gestalteten Räumen zeigt die Porzellansammlung edle Keramiken

Sammelleidenschaft einmal als ›Maladie de Porcelaine‹, als Porzellankrankheit. Nachdem *Johann Friedrich Böttger* im Jahr 1708 die Herstellung des ersten europäischen Porzellans gelungen war, ließ August der Starke in Meißen eine Manufaktur einrichten. Die kostbarsten Exemplare aus der Produktion nahm der Kurfürst in seine 1715 begründete Porzellansammlung auf, die ab 1717 im Japanischen Palais ansässig war. Seit 1962 befindet sie sich im Zwinger und gehört mit 20 000 Stücken heute zu den größten und bedeutendsten ihrer Art weltweit.

Durch den Glockenspielpavillon gelangt man in die beiden Bogengalerien, die in jüngster Zeit von dem New Yorker Architekten *Peter Marino* schick gestaltet wurden. Gelbe, orange, pinke und violette Wände bilden zusammen mit den großen Galeriefenstern eine schöne Kulisse für das Porzellan Augusts des Starken. Ein Sammlungsschwerpunkt liegt auf dem **chinesischen Porzellan** aus der Ming-Dynastie und der Kangxi-Periode (1662–1722). Die riesigen *Dragonervasen*, blau-weiß bemalte chinesische Deckelvasen, tauschte August der Starke im Jahr 1717 beim Preußischen König Friedrich Wilhelm I. gegen 600 seiner Reitersoldaten ein, die Dragoner genannt wurden. Weitere interessante Stücke stammen aus **Japan**, wie das *Imari-Porzellan* mit seiner dichten Ornamentik in Blau, Rot und Gold und das durch seine strahlenden Farben und eleganten Erzählstil charakterisierte *Kakiemon-Porzellan*.

Die Entwicklung des **Meissener Porzellans** von 1708 bis 1815 kann man anhand fantasievoll bemalten Geschirrs, herrlicher Vasen und opulenter Figuren, ob Mensch oder Tier, nachvollziehen. Gezeigt werden frühe Arbeiten von Johann Friedrich Böttger sowie Werke des Porzellanmalers *Johann Gregorius Höroldt* (1696–1775). Letzterer verwendete für das Dekor zunächst chinesische Motive, später wählte er europäische Landschaften, Hafenszenen und Blumenstillleben. Ein Großteil der Rokokoplastiken des Modelleurs *Johann Joachim Kaendler* (1706–1775) wird in dem von Peter Marino opulent gestalteten **Tiersaal** präsentiert. Die Wände sind mit braunen Ledertapeten bespannt, auf vergoldeten Wandkonsolen sind bunt bemalte Vogelfiguren platziert. In der Mitte des Saales stehen zwei federgeschmückte, rot-goldene Baldachine in chinesischem Design, zwischen ihnen erhebt sich ein türkisfarbener Pavillon. Auf Kunstfelsen sind hier reinweiße Porzellantiere arrangiert, darunter ein Löwe und eine schelmische Affenbande als Vertreter Afrikas, die Tierwelt Europas repräsentieren ein Fuchs und eine bunte Vogelschar.

14 Mathematisch-Physikalischer Salon

Uhren, Globen und wissenschaftliche Instrumente als Meisterleistungen des Kunsthandwerks.

Nordwestpavillon des Zwingers
Tel. 03 51/49 14 66 61
www.skd.museum
Di–So 10–18 Uhr
Tram 4, 8, 9 bis Theaterplatz

Bereits Kurfürst August von Sachsen erwarb für seine im Jahr 1560 begründete *Kunst- und Raritätenkammer* zahlreiche

Werkzeuge und wissenschaftliche Instrumente, die mit höchster Präzision und kunsthandwerklichem Können gefertigt waren. Anfang des 18. Jh. erweiterte August der Starke die Sammlung durch etliche wertvolle Ankäufe aus ganz Europa. Zudem legte er den Grundstein für den feinmechanischen Instrumentenbau in Sachsen, indem er begabte Handwerker an den Hof holte. 1728 gliederte er die Sammlung aus und ließ im nordwestlichen Pavillon des Zwingers ein Museum einrichten, das den Namen *Königliches Cabinet der mathematischen und physikalischen Instrumente* erhielt. Im Jahr 1746 erfolgte schließlich die Umbenennung der Kollektion in Mathematisch-Physikalischer Salon. In den vergangenen Jahren wurden die Räumlichkeiten umfassend saniert und erweitert, seine Wiedereröffnung feierte der Salon im April 2013.

Die Sammlung präsentiert geodätische Geräte zur Längen- und Winkelmessung, Thermometer, Barometer, Waagen, Zeichenhilfsmittel und astronomische Instrumente.

Ein Glanzstück ist die **Globensammlung** (13.–19. Jh.), mit über 60 Exponaten die größte in Deutschland.Der kostbare arabische Himmelsglobus von 1279 stammt aus der Sternwarte von Maragha im heutigen Iran.

Einen exzellenten Ruf besitzt auch die **Uhrensammlung**, zu ihren bedeutendsten Exponaten zählt die im 16. Jh. in Marburg und Kassel gefertigte *Planetenlaufuhr*. Sie zeigt entsprechend der Uhrzeit den Stand der Sonne und ihrer sechs Planeten an. Um 1700 schuf Andreas Gärtner die *Weltzeituhr*, eine Standuhr mit großer Metallscheibe, auf der 365 Zifferblätter angebracht sind. Sie machen es möglich, neben der Dresdner Ortszeit auch die für 364 weitere Orte auf der Welt abzulesen. Eine der ersten mechanischen **Rechenmaschinen** schuf der französische Mathematiker Blaise Pascal im Jahr 1650. Dieses *Pascaline* genannte Gerät aus Elfenbein, Messing und Holz verfügt über metallene Wählscheiben, mit deren Hilfe zumindest additive Rechenoperationen durchgeführt werden konnten.

Äußere Altstadt – Blickpunkte zwischen Brühlscher Terrasse und Altmarkt

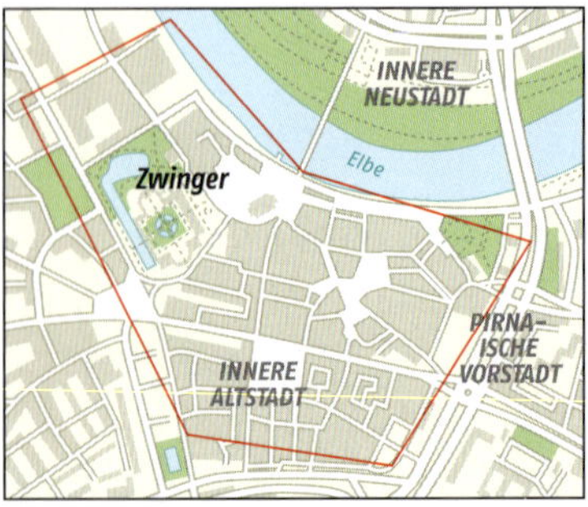

Vom Turm der Kreuzkirche und vom Rathausturm bieten sich schöne Ausblicke über den Altmarkt und die Altstadt hinweg bis zur Elbe. Von der dortigen **Brühlschen Terrasse** und dem Brühlschen Garten schauen Spaziergänger auf die Anleger mit der historischen Raddampferflotte und auf die Neustadt am jenseitigen Flussufer. Das frisch restaurierte **Albertinum** mit der Galerie Neue Meister und der Skulpturensammlung, die **Kreuzkirche** mit ihrem weltberühmten, vor 700 Jahren gegründeten Kreuzchor und andere historische Gebäude werden ergänzt von moderner Architektur wie der futuristischen **Neuen Synagoge** in Elbnähe oder dem schon zu DDR-Zeiten errichteten Kulturpalast am Altmarkt mit seinem augenfälligen Wandbild im Stil des Sozialistischen Realismus.

15 Schauspielhaus

Bühne des Staatsschauspiels mit Anklängen an Barock und Jugendstil.

Theaterstraße 2
Ticket-Tel. 03 51/49135 55
www.staatsschauspiel-dresden.de
Tram 1, 2, 4, 8, 9, 11, 12 und
Bus 75, 94 bis Postplatz

In unmittelbarer Nachbarschaft zum Zwinger erhebt sich das Dresdner Schauspielhaus (1911–13). Der neobarocke, vielfach gestaffelte Baukomplex nach Plänen von William Lossow und Max Hans Kühne beeindruckt durch große Volumina und klassisch-eleganten Baudekor, darunter auch sparsam-effektvoll eingesetzte Jugendstil-Elemente. Die *Hauptfassade* mit Arkadengang unten und festlicher Fensterfront in der Belle Etage wird von einer Skulpturengruppe bekrönt, die auf *Georg Wrba* und seine Schule zurückgeht. Bei der Eröffnung galt das Theater dank seiner ausgefeilten Bühnentechnik als das modernste Europas. Die Wiedereröffnung des im Zweiten Weltkrieg teilweise zerstörten Hauses konnte bereits 1948 erfolgen, bis in die 1980er-Jahre diente es dann auch als Spielstätte für Oper und Ballett. Eine umfassende Restaurierung kam 2007 zum Abschluss.

Der festliche *Zuschauerraum* (800 Plätze) mit seinen beiden dynamisch geschwungenen Rängen wurde nach den Originalplänen rekonstruiert. Das Ambiente bezaubert durch einen hübschen Kronleuchter und dekorative Jugendstil-Stuckaturen an Wänden und Decke. Auf dem Spielplan stehen pro Jahr etwa 25 Neuinszenierungen, darunter Klassiker wie Johann Wolfgang Goethes ›Faust‹ oder Friedrich Schillers ›Don Carlos‹, aber auch Werke zeitgenössischer Autoren.

Eine zweite Bühne unterhält das Staatsschauspiel mit dem *Kleinen Haus* (Glacisstr. 28) in der Dresdner Neustadt. Viel Beifall finden hier die Inszenierungen der Bürgerbühne, bei der Dresdner Laien ihr Schauspieltalent entfalten.

Top-Technik meets Jugendstil – Blick in den Zuschauerraum des Schauspielhauses

16 Sächsischer Landtag

Neue Sachlichkeit und Glas-Stahl-Moderne für das Landesparlament.

Holländische Straße/Devrientstraße
Tel. 03 51/493 50
www.landtag-sachsen.de
Besichtigung für Einzelpersonen ohne vorherige Anmeldung
Mo–Fr 10–18 Uhr (unter Beachtung des Sitzungskalenders)
Tram 11 bis Am Zwingerteich

Vom Schauspielhaus und vom Zwinger erreicht man den Sächsischen Landtag in etwa zehn Minuten zu Fuß. Auf dem dazugehörigen Bernhard-von-Lindenau-Platz setzen Bäume farbliche Akzente. Die von Wieland Förster gestaltete Bronzeskulptur ›Nike' 89, Sieg mit gebrochenen Flügeln‹ (1997/98) erinnert an die Auflösung der sozialistischen Machtstrukturen. Sie könnte als Mahnmal nicht besser platziert sein, denn im heutigen Landtagsgebäude hatte 1953–90 die Stadt- und Bezirksleitung der SED ihren Sitz.

Nach der Wiedervereinigung blieb der 1931 errichtete Komplex mit seinem 36 m hohen Turm, ein Entwurf im Stil der Neu-

Mußestunden an der Elbe – Stadtansicht mit Brühlscher Terrasse und Kunsthochschule

en Sachlichkeit vom Architektenteam Barthold und Tiede, erhalten. Er sollte als architektonisches Denkmal an die SED-Diktatur erinnern und zugleich auf das Demokratieverständnis der Gegenwart verweisen. Die Räumlichkeiten boten allerdings nicht genügend Platz für die Sitzungen der Parlamentarier, und in Dresden mangelte es an Alternativen: Das ehemalige Landtagsgebäude, das Neue Ständehaus am Schlossplatz, war im Zweiten Weltkrieg zerstört worden, und die Dreikönigskirche hatte nur als Übergangslösung gedient. Folglich wurde nun ein Wettbewerb für einen Ergänzungsbau ausgeschrieben, welchen der Dresdner Architekt Peter Kulka mit seinem Entwurf eines zur Elbe hin orientierten Komplexes mit rundem Plenarsaal gewann. 1993 konnte hier die erste Parlamentssitzung abgehalten werden.

Wem sich die Gelegenheit bietet, der sollte unbedingt auf der *Besuchertribüne* Platz nehmen und den Diskussionen in der politischen Arena lauschen. Zum Säsischen Landtag gehören noch eine Bibliothek, das für Ausstellungen und Vorträge genutzte Bürgerfoyer und ein Restaurant. Den *Innenhof* ziert eine flachliegende Stahlskulptur des Kanadiers David Rabinowitch mit dem Titel ›Sequenced Conic Construction in Three Domains‹ (1995) als Symbol der Gedankenfreiheit. Im Altbau des Landtags sind seit 1997, nach umfassender Sanierung und Modernisierung, die Abgeordnetenbüros und Fraktionssäle untergebracht.

17 Brühlsche Terrasse

TOP TIPP *Elegante Promenade über der Elbe mit architektonischer Prachtkulisse und Blick auf die Raddampferflotte.*

Tram 4, 8, 9 bis Theaterplatz

Die 10 m oberhalb des Elbufers thronende Brühlsche Terrasse, eine 500 m lange Flaniermeile zwischen Augustus- und Carolabrücke, ruht auf den Mauern der Festung Dresden [Nr. 19]. Die auch *Balkon Europas* genannte Promenade bietet einen entzückenden Panoramablick über den Fluss auf die Neustadt. Die am hiesigen Ufer vertäuten historischen Raddampfer der **Sächsischen Dampfschifffahrt** (www.saechsische-dampfschiffahrt.de), sie feierte 2011 ihr 175-jähriges Bestehen, laden zu Ausflugsfahrten durch das Elbtal Richtung Meißen, Bad Schandau, Pillnitz und die Sächische Schweiz ein.

Geschichte Kurfürst Friedrich August II. hatte 1739 den Wunsch seines Ministers *Heinrich Graf von Brühl* (1700–1763) erfüllt und ihm den Ostteil der stillgelegten elbseitigen Festungsanlagen geschenkt, die sich direkt hinter dem Brühlschen Palais befanden. Bereits im Alter von 13 Jahren war Brühl als Silberpage am sächsischen Hofe tätig und machte schnell Karriere. Für August den Starken hatte er als Kammerjunker Feste organisiert, unter dessen Sohn Friedrich August II. avancierte er zum Ministerpräsidenten und war als oberster Diplomat für die Außenpolitik zuständig. Kaum war der äußerst vermögende Graf im Besitz des Festungsgrundes, beauftragte er *Johann Christoph Knöffel* (1686–1752) mit dem Bau der Terrasse und der Anlage eines Lustgar-

tens. Seinem Palais ließ er Bibliothek, Belvedere, Gartenpavillons und eine Bildergalerie an die Seite stellen. Auf diesem Prachtbalkon gab sich nun der europäische Adel ein Stelldichein, denn der Minister veranstaltete hier gern pompöse Feste. Öffentlich zugänglich ist die Terrasse seit 1814. Der russische Gouverneur Fürst Nikolai Repnin-Wolkonski, er amtierte seit der Völkerschlacht bei Leipzig über das besiegte Sachsen, hatte eine entsprechende Bestimmung erlassen.

Besichtigung Am Schlossplatz führt eine von *Gottlob Friedrich Thormeyer* (1775–1842) entworfene **Freitreppe** hinauf zur Brühlschen Terrasse. Flankiert wird die Treppe von Skulpturengruppen der ›Vier Tageszeiten‹ nach Entwürfen des Bildhauers Johannes Schilling. Die unteren Stufen flankieren seit 1868 die Figuren des ›Abends‹ und der ›Nacht‹, die oberen zieren seit 1871 die des ›Morgens‹ und des ›Tages‹. Gleich rechterhand der Treppe erhebt sich das **Ständehaus** (Mo–Fr 7–18 Uhr), auf dem Turm posiert eine vergoldete ›Saxonia‹ (1905) von Johannes Schilling. Dem 1901–06 von Paul Wallot errichteten Neorenaissancebau mussten drei Häuser, darunter das *Brühlsche Palais*, weichen. Das Ständehaus war bis 1933 Sitz des Sächsischen Landtags, heute tagt hier das Oberlandesgericht.

Oben auf der Brühlschen Terrasse überblickt man ein reizend mit Wasserbassin, Bäumen und Skulpturen geschmücktes Areal. Unweit des Ständehauses zieht die **Sekundogenitur** (1896) die Blicke auf sich, eine beschwingte Architektur im neobarocken Stil von Gustav Fröhlich. Im Vorgängerbau, der *Brühlschen Bibliothek*, war in den Jahren 1791–1894 die Hochschule für Bildende Künste [Nr. 18] untergebracht. Die Sekundogenitur nahm dann die Bücher- und Kupferstichsammlung des zweitgeborenen Prinz (von lat. secundus, genitus) auf. Heute lädt hier das zum Hilton Hotel gehörende *Café Vis-à-Vis* [s. S.

126] zu einer genussvollen Rast ein. Gleich bei der Terrassenbrüstung erhebt sich auf hohem Sockel die **Porträtbüste Ernst Rietschels** (1876), ein Werk nach Entwürfen seines Schülers Johannes Schilling. Den Sockel zieren drei Knabenfiguren, welche die wichtigsten Arbeitsphasen der Bildhauerei vorführen: Zeichnen, Modellieren und Meißeln. Ernst Rietschel war ebenfalls in Dresden tätig, und die Skulpturensammlung [s. S. 57] verwahrt seinen Nachlass. Sein berühmtestes Werk aber steht in Weimar, das Goethe- und Schiller-Denkmal.

Vor der hinab zur Münzgasse führenden Treppe erinnert die **Sieben-Bastionen-Plastik** (1990) von Vinzenz Wanitschke an die einstige Stadtbefestigung. August der Starke hatte 1721 veranlasst, dass deren Bastionen nach der Sonne und ihren sechs Planeten benannt wurden. Das Denkmal, eine bronzene Erdkugel, aus der Basaltsäulen herauswachsen, wird gerahmt von sieben Bronzemedallions, die ins Pflaster eingelassen sind. Die eingravierten Sprüche nehmen auf die Planeten und ihre Personifikationen Bezug, so ist dem Mond und der Göttin Luna die Sentenz ›Was kümmert's, wenn mich Hunde anbellen‹ beigegeben. Nahebei erheben sich die *Hochschule für Bildende Künste* [Nr. 18] mit dem Lipsiusbau sowie das Albertinum. An der Treppe, die zum Georg-Treu-Platz führt, steht das 1892 von Johannes Schilling entworfene Bronzestandbild des lässig-energievoll posierenden Architekten **Gottfried Semper** (1803–1879), der ab 1834 als Professor an der Hochschule tätig war.

Der **Brühlsche Garten** bildet den östlichen Abschluss der gleichnamigen Terrasse. Einst schützte hier die Jungfernbastei, später in Venusbastion umgetauft, die Stadt vor etwaigen Angriffen. Ab 1589 stand auf dem Hügel ein **Belvedere** genanntes Lustschloss, das 1747 zerstört wurde. Damals schlug ein Blitz in das Pulvermagazin der Festung ein und löste eine verheerende Explosion aus. Nachfolgebau war das 1751 durch *Johann Christoph Knöffel* (1686–1752) vollendete Belvedere für den Grafen von Brühl. Das bis dato letzte Lustschloss (1842, Otto von Wolframsdorf), ein klassizistischer Bau im Duktus der Semperoper, ging im Zweiten Weltkrieg zugrunde.

Wer sich aus Richtung der Hochschule dem Brühlschen Garten nähert, erblickt den von Pierre Coudray 1749 geschaffenen **Delphinbrunnen**, der schon den Grafen von Brühl erfreut haben dürfte. Eine Delle im Gartengeländer wird August dem Starken zugeschrieben, der ›zwischen einem Bilderkauf, zwei Staatsakten und drei Liebesspielen‹ hier seinen Fingerabdruck hinterlassen haben soll, weil er übermäßig kraftvoll ins Eisen drückte. Einen Makel hat die Geschichte: als der Brühlsche Garten eröffnet wurde, war der Kurfürst bereits 14 Jahre tot.

Im Park stehen übrigens zwei **Sphinge**, die einzigen Überreste des Knöffelschen Belvedere. Desweiteren ehrt ein 1990 eingeweihtes Edelstahl-Denkmal von Wolf-Eike Kuntsche den Maler und Professor an der Hochschule für Bildende Künste, **Caspar David Friedrich** (1774–1840). Die Elemente des Denkmals, ein Atelierfenster, eine Staffelei mit Bild und ein Stuhl, sind Zitate aus dem Gemälde ›Caspar David Friedrich in seinem Atelier‹ (1819, Alte Nationalgalerie, Berlin) von der Hand seines Freundes Georg Friedrich Kersting. Caspar David Friedrich, der berühmteste Maler der Romantik, war über 40 Jahre lang in Dresden tätig. Einige seiner Meisterwerke kann man in der *Gemäldegalerie Neue Meister* [s. S. 56] bewundern, sein Grab befindet sich auf dem Dresdner Trinitatisfriedhof.

Geht man von hier aus in Richtung Elbe und dann ein paar Treppenstufen hinunter, trifft man auf das Denkmal für **Johann Friedrich Böttger** (1682–1719). Die Stele aus Elbsandstein mit einem ovalen Porträtmedaillon aus Meissener Porzellan erinnert an den Alchemisten Böttger, der nur wenige Schritte von hier, in der *Festung Dresden* [Nr. 19], zusammen mit Ehrenfried Walther von Tschirnhaus um 1707 das Geheimnis der Porzellanherstellung entschlüsselte [s. S. 118].

Beim Verlassen des Gartens fällt gegenüber dem Albertinum ein sandfarbenes Barockgebäude auf, die um 1750 errichtete **Hofgärtnerei**. Sie wurde zwar im Krieg zerstört, doch dann nach alten Plänen rekonstruiert und beherbergt heute eine Seniorenresidenz. Ganz in der Nähe, am Fuße der Brühlschen Terrasse, liegt der **Bärenzwinger**, in dem allerdings nie Bären gehalten wurden. Vielmehr diente er militärischen Zwecken und als Zugang zu den Kasematten. Heutzutage ist hier vor allem am Abend der Bär los, denn die Gemäuer bergen den bekanntesten Studentenklub [s. S. 131] der Stadt. Das **Moritzmonument** an der Außenmauer der Jungfernbastion ist eine Kopie des ältesten erhaltenen Denkmals der Stadt, das

Die Antike lässt grüßen – die Hauptfassade des Lipsiusbaus ist einem Tempel nachempfunden

Original (um 1555) kann man bei einem Besuch der Festung Dresden [s. S. 54] bewundern. Der Bildhauer Hans Walther II. stellte hier den Moment dar, als der 1553 in der Schlacht bei Sievershausen tödlich verwundete Kurfürst Moritz seinem Bruder und Nachfolger August das Kurschwert überreicht.

Reise-Video Brühlsche Terrasse
QR-Code scannen [s.S.5]
oder dem Link folgen:
www.adac.de/rfo201

18 Hochschule für Bildende Künste Dresden

Kunstakademie mit Ausstellungsgebäude unter der ›Zitronenpresse‹.

Brühlsche Terrasse
Tel. 03 51/49 26 70
www.hfbk-dresden.de
Tram 4, 8, 9 bis Theaterplatz und Tram 3, 7 bis Synagoge

Seit ihrer Gründung im Jahr 1764 als *Königliche Kunstakademie* gehört die heutige Hochschule für Bildende Künste zu den führenden Ausbildungsstätten für Baukunst, Bildhauerei und Malerei in Deutschland. Die Liste der Lehrenden und Studenten liest sich wie ein *Who is who* der Kunst- und Architekturgeschichte: Zu den berühmten Professoren zählten Canaletto, Caspar David Friedrich und Gottfried Semper, Otto Dix und Oskar Kokoschka, in der Zeiten Hälfte des 20. Jh. A. R. Penck, Gerhard Richter und Max Uhlig. Bekannte Absolventen aus jüngerer Zeit sind die Künstler Eberhard Havekost, Frank Nitsche und Martin Eder als Exponenten der Neuen Deutschen Malerei.

Doch zurück ins 19. Jh.: Vom Vorgängerbau der Sekundogenitur gleich nebenan zogen Dozenten und Studenten 1894 mit Sack und Pack, Staffelei, Bildern und Ölfarbe in ihr neues Quartier. Dem nach Entwürfen des Architekten *Constantin Lipsius* (1832–1894) im Stil der Neorenaissance gestalteten Neubau hatte die Brühlsche Galerie weichen müssen. Die Fassaden, Giebel und Balustraden des pompösen, vierflügeligen Gebäudes strotzen vor Baudekor. Allenthalben posieren allegorische Figuren und solche der antiken Mythologie, wie der vergoldete **Eros** links über der Hauptfassade. An den Wänden, denen Kolossalsäulen vorgeblendet sind, berichten Reliefs mit eifrigen Putten aus der Welt der Künste. Die kreativen Urheber des Skulpturenprogramms waren die führenden Bildhauer Dresdens, darunter auch Johannes Schilling.

Links des Hauptgebäudes schließt sich der **Lipsiusbau** an, er blickt mit seiner Hauptfassade auf den Brühlschen Garten. Über dem Portikus mit Doppelsäulen

Das Moritzmonument von 1555 erwartet den Besucher in den Tiefen der Festung Dresden

und reliefverziertem Giebel nach Art antiker Tempel stehen weitere würdevolle Figuren Spalier. Lange Jahre war hier der Sächsische Kunstverein ansässig. 1905 z.B. zeigte er Werke der gerade von Dresdner Studenten gegründeten Künstlergruppe ›Brücke‹. Der Wiederaufbau des Ausstellungsgebäudes nach den Kriegszerstörungen zog sich bis ins Jahr 2005 hin. Heute zeigt hier die **Kunsthalle** (www.skd.museum), unter Leitung der Staatlichen Kunstsammlungen Dresden, Wechselausstellungen zur Kunst des 20./21. Jh. Die *Eingangshalle* mit ihren hohen Decken und riesigen Holztüren kündigt bereits die phänomenale Raumwirkung des *Ausstellungssaals* an. Spuren der Zerstörung wurden bei der Restaurierung des Inneren zum Teil sichtbar gelassen, sodass Mauerwerk und geweißelte Flächen einen interessanten Kontrast bilden. Im Dialog mit der zeitgenössichen Kunst wird so eine Brücke zwischen Vergangenheit und Gegenwart geschlagen.

Ein weiteres Highlight der Hochschule ist die eigenwillig gefaltete **Kuppel** des Oktogons hinter dem Lipsiusbau. Die kühne Glas-Stahl-Konstruktion scheint der würdevollen Kuppel der Frauenkirche Konkurrenz zu machen und war daher als optischer Störfaktor umstritten. Die Dresdner tauften sie ›die größte Zitronenpresse der Welt‹, heute ist sie ein beliebtes Wahrzeichen der Stadt, nicht zuletzt, weil auf ihrer Spitze eine vergoldete Statue tänzelt. Das anmutige Werk Robert Henzes stellt *Fama*, die römische Göttin des Ruhmes, dar. Das **Oktogon** (Eingang Georg-Treu-Platz) selbst offenbart sich im Inneren als gelungene Kombination aus unverputztem Mauerwerk, Stahl und Glas, eine originelle Präsentationsfläche für junge, moderne Kunst aus dem In- und Ausland. Denn hier und in den angrenzenden Sälen veranstaltet die Hochschule für Bildende Künste interessante Wechselausstellungen.

Im Hauptgebäude, in der Galerie Brühlsche Terrasse und im einstigen Senatssaal, werden regelmäßig Werke von Dozenten und Meisterschülern präsentiert. Nur die Hörsäle und Künstlerateliers sind nicht öffentlich zugänglich.

19 Festung Dresden

Erkundungstour durch die ehemalige Verteidigungsanlage.

Georg-Treu-Platz
Tel. 0351/438 37 03 20
www.festung-dresden.de
April–Okt. tgl. 10–18,
Nov.–März tgl. 10–17 Uhr
Tram 3, 7 bis Synagoge

Wer von der Brühlschen Terrasse den herrlichen Ausblick auf Elbe und Dresdner Neustadt genießt, ahnt wohl nicht, dass er eigentlich auf dem Wall der ältesten **Bastionärsbefestigung** Deutschlands steht. Kurfürst Moritz von Sachsen ließ sie 1545–55 nach italienischem Vorbild errichten. Die Wälle sollten den Kanonenkugeln der Angreifer trotzen, die man von den pfeilförmig vorspringenden Bastionen mit Kanonen und Handfeuerwaffen unter Beschuss nehmen konnte. 1590–92 erfolgte die Erweiterung der Anlage Richtung Nordosten einschließlich *Jungfernbastion*. Übrigens: Dass es nicht nur bei einem Angriff zu Explosionen, zu Zischeln und Brodeln, kommen konnte, bewies 1708 der Alchemist Johann Friedrich Böttger, dem in seinem eigens hier eingerichteten Laboratorium die Herstellung des europäischen Porzellans gelang. Nachdem August der Starke 1721 die Umbenennung der sieben Bastionen nach der Sonne und ihren fünf Planeten angeordnet hatte, hieß die hiesige *Venusbastion*. Dass die Festung Dresden durch die Jahrhunderte erhalten blieb, ist dem Grafen Heinrich von Brühl zu verdanken, der sie 1748/49 mit Erde zuschütten und darauf die Brühlsche Terrasse errichten ließ. Als man 1989, also 240 Jahre später, daran ging, die Wehranlage auszugraben, kamen in den Tiefen ungeahnte architektonische Schätze zum Vorschein.

Um sie zu erkunden, steigt man am Georg-Treu-Platz die Treppe hinab. Der Abstieg lohnt sich, denn gleich im Eingangsbereich der Festung Dresden ist mit dem 1545–55 entstandenen *Ziegeltor* das älteste erhaltene Stadttor Dresdens zu bewundern. Die Tour führt weiter durch die mächtigen Tonnengewölbe der Kasematten, wo einst die Wachstuben der Soldaten lagen, und weiter zum Großen Geschützhof mit Schießscharten für Kanonen und Handfeuerwaffen.

In der einstigen Gießerei ist das älteste Denkmal der Stadt, das **Moritzmonument** von 1555, zu sehen. Es wurde im Auftrag des Kurfürsten August von Sachsen geschaffen und soll an seinen älteren Bruder Moritz erinnern, der 1553 in der Schlacht von Sievershausen tödlich verwundet wurde. Das Hochrelief schildert den Moment, als der in Rüstung gekleidete Moritz (links) seinem heraneilenden Bruder (rechts) das sächsische Kurschwert überreicht. Hinter dem sterbenden Moritz wartet schon ein Skelett, die Personifikation des Todes. Den beiden Kurfürsten sind ihre Gemahlinnen, diese als vollplastige Figuren, zur Seite gestellt: links die bereits als Witwe im Trauerkleid dargestellte Agnes von Hessen, rechts die aus dem dänisch-norwegischen Königshaus stammende Kurfürstin Anna. Vom Himmel segnen Gottvater, Christus und der Heilige Geist in Gestalt einer Taube den Bund der Brüder um die Nachfolge. Das Monument war an der Jungfernbastion angebracht und wurde dort im Jahr 2000 durch eine Kopie ersetzt.

20 Albertinum

TOP TIPP

Von der Romantik bis zur Gegenwart: ein Gebäude voller Kunst.

Tzschirnerplatz 2
Eingang Brühlsche Terrasse
und Georg-Treu-Platz
Galerie Neue Meister
Tel. 03 51/49 14 97 31
Skulpturensammlung
Tel. 03 51/49 14 97 41
www.skd.museum
Di–So 10–18 Uhr
Tram 4, 8, 9 bis Theaterplatz
und Tram 3, 7 bis Synagoge

Seit der Wiedereröffnung des Albertinums 2010 gehören die hier ansässigen Kollektionen, die **Gemäldegalerie Neue Meister** und die **Skulpturensammlung**, wieder zu den unbestrittenen Highlights der Dresdner Museumslandschaft.

Besonders schön ist, dass die beiden Institutionen und ihre Exponate miteinander im Dialog stehen. Auch in puncto Architektur hat sich viel getan: Der Berliner Volker Staden entwarf eine *Arche für die Kunst*. Hierfür wurde dem Innenhof des Albertinums in 17 m Höhe ein gläserner zweigeschossiger Überbau aufgesetzt, der auf 2400 m² ausreichend Platz für Depots und Werkstätten bietet. Darunter öffnet sich ein gigantischer elfenbeinfarbener **Lichthof** mit pharaonischer Treppenrampe, ein Raumgebilde von atemberaubendem Purismus. Der Lichthof fungiert als Foyer für Gemäldegalerie und Skulpturensammlung. Die Wände zieren Neonschriftzüge und vor der Treppe stehen drei urig-wuchtige Bronzeskulpturen, die ›Berserker 1–3‹ von Stella Hamburg. Neben der Kasse laden ein Café und Buchladen zum Verweilen ein.

Geschichte Die Anfänge des Albertinums waren noch weit entfernt von architektonischer und künstlerischer Grandezza, denn es begann 1563 als Dresdner Kurfürstliches Zeughaus, als die Waffenkammer des Hofes. Hier lagerten Harnische, Helme, Schwerter und Schusswaffen. Nachdem diese 1877 in ein neues Gebäude in der Albertstadt verbracht worden waren, beschloss der Landtag in den alten Räumlichkeiten die Skulpturensammlung unterzubringen. Ab 1884 erfolgte der Umbau unter der Leitung des Oberlandbaumeisters Carl Adolph Canzler. Drei Jahre später war das nach dem regierenden sächsischen König nun *Albertinum* getaufte Gebäude fertig: ein wuchtiger Vierflügelbau im Stil der italienischen Hochrenaissance mit reichem Figurenschmuck an seiner Sandsteinfassade. Während des Zweiten Weltkrieges wurde das Gebäude stark beschädigt. Nach anschließender Restaurierung beherbergte es ab 1953 verschiedene Kunstsammlungen, darunter die umfangreichen Bestände der Porzellansammlung, des Kupferstich-Kabinetts, des Grünen Gewölbes, des Münzkabinetts sowie des Historischen Museums. Im Jahr 1965 zog dann die Gemäldegalerie Neue Meister ein.

Die gewaltige Überflutung der Elbe im Jahr 2002 erwies sich für das Museum als Katastrophe und zugleich als Chance für einen Neubeginn. Nach der Aktion ›Entartete Kunst‹ durch das Naziregime, der Bilder von Emil Nolde, Max Beckmann und Edvard Munch zum Opfer fielen, und den Bombardements des Zweiten Weltkriegs, drohte der Gemäldegalerie Neue Meister zum dritten Mal der Verlust wertvoller Exponate. Im Rahmen einer groß angelegten Bürgeraktion konnten die Kunstwerke aus den bereits vom Wasser umspülten Depots des Untergeschosses gerettet werden. Als Zeichen der Solidarität stellten 46 zeitgenössische Künstler, unter ihnen Gerhard Richter und Georg Baselitz, Werke für eine Versteigerung zur Verfügung. Der Erlös von 3,4 Mio. Euro bildete den Grundstein für eine gut 50 Mio. Euro teure Modernisierung und Erweiterung des Gebäudes. Im Jahr 2010 konnte das neue, nun flutsichere Albertinum feierlich eröffnet werden.

Gemäldegalerie Neue Meister

Spitzenwerke der Romantik, des Impressionismus, Expressionismus und der Gegenwartskunst sind die Glanzpunkte der Gemäldegalerie Neue Meister. Wer die Ausstellung gemäß ihrem chronologischen Aufbau genießen möchte, der beginnt den Rundgang im **2. Obergeschoss** mit den romantischen Landschaften

Caspar David Friedrichs wie dem 1807/08 entstandenen goldgerahmten Tetschener Altar, auch ›Kreuz im Gebirge‹ betitelt. Zurück zu den Wurzeln, mag man denken beim Anblick des knorrigen alten Baumes mitsamt Wurzelwerk in Friedrichs Gemälde ›Zwei Männer in Betrachtung des Mondes versunken‹ (1819/20). Tatsächlich könnte dieses Motiv als Sinnbild der Ausstellung gelten, denn ihr Konzept folgt dem Gedanken, dass das Lebensgefühl des modernen Menschen tief im 19. Jh. und seinem neuen Naturverständnis verankert ist. Diese Weltsicht thematisieren weitere Hauptwerke der deutschen *Romantik* von Carl Gustav Carus oder Ludwig Richter.

Publikumslieblinge sind die Gemälde französischer und deutscher *Impressionisten* wie Claude Monet und Edgar Degas, Lovis Corinth und Max Liebermann. Immer wieder werden hier Malereien und Skulpturen verschiedener Stilepochen und Kulturen in Beziehung zueinander gesetzt. Der großformatige Bilderzyklus des Impressionisten Max Slevogt, der seine Ägyptenreise von 1914 reflektiert, teilt sich den Raum mit der frei stehenden Marmortür von der Hand des chinesisches Konzeptkünstlers Ai Weiwei.

Einen besonderen Platz nehmen die farbkräftigen Werke der 1905 in Dresden gegründeten expressionistischen Künstlergruppe ›Brücke‹ ein. Dabei sind den Gemälden von Karl Schmidt-Rottluff und Ernst Ludwig Kirchner diejenigen afrikanischen Skulpturen aus dem *Museum für Völkerkunde* in Dresden gegenübergestellt, die ihnen damals als Inspirationsquelle dienten. Auch Mitglieder der gesellschaftskritischen *Dresdner Sezession* wie Otto Dix, Bernhard Kretzschmar oder Carl Lohse sind mit ihren aufrüttelnden Arbeiten vertreten.

Erstmals ist den berühmten Zeitgenossen A. R. Penck und Georg Baselitz, die ihre Karrieren in Sachsen begannen, jeweils ein Saal gewidmet. Im wahrsten Sinne auf dem Kopf steht z. B. ein von Baselitz geschaffener Bilderzyklus, darunter ›The Bridge Ghost's Supper‹ von 2006. Der Bereich *Kunst im geteilten Deutschland/ Kunst nach 1989* zeigt Werke von Werner Tübke, Wolfgang Mattheuer, Eberhard Havekost, Sigmar Polke, Norbert Tadeusz und Johannes Kahrs. Die Kunstäußerungen des gebürtigen Dresdners Gerhard Richter füllen zwei Ausstellungssäle, als gelungenes Finale besticht hier das eigens für das Albertinum geschaffene Objekt ›Neun stehende Scheiben‹.

Im **1. Obergeschoss** ist durch den Umbau an der Längsseite ein großes Forum entstanden, in dem interessante Wechselausstellungen zur Kunst der Gegenwart gezeigt werden.

Skulpturensammlung

Betritt man das Albertinum durch den Eingang am Georg-Treu-Platz, wird man von zwei Figuren empfangen, dem auf 1695 datierten ›Chronos‹ von Balthasar Permoser und dem ›Ägypter‹ von Ulrich Rückriem aus dem Jahr 2009. Durch eine große Glasscheibe blickt man in ein Schaudepot, in dem etwa 150 Figuren von der Antike bis zum Barock einander Gesellschaft leisten. Bis zum Umzug der Antikensammlung in den Semperbau des Zwingers präsentieren im Albertinum insgesamt drei Schaudepots – zwei weitere befinden sich im 1. Obergeschoss

Der Lichthof des Albertinums beeindruckt mit seiner phänomenalen Raumwirkung

– einen spannenden Reigen von qualitätvollen, zum Teil jahrtausendealten Skulpturen, Vasen und Terrakotten.

Durch den Lichthof geht es weiter in die **Skulpturenhalle**, welche das Herzstück der Sammlung bildet. Über 120 Jahre Bildhauerei sind hier gegenwärtig, den Anfang machen Edgar Degas ›Vierzehnjährige Tänzerin‹ (1878/81) und August Rodins Schlüsselwerk der Moderne, die Sitzfigur des in sich versunkenen ›Denkers‹ (1881–83). Insgesamt 125 Skulpturen kann man hier studieren, darunter Werke aus DDR-Zeiten von Wieland Förster, Werner Stötzer oder Walter Arnold. Interessant sind experimentelle Exponate wie Stephan von Huenes ›Low‹ (1999), das mit seinem Sirenengeheul die Stille des Museums durchbricht, oder Birgit Diekers ›Seelenfänger‹ aus dem Jahr 2005, ein riesiges Knäuel aus Schiffstauen und Rettungsringen.

Im 1. Obergeschoss widmet sich der **Klingersaal** dem *Symbolismus* mit seinen teils düsteren Bildwerken. Er war künstlerischer Ausdruck des *Fin de Siècle*, jener Epoche von 1890 bis zum Beginn des Ersten Weltkrieges. Auch dieser Saal präsentiert neben Skulpturen Exponate aus der Gemäldegalerie Neue Meister. Gemälde von Arnold Böcklin, Franz von Stuck und Gustav Klimt leisten den Skulpturen des Bildhauers, Malers und Grafikers *Max Klinger* (1857–1920) Gesellschaft, der mit ›Die neue Salome‹ von 1887/88 ein beunruhigend-faszinierendes Sinnbild der modernen Femme fatale schuf.

Der gegenüberliegende **Mosaiksaal** zeigt eine große Auswahl an Skulpturen des *Klassizismus*, einen Schwerpunkt bilden die Gipsmodelle des Dresdner Bildhauers Ernst Rietschel, Vorarbeiten zu Denkmälern für Goethe, Lessing oder Semper. Eines seiner berühmtesten Werke steht allerdings in Weimar, das *Goethe-Schiller-Denkmal* – im Albertinum ist ein Entwurf für dieses Monument aus den Jahren 1852/53 zu sehen.

Unweit des Albertinums, am Tzschirnerplatz, steht das elegante, 1729 vollendete **Kurländer Palais** (www.kurlaender-palais.com), ein Werk des Rokoko von Johann Christoph Knöffel mit giebelbekröntem Mittelrisalit. Der Auftraggeber Minister Graf von Wackerbarth nutzte es nicht nur als Amtssitz, sondern auch als Rahmen für pompöse Feste. Seinen Namen verdankt das Palais Karl von Sachsen, ab 1744 Besitzer des Hauses und zeitweilig Herzog von Kurland. Kein Zentrum höfischer Kultur, sondern ein Lazarett war es 1813 während der Schlacht von Dresden. 1815–64 hatte hier die königliche *Chirurgisch-Medizinische Akademie* ihren Sitz, an welcher der Maler, Arzt und Professor Carl Gustav Carus lehrte. Heute dient das Kurländer Palais als eine stilvolle Eventlocation. Die Gemächer kann man im Rahmen von Veranstaltungen bewundern. Im Erdgeschoss lädt zudem das Fischrestaurant *Kastenmeiers* [s. S. 127] mit köstlichen Spezialitäten zum Genießen und Entspannen ein.

Zum Niederknien schön sind die Kunstwerke in der Skulpturenhalle des Albertinums

Verdrehter Kubus – die Neue Synagoge begeistert mit ihrer avantgardistischen Architektur

21 Neue Synagoge

Ein Gotteshaus und ein Gemeindezentrum in avantgardistischem Gewand.

Hasenberg 1
www.hatikva.de
Führungen Mo–Do 10–16 Uhr, auf Voranmeldung Di 10–12 und 13–15 Uhr, Tel. 0351/6568825
Tram 3, 7 bis Synagoge

Gottfried Semper war Baumeister der Alten Dresdner Synagoge von 1833. Sie ging in der Reichskristallnacht des 9. November 1938 in Flammen auf. Ein *Denkmal* in Form eines sechsarmigen Leuchters erinnert an den Brandanschlag und die sechs Millionen Juden, die während der Naziherrschaft in Europa ermordet wurden. Im Jahre 2001 konnte die jüdische Gemeinde dann die Neue Synagoge am alten Standort einweihen. Im Gegensatz zu den meisten anderen vom Krieg zerstörten Gebäuden der Stadt handelt es sich hier nicht um eine Rekonstruktion, sondern um einen avantgardistischen Neubau nach Entwürfen des Saarbrücker Architektenbüros *Wandel, Lorch und Hirsch*.

Die Synagoge und das Gemeindezentrum erweisen sich als zwei gewaltige Kuben aus Kunstsandstein. Ein begrünter Hof verbindet die beiden Gebäude miteinander, auf seinem Pflaster markieren eingefasste Glasscherben die Umrisse des zerstörten Semperbaus. Der 24 m hohe Kubus der Synagoge ist fensterlos und leicht in sich gedreht, sodass der obere Teil nach Osten in Richtung Jerusalem blickt. Ein aus den Trümmern der Alten Synagoge geretteter Davidsstern ist über dem Eingangsportal angebracht. Im *Inneren* umgibt ein Vorhang aus Metallgeflecht den Gebetssaal wie ein Zelt. Es verweist auf das Zeltheiligtum der Israeliten während der Wüstenwanderung, während der Kubus auf den ersten, den salomonischen Tempel Bezug nimmt.

Das etwas niedrigere **Gemeindezentrum** weist an seinem klotzigen Baukörper zahlreiche, unregelmäßig verteilte Fensterschlitze auf. Die zum Hof ausgerichtete Fassade ist großflächig verglast. Das Innere birgt den Gemeindesaal, eine Bibliothek und Büros.

22 Stadtmuseum und Städtische Galerie Dresden

Dresdner Stadtgeschichte und Stadtansichten aus allen Jahrhunderten.

Wilsdruffer Str. 2
Eingang Landhausstr.
Tel. 0351/4887370
www.stadtmuseum-dresden.de
www.galerie-dresden.de
Di–Do und Sa–So 10–18, Fr bis 19 Uhr
Tram 1, 2, 3, 4, 7, 12 bis Pirnaischer Platz

An der Wilsdruffer Straße, nicht weit von der Frauenkirche entfernt, steht das **Landhaus**. Das 1770–76 nach Plänen von

Das Treppenhaus des Stadtmuseums beeindruckt mit seinem spätbarocken Dekor

Friedrich August Krubsacius errichtete Gebäude diente als Versammlungshaus der sächsischen Landstände, einem Vorläufer des Landtages. Der nach dem Krieg wiederhergestellte Bau, der seit 1965 das *Stadtmuseum Dresden* birgt, bezaubert durch seinen viergeschossigen, sinnlich gerundeten Mittelbau, über dem vorwitzige, oval profilierte Dachgauben hervorlugen. Rechter Hand fällt die Stahlkonstruktion einer freistehenden Fluchttreppe ins Auge, die bei der Restaurierung 2005 angefügt wurde. Im Dresdner Volksmund wird sie ›Reuse‹ genannt, die einen loben sie als avantgardistisch, den anderen gilt sie als ärgerlicher Stilbruch.

Im *Inneren* erfreuen vor allem die klassizistische Säulenhalle, das elegant geschwungene spätbarocke Treppenhaus und der opulent gestaltete Festsaal. Sie bilden den Rahmen für die Ausstellungsräume des Stadtmuseums. Hier illustrieren mehr als 1000 Exponate und 20 Medienstationen mit Ton- und Bilddokumenten die Geschichte Dresdens seit seiner ersten Erwähnung im Jahre 1206. Die Sammlung umfasst Bilder und Skulpturen, Siegel, Urkunden und Münzen, Möbel und Kleidung, Spielzeug und Musikinstrumente. Zu den Glanzlichtern gehören die Stadtmodelle aus verschiedenen Epochen und das begehbare Luftbild Dresdens im 4. Stock. Die chronologisch gegliederte Ausstellung dokumentiert die Lebenswelt und Kultur der Elbestadt, die Gepflogenheiten bei Hofe, Lebensstil und Arbeitswelt der Bürgerschaft und des einfachen Volkes. Dresden als Stadt der Künste und Wissenschaften wird vorgestellt, Schlaglichter fallen auf die Auswirkungen der Industrialiserung und des Maiaufstandes von 1849. Schwerpunkte der Dokumentation zum 20. Jh. bilden die Zeit der Naziherrschaft und die Zerstörung Dresdens 1945. Fotos, Tagebücher und persönliche Gegenstände aus dem Besitz der Stadtbevölkerung bieten ein vielfältiges und spannendes Mosaikbild der Erinnerungen – auch an die Geschichte der DDR und die Jahre der Wiedervereinigung.

Die 2002 gegründete *Städtische Galerie Dresden* hat die Kunstsammlung des Stadtmuseums übernommen und residiert gleichfalls im Landhaus. In Wechselausstellungen werden Teile der 1700 Gemälde, 800 Skulpturen und mehr als 20 000 Grafiken umfassenden Kollektion gezeigt, die von der Gegenwart bis ins 16. Jh. zurückreicht. Aus der Dauerausstellung stammen die Glanzlichter jener Epoche, die Tafelbilder der ›Zehn Gebote‹ (1528/29) des Meister Johann aus der Dresdner Kreuzkirche. Die biblischen Gebote sind als lebhafte Genreszenen inszeniert, eingebettet in Dresdner Stadtkulissen. Eindruckvolle Ansichten der Elbstadt aus dem 19. und 20. Jh. stammen von Johan Christian Dahl, Franz Wilhelm Leuteritz, Christian Friedrich Gille, Hans Körnig, Siegfried Klotz und Stefan Plenkers. Otto Dix wiederum, ein Meister des schonungslosen Realismus, ist mit einem jugendlichen ›Selbstbildnis‹ von 1912 vertreten.

23 Neues Rathaus

Imposantes Gebäude mit Goldener Pforte und Turm mit dem goldenen Rathausmann auf der Spitze.

Dr.-Külz-Ring 19
Tram 1, 2, 3, 4, 7, 12 bis Pirnaischer Platz oder 8, 9, 11, 12 bis Prager Straße

Als das Dresdner Rathaus am Altmarkt zu klein geworden war, entschloss sich die Stadt zum Bau eines großen Verwaltungsgebäudes nach modernstem Standard. Die Pläne legten der Architekt Karl Roth und der Stadtbaurat Edmund Bräter vor. Ein ganzes Stadtviertel musste dann dem riesigen Neuen Rathaus (1905–10) weichen. Der sandsteinverkleidete Komplex mit sechs Innenhöfen und einem 100 m hohen, achteckigen Turm vereinigt Stilelemente aus Neorenaissance, Neobarock und Jugendstil. Die Wiederherstellung nach 1945 erfolgte in teilweise vereinfachten Formen.

Ein Fahrstuhl führt von einem der Innenhöfe hinauf zur Aussichtsplattform des **Rathausturmes** in 68 m Höhe. Der goldene *Rathausmann* auf seiner Spitze gehört zu den Wahrzeichen Dresdens. Die knapp 5 m große muskulöse Aktfigur stellt den Dresdner Schutzpatron Herakles dar. Mit der erhobenen Rechten, der Gestus erinnert an die antike Kaiserstatue des ›Augustus von Primaporta‹ in den Vatikanischen Museen von Rom, scheint er die Stadt zu segnen, mit der Linken schüttet er ein Füllhorn über ihr aus.

Gleichfalls prunkvoll ist die **Goldene Pforte**, das Hauptportal am Rathausplatz. Vier vergoldete Gittertüren von Karl Groß zieren den Eingang, davor wachen zwei bronzene Löwen des Dresdner Bildhauers Georg Wrba. Über dem Eingang sind die Wappen von Städten zu sehen, die im Zweiten Weltkrieg ein ähnlich schweres Schicksal erlitten wie Dresden, darunter das britische Coventry. Das mit verschlungenem Jugendstildekor und symbolträchtig posierenden Figuren ausgemalte **Treppenhaus**, durch das man zu den Festsälen gelangt, kann nur bei Veranstaltungen besichtigt werden. Rechts der Goldenen Pforte steht eine Skulpturengruppe von Georg Wrba, ›Bacchus auf einem trunkenen Esel reitend‹. Es soll Glück bringen, den Weingott Bacchus am Zeh zu berühren, deshalb ist dieser auch ganz blank gescheuert.

Auf dem **Rathausplatz** selbst ehrt das Denkmal ›Trümmerfrau‹ (1952) von Walter Reinhold all jene tapferen Dresdnerinnen, die in der Nachkriegszeit Aufräumarbeiten in der Innenstadt mit ihren bloßen Händen bewerkstelligten.

Im Schatten des Rathausturmes steht das **Neue Gewandhaus** (Ringstr. 1), ein Stadtpalais von 1770 mit Stilformen des Spätbarock und Frühklassizismus. Hier hatten einst die Gewandschneider ihre Ateliers, daher der Name. In der Nachkriegszeit wurde es rekonstruiert, heute bildet es den stimmungsvollen Rahmen für ein Luxushotel (www.radissonblu.de/gewandhaushotel-dresden).

24 Kreuzkirche

TOP TIPP

In der evangelischen Hauptkirche Dresdens singt ein weltberühmter Knabenchor.

An der Kreuzkirche 6/Altmarkt
Tel. 03 51/496 58 07
www.kreuzkirche-dresden.de,
www.kreuzchor.de
Turm und Kirche Mo–Sa 10–18, So 12–18 Uhr, eingeschränkte Öffnungszeiten vor Vespern und Konzerten
Tram 1, 2, 4 bis Altmarkt

Die evangelische Hauptkirche Dresdens hat eine bewegte Geschichte. Der erste Bau war 1215 vollendet und als Nikolaikirche dem hl. Nikolaus, dem Schutzpatron der Händler und Schiffer, geweiht. Die Umwidmung zur Kreuzkirche erfolgte 1388, denn seit 1235 befand sich ein Splitter vom Kreuz Christi als Reliquie im Kirchenbesitz. 1539 fand hier der erste lutherische Gottesdienst in Dresden statt. Im Laufe der Jahrhunderte wurde die Kirche mehrfach durch Brände und Kriegsscharmützel zerstört, doch stets erneuert. Der Feuersturm des Jahres 1945 legte die Kreuzkirche erneut in Schutt und Asche. Zehn Jahre später öffnete das provisorisch instandgesetzte Gotteshaus wieder seine Pforten. Und auch die fünf Bronzeglocken im Turm ertönten wieder. Das Geläut ist nach dem des Kölner Doms das zweitgrößte in Deutschland und hatte die Bombardements wie durch ein Wunder unbeschadet überstanden. Nicht zuletzt im Jahr der friedlichen Revolution 1989 spielte die Kreuzkirche eine wichtige Rolle, denn sie war Schauplatz von Friedens- und Protestgottesdiensten.

Äußerlich präsentiert sich der rekonstruierte Kirchenbau im neobarocken Erscheinungsbild des 18. Jh. Vom *Kirchturm* (92 m) mit seiner Aussichtsplattform auf

In der Dresdner Kreuzkirche erfreuen die Gesangstalente des Knabenchores die Zuschauer

54 m Höhe hat man einen beeindruckenden Blick über Dresden und die Elbe.

Das *Innere* der Kreuzkirche wiederum erweist sich als imposanter Zentralbau mit ovalem Mittelschiff, halbkreisförmigem Chor und Seitenschiffen, in die zweigeschossige Emporen eingepasst sind. Von der reichen *Ausstattung* der Kreuzkirche blieb nur wenig erhalten. Die ursprünglich nur als Provisorium gedachte Rauputzverkleidung der Wände erinnert mahnend an die verheerenden Folgen des Zweiten Weltkrieges. Der *Jugendstilaltar* im schmucklosen Chor birgt ein interessantes Bronzerelief (1900) von Heinrich Epler, das an das erste lutherische Abendmahl in der Kreuzkirche erinnert. Ebenfalls aus dem Jahr 1900 stammt das monumentale Gemälde über dem Altar mit einer ›Kreuzigung Christi‹ von Anton Dietrich. Eine der Seitenkapellen birgt ein Bronzekruzifix und ein Alabasterrelief aus der Zeit um 1600. Sie stammen aus der Sophienkirche, die im Zweiten Weltkrieg zerstört und danach bedauerlicherweise abgerissen wurde.

Aus der ursprünglich zur Kreuzkirche gehörigen *Kreuzschule*, sie ist heute in Blasewitz ansässig, war im 14. Jh. der heute weltberühmte **Kreuzchor** hervorgegangen. Wenn alljährlich am 25. Dezember um 6 Uhr morgens das Krippenspiel aufgeführt wird, und dazu der Kreuzchor mit seinen 150 Mitgliedern singt, ist die Kirche stets bis auf den letzten ihrer 3000 Plätze gefüllt. Das ganze Jahr über erklingen die himmlischen Gesänge nicht nur im Rahmen von Gottesdiensten und Vespern, sondern auch in Form von nationalen und internationalen Konzerttourneen. Das Repertoire des traditionsreichen Knabenchores umfasst übrigens geistliche und weltliche Musik vom Frühbarock bis zur Moderne.

25 Altmarkt

Früher wie heute das lebhafte Zentrum der Stadt.

Tram 1, 2, 4 bis Altmarkt

Schon seit dem Mittelalter findet auf dem großen rechteckigen Altmarkt regelmäßig buntes *Markttreiben* statt. Zugleich war der Platz aufgrund des *Alten Rathauses* (13. Jh.) auch lange der politische Mittelpunkt der Stadt. Geblieben ist vom Rathaus nur sein farblich herausgehobener Grundriss im Pflaster an der Nordwestseite. Auch die übrige Bebauung, vornehmlich Gebäude aus Renaissance und Barock, fielen den Luftangriffen von 1945 zum Opfer. In den 1950er-Jahren begann die Wiederbebauung des Altmarktes zunächst vor allem an der Ost- und Westseite. Dort entstanden historisierende Bauten mit Erkern, Sandsteinputzfassaden, Dachgauben und stilgerechtem Baudekor. 1969 kam an der Nordseite des

Altmarkts der *Kulturpalast* [Nr. 26] hinzu, und Ende der 1990er-Jahre wurde schließlich die Baulücke im Süden mit modernen Bauten gefüllt.

Anziehungspunkte am Altmarkt sind vor allem traditionsreiche Geschäfte wie die 450 Jahre alte Löwenapotheke und das 1825 gegründete **Café Kreutzkamm** [s. S. 127]. Letzteres ist berühmt für seine unwiderstehlich-köstlichen Quarkkäulchen, Stollen und Baumkuchen. Ein Durchgang in den Arkaden an der Westseite des Platzes führt zur **Altmarkt-Galerie**, einer Einkaufpassage mit mehr als 100 Geschäften und Restaurants, die sich hinter den Häusern auf der Westseite des Platzes ausbreitet.

Audio-Feature Altmarkt
QR-Code scannen [s. S. 5] oder dem Link folgen: www.adac.de/rf0863

26 Kulturpalast

Heimstatt der Dresdner Philharmoniker und Veranstaltungszentrum.

Schlossstr. 2
Tel. 03 51/486 66 66
www.kulturpalast-dresden.de,
www.dresdnerphilharmonie
Tram 1, 2, 4 bis Altmarkt

Seit 1969 bildet der Kulturpalast den nördlichen Abschluss des Altmarktes. Er ist die Heimstatt der Dresdner Philharmonie, seine Veranstaltungsräume werden aber auch für andere Musik- und Unterhaltungsevents sowie für Kongresse und Tagungen genutzt.

Der Flachbau mit Glasfassade an der Südseite misst knapp 20 m in der Höhe. Den Hauptakzent bildet das trapezförmige, gefaltete *Kupferdach*, das den Grundriss des großen Festsaals mit seinen 2435 Plätzen nachzeichnet. Beachtenswert sind auch die fünf *Portale* aus Bronze von Gert Jaeger, auf denen die Geschichte Dresdens dargestellt ist. An der zur Schlossstraße zeigenden Fassade ist das 30 x 10 m große Wandbild ›Der Weg der roten Fahne‹ von Gerhard Bondzin zu sehen. Nach der Wiedervereinigung wurde das Bild des jubelnden Sozialismus zunächst verhüllt, inzwischen ist das Zeitdokument des Sozialistischen Realismus wieder zu sehen, geschützt hinter einem transparenten Sicherungsnetz.

Striezelmarkt und Stollen

Erstmals erwähnt wurde das Marktrecht 1434, folglich hat der Dresdner **Striezelmarkt** eine lange Tradition. Benannt wurde er nach dem **Festtagsstriezel**. Heute gilt er als einer der schönsten Weihnachtsmärkte Deutschlands. Am Samstag vor dem 2. Advent findet das **Stollenfest** statt: Ein etwa 2000 kg schwerer Riesenstollen wird in einem fröhlichen Umzug vom Zwinger zum Altmarkt gebracht, wo der Bäckermeister und das frisch gekürte Stollenmädchen ihn mit einem 1,60 m langen Stollenmesser zerteilen. In den etwa 200 Buden lockt ein kunterbuntes Angebot: Weihnachtsschmuck aus Thüringen, Keramik aus Schlesien und Schnitzereien aus dem Erzgebirge. Auch die **Pflaumentoffel**, Männchen aus Backpflaumen, die an rußgeschwärzte Kaminkehrerjungen erinnern, kann man kaufen oder im Pflaumentoffelhaus selbst herstellen. Zu den Attraktionen gehören auch einige Karussells, eine erzgebirgische Stufenpyramide und ein prächtiger Weihnachtsbaum. Und jeden Abend öffnet der Weihnachtsmann, beobachtet von strahlenden Kinderaugen, ein Türchen des großen Adventskalenders – Weihnachtsstimmung wie sie schöner kaum sein könnte.

Innere und Äußere Neustadt – pompöser Barock und moderne Kunstszene

Der kurze Spaziergang über eine der Elbbrücken führt in die Dresdner Neustadt, wo der Besucher vom **Goldenen Reiter** empfangen wird und wo Sehenswürdigkeiten wie die Museen zur Volkskunde und Völkerkunde sowie das **Erich Kästner Museum** und der originell geflieste Milchladen **Pfunds Molkerei** locken. Schön Bummeln kann man über die Hauptstraße oder über die **Königstraße** mit ihren barocken Stadtpalais und weiter zum Albertplatz. Die angrenzenden Straßen haben sich zum Szeneviertel entwickelt, mit originellen Geschäften, Cafés, Restaurants, Kneipen und Clubs. Bis zum Stadtbrand 1685 hieß die Siedlung nördlich der Elbe *Altendresden*. Mit ihrem südlichen Pendant war die ursprünglich eigenständige Stadt 1549, unter Kurfürst Moritz von Sachsen, zusammengeschlossen worden. Beim Wiederaufbau wurde sie zur *Neuen königlichen Stadt* gekürt, später kurz Neustadt genannt.

27 Augustusbrücke

Dresdens berühmteste Brücke.

Tram 4, 8, 9 bis Theaterplatz oder Neustädter Markt

Die Augustusbrücke führt zwischen der Dresdner Altstadt und Neustadt über die Elbe. Bereits 1275 wurde an dieser Stelle eine Steinbrücke urkundlich erwähnt, die einen hölzernen Vorgängerbau ersetzte. Unter August dem Starken erhielt der Baumeister *Matthäus Daniel Pöppelmann* (1662–1736) den Auftrag, die mittelalterliche Brücke nach dem Vorbild der Karlsbrücke in Prag repräsentativ umzugestalten und gleichzeitig dem gestiegenen Verkehrsaufkommen anzupassen. Pöppelmanns imposantes, 1731 vollendetes Bauwerk war 402 m lang und besaß 17 Bögen und 18 Pfeiler.

Erst knapp 200 Jahre später wurde ein neuer Bau notwendig, der für den wiederum stark gestiegenen Schiffsverkehr zu Beginn des 20. Jh. problemlos passierbar war. Die Architekten dieses Neubaus hielten sich möglichst eng an das Vorbild Pöppelmanns, vergrößerten aber Höhe und Spannweite der einzelnen Bögen, sodass sich die Zahl der Pfeiler auf neun verringerte. Am Schlussstein des Landpfeilers auf der altstädtischen Seite kann man das sog. **Brückenmännchen** bewundern. Mit dieser Figur hat sich der Erbauer der ersten Steinbrücke, Matthaeus Focius, vermutlich selbst verewigt. Das originale Brückenmännchen flog 1813 bei einer Sprengung in die Luft, die 1820 gefertigte Nachbildung stammt von Christian Gottlieb Kühn. Die Figur gehörte übrigens zu den fünf Wahrzeichen Dresdens, die Handwerksgesellen als Nachweis, dass sie Dresden besucht hatten, in ihrem Wanderbuch vermerken mussten.

Im Scheitelpunkt der Brücke, wo 1845 eine große Flut das Brückenkreuz wegriss und bis 1990 eine Gedenktafel für den bulgarischen Kommunisten und Staatsmann Georgi Dimitroff stand, zieht seit 2006 die Skulptur **›Die Woge‹** von Tobias Stengel die Blicke der Passanten auf sich. Als Reminiszenz an den berühmten Holzschnitt ›Die große Welle vor Kanagawa‹ (1836) des Japaners Katsushika Hokusai symbolisiert das Monument aus acht Edelstahlplatten die Urgewalt des Wassers, in Gedenken an das *Jahrhunderthochwasser* der Elbe von 2002.

28 Neustädter Markt

Über die Augustusbrücke zur Reiterstatue des sächsischen Cäsaren.

Wer von der Inneren Altstadt her und über die Augustusbrücke kommend die Neustadt betritt, dem fällt als erstes das **Blockhaus** ins Auge. Das sandsteinverkleidete, würfelförmige Gebäude wurde 1732–39 errichtet und diente als *Neustädter Wache*, ein Pendant zur Altstädter Wache am anderen Ufer, zur Sicherung der Augustusbrücke. Die Pläne für das Blockhaus zeichnete der französische Baumeister *Zacharias Longuelune* (1669–1748), der bei diesem, seinem einzigen erhaltenen Werk in der Elbestadt, die Formensprache des Dresdner Barock mit der des französischen Frühklassizismus kombinierte. Im Jahr 1892 wurde das

Der ›Goldene Reiter‹ auf dem Neustädter Markt – August der Starke als Imperator

Blockhaus um ein Stockwerk erhöht, doch die Wiederherstellung nach dem Zweiten Weltkrieg erfolgte gemäß dem Zustand von 1749. Zu DDR-Zeiten war hier die *Gesellschaft für Deutsch-Sowjetische Freundschaft* ansässig, heute sind es Büros der Stadtverwaltung.

Hinter dem Blockhaus, jenseits der Großen Meißner Straße, erstreckt sich der **Neustädter Markt**. Ein Fußgängertunnel führt unter der Verkehrsachse des Terrassenufers hindurch dorthin. Drei *Sandsteinreliefs* am Tunneleingang zeigen die Grundrisse von Dresden und Altendresden im 17./18. Jh. Auf dem Neustädter Markt angekommen, gewahrt man in dessen Mitte August den Starken als **Goldenen Reiter** (1732–34), ein Denkmal von wahrhaft strahlender Erscheinung, denn seine Kupferhülle ist üppig vergoldet. Das auf seinen Hinterhufen tänzelnde, zum Sprung ansetzende Pferd und der stolz aufgerichtete Reiter sind sich einig in ihrer energiegeladenen Eleganz. Der kunstsinnige Kurfürst trägt Schuppenpanzer und Sandalen wie ein Imperator im antiken Rom. Sein stolzer Herrscherblick geht in Richtung Polen, das er unter dem Namen August II. als König regierte. Die Pläne für das höfische Standbild stammen von *Jean Joseph Vinache*, die Ausführung oblag dem Kanonenschmied Ludwig Wiedemann. Die feierliche Enthüllung des Goldenen Reiters 1736 fand schon ohne August den Starken statt, denn dieser war im Jahr 1733 verstorben. Der Denkmalssockel, ein Werk von *Constantin Lipsius*, Professor an der Kunstakademie, stammt von 1884.

Auch vier **Brunnen** schmücken heute den im Krieg vollständig zerstörten Platz. Die Ost- und Westseite zieren zwei moderne Brunnen von Karl-Heinz Adler und Friedrich Kracht. Zwischen ihnen stehen die beiden *Nymphenbrunnen* (um 1740) von *Johann Benjamin Thomae* mit Personifizierungen der Flüsse Elbe und Weichsel. Bis 1945 fungierten sie als Wandbrunnen am Neustädter Rathaus.

An der Einmündung zur Hauptstraße [Nr. 34] stehen zwei imposante bronzene *Prunkfahnenmasten*. Als Vorbilder dienten jene auf dem Markusplatz in Venedig. Die hiesigen Exemplare wurden anlässlich des Besuchs von Kaiser Wilhelm I. im Jahre 1893 eingeweiht.

29 Museum für Sächsische Volkskunst

Kunsthandwerk und Puppen in sehenswertem Renaissancebau.

Köpckestraße 1
Tel. 03 51/49 14 20 00
www.skd.museum
Di–So 10–18 Uhr
Tram 3, 7, 8, 9 bis Carolaplatz oder 4, 8 bis Neustädter Markt

An der Stelle eines mit dem Beginn der Reformation aufgelösten Augustinerklosters ließ Kurfürst August von Sachsen ab 1569 einen umfangreichen Gebäude-

In ausdrucksstarke Gesichter blicken die Besucher in der Puppentheatersammlung

komplex im Renaissancestil errichten, der fortan als Jagdschloss der Kurfürsten diente. Bei den Bombenangriffen 1945 wurde dieser **Jägerhof** bis auf das Erdgeschoss zerstört. Die Wiederherstellung erfolgte in den 1950er-Jahren.

Das 1897 durch den *Verein für sächsische Volkskunde* gegründete **Museum für Sächsische Volkskunst** residiert bereits seit 1913 im Jägerhof. Die Kollektion bietet einen abwechslungsreichen Einblick in die Welt des sächsischen Kunsthandwerks und des Brauchtums. Zu bestaunen sind Schnitzereien, Lichterpyramiden und zarte Klöppelkunst aus dem Erzgebirge, zauberhafte Trachten der in Sachsen heimischen Sorben, kunstvolle Webereien aus der Lausitz, bemalte Bauernmöbel, Keramik und Spielzeug. Zur Weihnachts- und Osterzeit sind die Ausstellungsräume festlich dekoriert und im Rahmen von Darbietungen werden Festtraditionen und altes Handwerk wieder lebendig: die Besucher können die Kunsthandwerker nicht nur beim Schnitzen, Klöppeln oder Spinnen beobachten, sondern sich selbst in den alten Techniken versuchen – besonders Kinder haben hieran ihren Spaß.

Im Obergeschoss befindet sich seit 2005 eine der umfangreichsten **Puppentheatersammlungen** der Welt. Es sind Handpuppen ausgestellt, die schon vor 200 Jahren auf Jahrmärkten die Menschen zum Lachen brachten, Marionetten, moderne Figuren aus den Bauhaus-Werkstätten und sogar Theaterpuppen unserer Tage. Glanzlichter der Sammlung sind Figuren und Kulissen von mehreren mechanischen Welttheatern des 19. Jh. Und wenn die holzgeschnitztten Puppen bei Vorführungen zum Leben erwachen, ist der Andrang vor allem von kleinen Zuschauern ganz groß.

30 Finanzministerium und Sächsische Staatskanzlei

Monumentale Zentren der Macht am rechten Elbufer.

Der große Komplex des **Finanzministeriums** erhebt sich vis-à-vis des Jägerhofs zwischen der Köpckestraße und dem Königsufer. Otto Wanckel und Otto Reichelt errichteten den wuchtigen Bau mit Elementen des Neobarock und Klassizismus in den Jahren 1890–96. Im großen *Giebelbild* aus Majolikafliesen erscheint Saxonia, die weibliche Symbolfigur des Freistaates Sachsen. Ihr nähern sich von der einen Seite Personifikationen von Produktivität und Wohlstand, ein Jäger, ein Bergmann und die Göttin Fortuna mit dem Füllhorn, und von der anderen Seite Personifikationen für Investitionsfelder wie der Staatshaushalt, das Baugewerbe und das Verkehrswesen. Zur Elbe hin sind dem Ministerium eine breite *Freitreppe* und ein Platz vorgelagert, die als Freilufttheater fungieren. Vor allem während der Filmnächte [s. S. 129] im Sommer finden sich hier regelmäßig mehrere Tausend Zuschauer ein.

Nur wenige Schritte elbaufwärts entstand 1900–04 als Pendant zum Finanzministerium der neobarocke Bau der **Sächsischen Staatskanzlei**. Ursprünglich als Gesamtministerium für Justiz, Inneres, Kultus und Unterricht genutzt, beherbergt der Komplex heute die Büros des Ministerpräsidenten sowie das Ministerium für Umwelt und Landwirtschaft. Seit der Wiedervereinigung prangt auf dem Dach wieder eine vergoldete Krone.

An der Brüstung des benachbarten **Staudengartens** zielt beim Elbufer der in Bronze gegossene *Bogenschütze* von Ernst-Moritz Geyger seit 1902 mit seinem Pfeil über den Strom. Die Plastik ist der Zweitguss einer für den Schlosspark von Sanssouci in Potsdam gefertigten Figur.

31 Japanisches Palais

Vom Porzellanschloss zur Heimstatt exotischer Sammlungen.

Palaisplatz 11
Museen für Tierkunde, Mineralogie und für Geologie
Tel. 03 51/79 58 41 43 26
www.snsd.de
Museum für Völkerkunde
Tel. 03 51/814 48 60,
www.voelkerkunde-dresden.de
Di–So 18–18 Uhr
Tram 4, 9 bis Palaisplatz

Ein Porzellanschloss sollte aus dem Landhaus am Neustädter Elbufer entstehen, das August der Starke 1717 erworben hatte. Zunächst diente es zur Beherbergung adliger Gäste anlässlich der Hochzeitsfeierlichkeiten seines Sohnes, danach fanden Teile seiner Porzellansammlung in den Räumen Platz. Zwischen 1727 und

Modernes Leben vor historischer Kulisse – Open-Air-Veranstaltung an der Elbe

1737 erweiterten *Matthäus Daniel Pöppelmann, Zacharias Longuelune, Jean de Bodt* und *Johann Christoph Knöffel* das einflügelige Gebäude zu einem vierflügeligen Komplex, dessen Stil am Übergang von Barock zu Klassizismus steht. Der Name des Palais rührt daher, dass sich zudem, der Mode der Zeit entsprechend, stilistische Bezüge zu China und Japan finden. So erinnern die konkav geschwungenen Dächer an den vier Ecken an japanische Pavillons, und im Innenhof sieht man zwei Dutzend asiatische Hermenfiguren, die den Arkadengang des ersten Geschosses zu tragen scheinen. Das *Halbrelief* am Dreiecksgiebel zur Stadtseite hin zeigt eine thronende Saxonia, der die porzellanherstellenden Völker Asiens und Europas huldigen.

Als August der Starke 1733 starb, gerieten die Arbeiten am Japanischen Palais ins Stocken. Augusts Sohn und Nachfolger war im Unterschied zu seinem Vater kein Liebhaber des Porzellans, er sammelte mit Hingabe Gemälde. So kam der geplante Baudekor, Porzellanschmuck am Dach und in den Innenräumen, nie zur Ausführung. Im späten 18. Jh. zogen vorübergehend die Sammlung antiker Skulpturen, die Münzsammlung und die kurfürstliche Bibliothek hier ein, außerdem die Gobelins nach Vorlagen von Raffael, die heute in der Gemäldegalerie Alte Meister [Nr. 12] hängen. *Gottfried Semper* lieferte die Entwürfe für die Ausmalung des Erdgeschosses (ab 1834) im Stil der pompejianischen Wandmalerei.

Während der DDR-Zeiten war das *Landesmuseum für Vorgeschichte* im Japanischen Palais beheimatet. Heute bildet der Gebäudekomplex den Rahmen für Sonderausstellungen der Staatlichen Kunstsammlungen Dresden und für Schauen aus den Beständen der **Museen für Tierkunde** und für **Mineralogie und Geologie**. Seit 1977 residiert hier zudem das **Museum für Völkerkunde**, eines der ältesten und bedeutendsten seiner Art in Europa. Die Sammlung umfasst 90 000 Exponate aus Europa, Afrika, Amerika, Asien, Australien und Ozeanien, die in Wechselausstellungen präsentiert werden. Zu den wertvollsten Stücken gehören die auf Expeditionen zusammengetragenen Exponate zur Kunst und Kultur Polynesiens und der Palau-Inseln.

Vom früher figurengeschmückten *Barockgarten* des Palais und von der Elbpromenade bietet sich der herrliche **Canaletto-Blick** auf die Augustusbrücke und die romantische Silhouette der Elbmetropole mit den Kuppeln der Kunsthochschule und der Frauenkirche und mit den Türmen von Residenzschloss und Kathedrale.

32 Museum Körnigreich

Künstlerisches Kleinod im Souterrain.

Wallgäßchen 2
Tel. 03 51/456 81 93
www.hans-koernig.de/koernigreich
Mo, Fr 13–19, Sa/So 11–18 Uhr
Tram 4, 9 bis Palaisplatz

Seit dem Jahr 2010 ist dem Dresdner Maler und Grafiker *Hans Körnig* (1905–1989) ein eigenes Museum gewidmet. Das Ge-

bäude diente Körnig lange Jahre als Atelier und Ausstellungsraum. Heute können Besucher im Parterre und Souterrain des Hauses eine Auswahl seiner Werke betrachten. Es handelt sich um überwiegend gegenständliche Malerei, Grafik und Zeichnungen. Besonders interessant sind die *Aquatinta-Blätter* zu Werken der Weltliteratur sowie ein *Triptychon* (1955) mit dem Gruppenporträt seiner Familie.

Hans Körnig war 1961 während einer nicht genehmigten Auslandsreise nach Belgien vom Mauerbau überrascht worden und hatte sich daraufhin, in Befürchtung weiterer Probleme im Falle seiner Heimkehr, in Bayern niedergelassen. Drei Jahre zuvor war er in der DDR bereits aus dem Verband bildender Künstler ausgeschlossen worden. Viele seiner bis zur Ausreise fertiggestellten Gemälde waren in den letzten Jahrzehnten im Stadtmuseum, seine Druckplatten im Kupferstich-Kabinett verschlossen.

33 Dreikönigskirche

Sakrales Veranstaltungszentrum mit dem berühmten Totentanz.

Hauptstraße 23
Tel. 03 51/812 41 02
www.hdk-dkk.de
tgl. 10–18 Uhr
Tram 4, 8, 9 bis Neustädter Markt oder 3, 6, 7, 8, 11 bis Albertplatz

Schon 1421 wurde eine Kirche in Altendresden erwähnt, die *Zu den Heiligen Drei Königen* genannt wurde und einen Hochaltar mit einem entsprechenden Altarbild besaß. Der Großbrand von 1685 legte weite Teile von Altendresden, darunter auch die Dreikönigskirche, in Schutt und Asche. Das Gotteshaus wurde zwar bald wiederhergestellt und 1730 mit einem Kirchturm versehen, doch musste es kurz darauf niedergerissen werden, da August der Starke Altendresden zu seiner

Stilvoll flanieren heißt es auf der Neustädter Hauptstraße mit Blick auf den ›Goldenen Reiter‹

Neuen königlichen Stadt ausbauen ließ. Die Dreikönigskirche stand damals in der Nähe des heutigen Neustädter Markts und war der als breite Allee geplanten Hauptstraße im Wege. Nach Plänen von *Matthäus Daniel Pöppelmann* und *George Bähr* entstand an dieser Prachtstraße bis 1739 die neue, barocke Dreikönigskirche aus Sandstein. Sie bot Platz für 3000 Gläubige. Mit einem Turm konnte sie sich noch nicht schmücken, der kam erst gute 100 Jahre später hinzu, erbaut nach Plänen des späteren Oberlandbaumeisters *Karl Moritz Hänel* (1809–1880).

Nach dem Zweiten Weltkrieg konnte lange Jahre nur die erhalten gebliebene Turmkapelle für Gottesdienste genutzt werden. Dann endlich, im Jahr 1977, begann der Wiederaufbau im Rahmen des *Sonderbauprogramms der Evangelischen Kirche Deutschlands*. Im Gegensatz zur äußerlich originalgetreuen Rekonstruktion wurde der Innenraum völlig neu gestaltet und der Bau 1990 als *Haus der Kirche Dresden* eingeweiht. Folglich wird die Dreikönigskirche heute vielfach genutzt, im auf 460 Plätze reduzierten **Kirchenraum** für Gottesdienste und Konzerte, in den übrigen Räumen für Seminare, Tagungen und Ausstellungen.

Die Besichtigung lohnt zunächst wegen des barocken *Hauptaltars* (1739) aus Sandstein von Johann Benjamin Thomae, dessen Kriegsbeschädigungen bewusst belassen wurden und der somit als ein Mahnmal für den Frieden fungiert. Glanzpunkt der Kirche ist der über 12 m lange und 1,20 m hohe Renaissancefries **›Der Totentanz‹** unter der Orgelempore, den der Bildhauer Christoph Walther I. 1535 für die Fassade des Georgenbaus [s. S. 27] am Residenzschloss schuf. Auf dem Reliefband sieht man einen Reigen von Vertretern der unterschiedlichen Stände, angeführt und begleitet vom Tod, der als Skelett personifiziert wird und manchmal die Sense schwingt. Den Anfang macht eine Gruppe von Geistlichen, es folgen die Repräsentanten der weltlichen Macht, ihnen schließen sich Ratsherren, Bürger und Bauern an, die nächste Gruppe bilden die Frauen von der Äbtissin bis zur Magd, am Ende tauchen noch ein Wucherer und ein blinder Bettler auf. Diese seit dem 14. Jh. geläufige Allegorie mahnt die Gläubigen an die Vergänglichkeit allen Lebens: Niemand kann sich dem Tod entziehen, denn keine Macht der Welt ist stärker als er.

TOP TIPP Nicht versäumen sollte man den Blick vom 88 m hohen **Kirchturm** (Sommer Di–So 11.30–17, Winter Mi–So 11.30–16 Uhr). Die Aussichtsplattform in 45 m Höhe bietet ein bezauberndes Dresden-Panorama, das über die Neustadt, die Altstadt und bei guter Sicht bis zu den Weinbergen Radebeuls und bis zum Elbsandsteingebirge reicht.

In dem Quartier zwischen der Dreikönigskirche, der Hauptstraße und der 1731 von Pöppelmann zwischen Albertplatz und Japanischem Palais angelegten Königstraße sind viele sehenswerte **Barockbauten** erhalten, von denen die meisten in den letzten Jahren restauriert wurden. In diesem schmucken Viertel mit schmalen Gassen und lauschigen Innenhöfen trifft man auf Galerien und Boutiquen, Ateliers und Antiquitätenläden, Restaurants und Cafés und kann bei einem Bummel auch die Kunstszene Dresdens auf sich wirken lassen.

34 Hauptstraße

Malerische Flaniermeile mit Brunnen, Skulpturen und barocken Bürgerhäusern.

Tram 4, 8, 9 bis Neustädter Markt oder 3, 6, 7, 8, 11 bis Albertplatz

Die Hauptstraße, heute eine *Fußgängerzone* mit Geschäften und Cafés, verbindet den Neustädter Markt mit dem Albertplatz. Die Straße verjüngt sich allmählich, und durch diese perspektivische Verkürzung wirkt sie erheblich länger, als sie in Wirklichkeit ist.

Auf der früheren Hauptverkehrsstraße der Inneren Neustadt wachsen heute alte Platanen, dazwischen sind Rasenflächen angelegt mit Skulpturen, Brunnen und Bänken zum Ausruhen. Vom historischen Baubestand ist nicht viel erhalten, auch das barocke Neustädter Rathaus am Beginn der Hauptstraße existiert nicht mehr. Auf der Westseite jedoch hat eine Reihe von sechs barocken Bürgerpalais überdauert. Das **Kügelgenhaus – Museum der Dresdner Romantik** (Hauptstr. 13, Tel. 0351/8044760, www.museen-dresden.de, Mi–So 10–18 Uhr) ist das repräsentativste von ihnen, es wurde zwischen 1697 und 1699 im Stil des *Spätbarock* erbaut. Das Portal ist leicht nach rechts versetzt, mittig findet sich ein auffälliger *Dachreiter*. Wegen des unterhalb der Traufe angebrachten, vergoldeten Spruches ›An Gottes Segen ist alles gelegen‹ heißt das Gebäude auch *Gottessegenhaus*. Zu Beginn des 19. Jh. wohnte hier der Maler *Gerhard von Kügelgen* (1772–1820), seine Wohnung war Treffpunkt von Kunstschaffenden der *Romantik* wie Caspar David Friedrich, Ludwig Tieck und Carl Maria von Weber. Die heute hier ansässige Sammlung lässt jene Epoche wieder lebendig werden, zu sehen gibt es Gemälde, Gegenstände der bürgerlichen Wohnkultur und das originalgetreu rekonstruierte *Atelier* Gerhard von Kügelgens. Beeindruckend sind auch die bemalten *Holzdecken* aus dem 17. Jh., die bei Restaurierungsarbeiten unter den Stuckdecken freigelegt wurden.

TOP TIPP Das Kügelgenhaus gehört auch zu den hübschen **Kunsthandwerkerpassagen** (Hauptstr. 9–19, www.kunsthandwerkerpassagen.de), die in den mit Arkaden versehenen Innenhöfen der Barockhäuser liegen. Zwei Dutzend Kunsthandwerksbetriebe, originelle Läden, Cafés und Restaurants laden zum Verweilen ein. Im Haus Nr. 19 ist das im 18. Jh. gegründete **Societätstheater** [s. S. 130] ansässig. Dieses erste bürgerliche Theater Dresdens schloss bereits in den 1830er-Jahren seine Pforten, konnte aber 1999 als städtische Bühne wiedereröffnet werden.

Die 1899 erbaute **Markthalle** ein Stückchen weiter auf der östlichen Seite der Hauptstraße wurde im Jahre 2000 nach umfangreicher Sanierung als ›schönste Markthalle Deutschlands‹ wiedereröffnet. Zahlreiche, hauptsächlich kulinarische Spezialitätengeschäfte verlocken zum Einkaufen und Schlemmen.

35 Albertplatz und Gründerzeitviertel

Denkmalbestückter Verkehrsknotenpunkt an der Nahtstelle zwischen Innerer und Äußerer Neustadt.

Tram 3, 6, 7, 8, 11 bis Albertplatz und Tram 13 bis Görlitzer Straße

Der große runde Albertplatz, benannt nach König Albert I. von Sachsen, markiert das nördliche Ende der Hauptstraße und ist gleichzeitig die Nahtstelle zwischen der Inneren und Äußeren Neustadt. Insgesamt zehn Straßen gehen von hier sternförmig in alle Richtungen. Bis 1812, als Napoleon die Stadtmauern schleifen ließ, stand an dieser Stelle das *Schwarze Tor* als Teil des Festungswerks. Heute wird der Albertplatz überwiegend von moderner Architektur und von Grünanlagen mit Brunnen und Denkmälern geprägt. Im Süden auf einer kleinen Rasenfläche vor der Einmündung der Hauptstraße, erhebt sich ein am Vorabend des Ersten Weltkrieges eingeweihtes **Denkmal für Friedrich**

Schiller. Die antikisierende Marmorstatue des Dichters steht im Zentrum einer ebenfalls marmornen Umfriedung. Die sie schmückenden Reliefs zeigen Szenen aus Schillers Dramen. Mitten auf dem Albertplatz, rechts und links der Straßenbahnschienen, schäumt kraftvoll das Wasser der beiden Ende des 19. Jh. von *Robert Diez* gestalteten Brunnenanlagen (1893/94), westlich das Ensemble ›**Stürmische Wogen**‹, östlich das Pendant ›**Stille Wasser**‹. Um den Fuß der bekrönenden Brunnenschalen scharen sich romantisch bis furios gestimmte Wasserwesen, Tritonen und Najaden, Kraken und Schildkröten. Die ›Stürmischen Wogen‹ erlitten im Krieg schwere Zerstörungen und waren zu DDR-Zeiten beim Institut für Denkmalpflege eingelagert. Erst 1994 kehrte der Brunnen rekonstruiert an seinen alten Standort zurück.

An der Ostseite des Albertplatzes, an der Ecke zur Georgenstraße, zieht die neobarocke **Villa Eschenbach** von 1901 die Blicke auf sich. Das Gebäude mit rundgiebelbekröntem Mittelrisalit wurde für einen reichen Fabrikanten erbaut und beherbergt heute die Dresdner Volksbank. In ihren Räumlichkeiten finden immer wieder attraktive *Ausstellungen* (Mo,

Gar nicht so ruhig wie der Name vermuten lässt – der Brunnen ›Stille Wasser‹ am Albertplatz

Mi 8.30–16, Di, Do 8.30–18, Fr 8.30–13 Uhr) von Dresdner Künstlern statt.

An der Nordseite des Platzes, vor dem einstigen Café Kästner, in dem heute eine Fastfood-Kette residiert, erinnert ein kleines Denkmal an den großen Schriftsteller **Erich Kästner**, der hier ganz in der Nähe aufwuchs: Auf einem bronzenen Tisch liegt ein Stapel der von ihm geschriebenen Bücher, bekrönt von einem Hut, darunter eingraviert sein Lebensmotto ›Es gibt nichts Gutes, außer man tut es‹. An der Ecke Königsbrücker Straße und Bautzner Straße fällt das tempelartige Brunnenhäuschen mit Namen **Tempietto** auf, das 1906 über einer heute nur noch spärlich sprudelnden artesischen Quelle errichtet wurde. Markanter Blickpunkt auf der anderen Seite der Königsbrücker Straße ist das erste **Hochhaus** Dresdens. Es entstand 1929 und hat elf Stockwerke. Nach dem Zweiten Weltkrieg war es bis in die Mitte der 1990er-Jahre Sitz der Dresdner Verkehrsbetriebe, seitdem steht das denkmalgeschützte Gebäude leer und wartet auf eine neue Nutzung.

Gründerzeitviertel

Nordöstlich des Albertplatzes schließt sich in der Äußeren Neustadt eines der größten zusammenhängenden Gründerzeitviertel Deutschlands an. Markiert wird das Quartier durch die Louisen-, Alaun- und Martin-Luther-Straße. Das nahezu geschlossene, nach 1870 entstandene Architekturensemble mit seinen drei- bis viergeschossigen Wohnhäusern und lauschigen Hinterhöfen blieb von den Bombardements im Jahr 1945 wie durch ein Wunder weitgehend verschont. Heute hat sich in dem Viertel eine florierende Nischenkultur der alternativen Szene etabliert. Galerien, Kleinkunstbühnen und Ateliers sowie Cafés und Kneipen mit unkonventionellem Touch bestimmen das Bild.

TOP TIPP Eine Augenweide ist vor allem die **Kunsthofpassage** (www.kunsthof-dresden.de). Sie liegt zwischen Alaunstraße und Görlitzer Straße und überrascht mit poppig gestalteten Fassaden, kleinen Gassen und Innenhöfen, originellen Läden und interessanten Ateliers.

Weiter nördlich öffnet sich der weiträumige **Alaunplatz**. Er war einst das Exerzierfeld für die sächsischen Infanterieregimenter, deren Kasernen hier auch standen. Heute bieten seine großen Rasenflächen eine friedliche Atmosphäre und viel Platz zum Entspannen.

In bunten Schubladen findet der Besucher Wissenswertes über den Autor Erich Kästner

36 Erich Kästner Museum

Allerliebstes Micromuseum zu Leben und Werk des bekannten Schriftstellers und Kinderbuchautors.

Antonstraße 1
Tel. 03 51/804 50 86
www.erich-kaestner-museum.de
So–Mi, Fr 10–18 Uhr
Tram 3, 6, 7, 8, 11 bis Albertplatz

Die **Bronzefigur** des jugendlichen Erich Kästner, ein Werk von Mathyas Varga aus dem Jahr 1999, schaut von ihrem Sitzplatz auf der Mauer des Erich Kästner Museums auf den Albertplatz und hört dem Quietschen der Straßenbahn zu, so, wie es der Kinderbuchautor und Satiriker Erich Kästner in seinen Erinnerungen ›Als ich ein kleiner Junge war‹ anschaulich beschreibt. Gleich um die Ecke, in der *Königsbrücker Straße 66*, kam Erich Kästner im Jahr 1899 zur Welt. Später zog die Familie ins Haus Nr. 48. Hier betrieb Erich Kästners Mutter einen Frisiersalon für die Damenwelt der Nachbarschaft. Die **Villa Augustin** gehörte Kästners Onkel Franz Augustin, der als Pferdehändler zu Wohlstand gekommen war.

Erich Kästner lebte, nur unterbrochen durch den Militärdienst im Ersten Weltkrieg, bis 1919 in Dresden und studierte danach in Leipzig Germanistik, Theaterwissenschaften, Philosophie und Geschichte. Nach der Promotion 1925 siedelte er 1927 nach Berlin über, wo auch seine berühmten Kinderbücher ›Emil und die Detektive‹, ›Pünktchen und Anton‹ und

Ein Paradies nicht nur für Käseliebhaber ist Pfunds Molkerei in der Neustadt

›Das fliegende Klassenzimmer‹ entstanden. Von den Nationalsozialisten wurde Kästner zwei Mal verhaftet, schließlich erhielt er Schreib- und Veröffentlichungsverbot. Nach dem Zweiten Weltkrieg zog es ihn nach München, wo er 1974 auch verstarb. Hier entstanden weitere Erfolgsbücher wie ›Das doppelte Lottchen‹, die ›Konferenz der Tiere‹ und ›Als ich ein kleiner Junge war‹. Sein dichterisches Werk zeichnet sich durch viele Bezüge zum eigenen Leben aus, vor allem die Dresdner Kinder- und Jugendzeit wird in Schauplätzen, Szenen und Figuren seiner Bücher immer wieder gegenwärtig.

Die hiesige Sammlung zu Ehren Kästners ist als interaktives *Micromuseum* mit 13 beweglichen Modulen gestaltet. Hier finden Besucher hunderte von Informationen und Exponaten in kleinen Schatzkisten und verschiedenfarbigen Schubladen, die jeweils einen anderen Aspekt in Leben und Werk Erich Kästners beleuchten. Eine kleine *Bibliothek* mit 300 Bänden lädt zum Stöbern ein.

37 Pfunds Molkerei

TOP TIPP

Der ›schönste Milchladen der Welt‹ ist eine Augenweide mit Käsetheke.

Bautzener Straße 79
Tel. 03 51/810 59 48
www.pfunds.de
Mo–Sa 10–18, So 10–15,
Restaurant tgl. 10–20 Uhr
Tram 11 bis Pulsnitzer Straße oder Diakonissenkrankenhaus

Kühe gibt es hier zwar nicht mehr zu sehen, aber der 1892 mit 3500 bunten Majolikafliesen von Villeroy & Boch überreich ausgekleidete Milch- und Käseladen ist noch heute eine Sensation. Das Angebot an regionalen und internationalen Käsesorten ist beeindruckend, aber man kann hier auch nur, wie in alten Zeiten, ein Glas frische Milch trinken. Hinter dem pittoresken Ladengeschäft steckt eine ungewöhnliche Geschichte. Im Jahre 1879 erwarb der Dresdner Kaufmann *Paul Gustav Leander Pfund* einen Laden an der Görlitzer Straße und verkaufte hier seine Milch mit einer revolutionären Idee: Er hatte sich vorgenommen, Dresden mit hygienisch einwandfreier Milch zu beliefern. Durch ein Fenster konnten die Kunden zusehen, wie im angeschlossenen Stall die Kühe gemolken wurden. Die Milch sollte frisch und nicht erst nach langem Transport ohne Kühlung über holperige Straßen beim Verbraucher ankommen. Bald stieg der Bruder Friedrich als Teilhaber ein und beide gründeten auf einem Grundstück an der Bautzener Straße die *Dresdner Molkerei Gebrüder Pfund*, mit einer angeschlossenen Milchtrinkhalle und eben jenem Laden für Butter und Käse. Nach erfolgreichem Start kamen weitere Geschäfte hinzu, Pferdekutschen brachten neu entwickelte Produkte wie Molkelimonade, Milchseife oder Milchshakes zu den Filialen im ganzen Dresdner Stadtgebiet.

Technischen Verbesserungen und neuen Methoden stand Pfunds Molkerei immer offen gegenüber, und so wurde bald die Pasteurisierung eingeführt, um die Milch keimfrei und haltbarer zu machen. 1886 stellte die Molkerei – als erste

in Deutschland – **Kondensmilch** her und gründete daraufhin die erste deutsche Kondensmilchfabrikation. Eine eigene Fabrik für die Herstellung von Kartonagen kam dazu und sogar eine Druckerei für die Etiketten. Die Pfundsche Kondensmilch wurde zum Exportschlager, sie wurde bis nach Asien und Amerika verschifft. Auf der Höhe ihres geschäftlichen Erfolges leistete sich Pfunds Molkerei im Stammhaus an der Bautzener Straße den ›**schönsten Milchladen der Welt**‹. Die Dresdner Niederlassung der Keramikmanufaktur Villeroy & Boch lieferte die Fliesen, allerdings keine schlicht weißen, sondern handgefertigte, bemalt mit dekorativen Jugendstilmotiven, Ornamenten und Landschaften.

Die beiden Weltkriege erschütterten das Pfundsche Milchimperium massiv, auch wenn in den 1930er-Jahren mit 60 000 verarbeiteten Litern Milch am Tag noch ein neuer Rekord aufgestellt wurde. Die Bombennacht vom 13./14. Februar 1945 verschonte zum Glück diesen Teil der Neustadt und auch den Milchladen. In der DDR-Zeit verkaufte in den Räumlichkeiten ein HO-Laden Milchprodukte. Nach der Restaurierung in den 1990er-Jahren eröffnete der Jugendstilpalast für Milchprodukte von Neuem: als Besucherattraktion der Elbestadt und als bester Käse- und Milchladen Dresdens zugleich.

Der baumbestandene **Alte Jüdische Friedhof** mit seinen verwitterten Grabsteinen gleich um die Ecke in der Pulsnitzer Straße wirkt wie eine Oase der Ruhe und des Friedens. Er stammt aus der Zeit von *Friedrich August II.* und wurde 1751 eingeweiht. Bis dahin mussten sächsische Bürger jüdischen Glaubens ihre Verstorbenen über das Erzgebirge bis zu einem Friedhof im böhmischen Teplitz bringen. Es war ihnen nicht erlaubt, ihre Toten in Sachsen zu bestatten.

Bereits 1869 wurde der Alte Jüdische Friedhof geschlossen und der Neue Jüdische Friedhof in der Johannstadt eröffnet. Während der Zeit des Nationalsozialismus blieb der Alte Jüdische Friedhof vergessen, auch in der DDR-Zeit wurde ihm keine weitere Beachtung geschenkt. Die inzwischen als Kulturdenkmal geschützte Anlage wird heute vom Verein Hatikva (Pulsnitzer Straße 10, Tel. 0351/8020489, www.hatikva.de) betreut. Dort, direkt neben dem Friedhof, kann man auch einen Termin für eine Führung über die ansonsten verschlossene Ruhestätte erfragen.

Audio-Feature Pfunds Molkerei
QR-Code scannen [s.S.5] oder dem Link folgen: www.adac.de/rfo872

38 Garnisonskirche

Einst Simultankirche für 15 000 sächsische Soldaten.

Stauffenbergallee 9h
Tel. 0351/5634030
www.st-franziskus-xaverius-dresden.de
Tram 7, 8 bis Stauffenbergallee

In der Albertstadt waren einst große Teile der Sächsischen Armee in riesigen Kasernen stationiert. In den Jahren 1895–1900 wurde deshalb eigens für die Militärangehörigen ein Gotteshaus errichtet, um den Soldaten die Teilnahme an Messen zu erleichtern. Die Kirche war als **Simultankirche** konzipiert, in der sowohl katholische als auch evangelische Soldaten an ihrem Gottesdienst teilnehmen konnten. Im östlichen Langhaus war der kleinere katholische Kirchenraum mit 400

Plätzen, im Querhaus der größere evangelische Raum mit 2000 Plätzen untergebracht. Das imposante Gotteshaus gilt als hervorragendes Beispiel für den Historismus, wobei der stark hervorspringende evangelische Chor mit seinen drei großen Fensterrosen eher neoromanisch geprägt ist, während der katholische Chor mit kräftigen Strebepfeilern zwischen den Rundbogenfenstern mehr gotischen Vorbildern folgt. Auch die Wasserspeier in Gestalt von Dämonenköpfen, wie sie sich z. B. über dem Eingang zur katholischen Sakristei finden, sind der Gotik nachempfunden. Über dem vielgliedrigen Baukörper aus Sandstein mit seinen zahlreichen Kapellen, Türmchen und eleganten Steildächern ragt der 90 m hohe *Kirchturm* majestätisch in den Himmel, bekrönt von einer vergoldeten Turmkugel und einem Kreuz.

Der *Innenraum* des katholischen Kirchenteils wurde in den 1970er-Jahren umgestaltet, dabei entfernte man die Kanzel und zwei Seitenaltäre. Die Ausmalung ist jedoch originalgetreu erhalten und restauriert. Der *Hauptaltar* besteht aus Cottaer Sandstein, das Altarbild zeigt Christus als Weltenrichter, flankiert von Skulpturen der Apostel Petrus und Paulus.

Der evangelische Teil wird nicht mehr sakral genutzt, über viele Jahre waren hier der Theaterfundus und die Phonothek der Sächsischen Landesbibliothek untergebracht, heute dient er den Staatlichen Kunstsammlungen als Depot.

39 Militärhistorisches Museum der Bundeswehr

Gelungene Verbindung von Tradition und Moderne im neuen Bau von Daniel Libeskind.

Olbrichtplatz 2
Tel. 03 51/823 28 03
www.mhmbw.de
Do–Di 10–18, Mo 10–21 Uhr
Tram 7, 8 bis Stauffenbergallee

Ein mächtiger, moderner Keil mit transparenter Fassade schiebt sich durch das historische *Arsenalgebäude*, in dem früher die Geschütze und die Handfeuerwaffen, Säbel und Bajonette der sächsischen Armee gelagert wurden. Der schnittige **Neubau**, der den massiven, klassisch gegliederten Altbau durchdringt, stammt von dem amerikanischen Stararchitekten *Daniel Libeskind*. Nach 6 Jahren Bauzeit wurde das Militärhistorische Museum mit einer völlig neu konzipierten Ausstellung im Oktober 2011 wiedereröffnet. Mit einem Bestand von 1,2 Mio Ausstellungsstücken und 20 000 m^2 Ausstellungsfläche ist es das größte Museum Deutschlands.

Die Dauerausstellung ist in zwei große Bereiche unterteilt, die unterschiedliche Zugänge zur Militärgeschichte bieten. Im Neubau werden in verschiedenen Themenparcours Ausstellungsstücke nach inhaltlichen Schwerpunkten in größere Sinnzusammenhänge gestellt. Themen sind z. B. ›Krieg und Gedächtnis‹, ›Leiden am Krieg‹ oder ›Tiere und Militär‹. Im Altbau dagegen führt ein chronologischer

Nicht nur optisch gegliedert – die Garnisonskirche diente einst als Simultankirche

Zurück zur Natur – diese Maxime verfolgte Karl Schmidt in der Gartenstadt Hellerau

Rundgang durch die Militärgeschichte, von 1300 bis in die Gegenwart. Im Mittelpunkt beider Ausstellungsbereiche steht der einzelne Mensch, der als Akteur und als Opfer von Gewalt betrachtet wird.

Zu den *Exponaten* der Kollektion gehören eine Vielzahl von Waffen und Großtechnik, Uniformen und Orden. Hinzu kommen Manuskripte für Ansprachen, aber auch Kunstwerke zum Thema und allerlei Objekte aus einer bis heute kriegerisch geprägten Alltagskultur, darunter auch martialische Spielsachen oder Plakate zu einschlägigen Kriegsfilmen.

Das Arsenal lag früher im Zentrum des **Albertstadt** genannten Komplexes aus Kasernen und Artilleriewerkstätten, der ab 1873 im Norden Dresdens angelegt worden war. Die wenige Jahre zuvor beschlossene Vergrößerung der sächsischen Armee und deren Teilnahme am siegreichen Krieg Deutschlands gegen Frankreich 1870/71 beförderten den Bau eines neuen, riesigen Kasernengeländes, auf dem bis zu 15 000 Soldaten untergebracht waren. Es wurde zu einem erheblichen Teil mit französischen Reparationszahlungen finanziert. Während des Zweiten Weltkrieges wurde das Militärgelände im Gegensatz zur barocken Altstadt Dresdens nur geringfügig getroffen. Gleich danach zogen die Rote Armee, später auch einige Verbände der Nationalen Volksarmee der DDR hier ein. Mit der Wiedervereinigung hat die Albertstadt ihre militärische Bedeutung noch weiter eingebüßt. Neben dem Militärhistorischen Museum, verschiedenen Verwaltungsstellen und Betrieben unterhält die Bundeswehr in ihrer modernen Albertstadt-Kaserne die Offiziersschule des Heeres, das Landeskommando Sachsen und das Standortsanitätszentrum.

40 Gartenstadt Hellerau

Von großer Handwerkskunst und einer gesellschaftlichen Utopie.

Tram 8 bis Am Hellerand

Vor rund 100 Jahren entstand in Dresden-Hellerau die erste deutsche Gartenstadt. Der in Dresden tätige Möbelfabrikant Karl Schmidt war mit seinen *Deutschen Werkstätten* hierher gezogen, um an Ort und Stelle Holzmöbel nach den Idealen und Maximen des Deutschen Werkbundes zu fertigen. Seine Arbeiter siedelte er in einer modellhaften Gartenstadt an, die nach Plänen des Jugendstilarchitekten *Richard Riemerschmidt* (1868–1957) konzipiert worden war. Die moderne Siedlung im Grünen folgte dem Vorbild fortschrittlicher englischer Arbeiterwohnsiedlungen des späten 19. Jh. und stellte eine bewusste Abkehr von den damals üblichen städtischen Mietskasernen dar. Die Straßenzüge rund um den Markt wurden mit Reihenhausgruppen, kleinen Einzelhäusern und auch einigen Villen bebaut. Türen und Fensterläden der Häuser sind meist in fröhlichen Farben gestrichen, die Architektur ist schlicht und verzichtet auf

Historismen. Die Anlage der Straßen folgt einem eher dörflichen Konzept und ist dem hügeligen Gelände angepasst.

Von der Gartenstadt und den mit ihr verknüpften sozialen Anliegen fühlten sich wiederum zahlreiche *Reformpädagogen* angezogen. Eine der Grundideen dieser neuen Pädagogik bestand darin, den durch die Zivilisation entfremdeten Menschen wieder mit der Natur in Einklang zu bringen. Aber die Gartenstadt lockte nicht nur Reformpädagogen an, sondern auch Reformer aller Art. Und so zog es selbst die künstlerische und intellektuelle Avantgarde nach Hellerau, die hier Raum und Gelegenheit zu Experimenten fand. *Wolf Dohrn* (1878–1914), ein begüterter Mitbegründer Helleraus, ermöglichte den Bau eines Festspielhauses als *Bildungsanstalt für Musik und Rhythmus*. Dessen Leitung übernahm der Komponist und Musikpädagoge *Émile Jaques-Dalcroze* (1865–1950), der Begründer der Rhythmischen Gymnastik. *Mary Wigman* (1886–1973), der international gefeierte Star des modernen Ausdruckstanzes, zählte hier zu seinen Schülerinnen. Zu den alljährlichen Festspielen kamen Literaten wie Rainer Maria Rilke, Franz Kafka oder George Bernard Shaw, Maler und Designer wie Oskar Kokoschka, Emil Nolde und Henry van de Velde, und Tanzgrößen wie Gret Palucca.

Der Erste Weltkrieg versetzte dem Reformprojekt einen betäubenden Schlag. Die Nazis schließlich vertrieben die letzten Künstler, und nach dem Zweiten Weltkrieg richtete die Sowjetarmee hier eine Kaserne ein.

Nach aufwändiger Restaurierung ist das von Heinrich Tessenow entworfene und 1912 eröffnete **Festspielhaus** (Europäisches Zentrum der Künste Hellerau, Karl-Liebknecht-Str. 56, Tel. 03 51/26 46 20, www.hellerau.org) heute wieder für experimentelle Kunstveranstaltungen, Konzert- und Ballettaufführungen geöffnet.

Auch während der sozialistischen Planwirtschaft in der DDR stellten die Deutschen Werkstätten Hellerau als Möbel-Kombinat die begehrten **Hellerauer Möbel** her. Und immer noch produzieren sie, jetzt in modernen Gebäuden, hochwertige Innenausstattungen für öffentliche Gebäude und private Auftraggeber. Auch darüberhinaus scheint Hellerau ein anregendes Umfeld geblieben zu sein, in dem sich inzwischen Unternehmen der Hochtechnologie und viele kleinere innovative Betriebe niedergelassen haben.

41 Städtischer Heidefriedhof

Gedenkstätte an die Schrecken des Zweiten Weltkrieges.

Moritzburger Landstraße 299
Tel. 03 51/849 89 58
Tram 3 bis Endhaltestelle Wilder Mann, dann 10 Min. Fußweg oder Bus 80 bis Heidefriedhof

Der 1934–36 angelegte Friedhof in der Dresdner *Jungen Heide* umfasst ein 54 ha großes Waldgebiet mit lichtem Kiefernbestand, das im 19. Jh. durch den Bau der Albertstädter Kasernen von der *Dresdner Heide* [Nr. 58] abgetrennt wurde. Nicht nur die Lage im Wald, auch mehrere *Gedenkstätten* und *Mahnmale* für Opfer des Zweiten Weltkrieges unterscheiden den Heidefriedhof von anderen Begräbnisstätten. Rechts des Hauptweges markiert etwa auf der Höhe der Aussegnungshalle ein **Obelisk** mit dem Zeichen der *Internationalen Föderation der Widerstandskämpfer* (FIR) den Beginn des **Ehrenhains**. Auf Stelen und Blöcken rechts und links des Weges stehen die Namen von Menschen, die von den Nazis ermordet wurden. Ein Stück weiter stößt man auf ein 1965 errichtetes **Rondell**, ein Mahnmal gegen Krieg und Faschismus. Um eine zentrale Opferschale stehen 14 Säulen, die die Namen von Konzentrationslagern wie Auschwitz, Bergen-Belsen, Buchenwald und Theresienstadt tragen, sowie von Städten, die während des Zweiten Weltkriegs zerstört wurden wie Coventry, Leningrad, Rotterdam, Warschau, Lidice und Oradour. Als nächstes erreicht man die **Gedenkstätte für die Opfer der Bombardierung Dresdens** im Februar 1945. Entlang des Weges sind mehr als 20 000 Opfer der Bombennacht bestattet, einschließlich der fast 7000 Toten, die auf dem Altmarkt verbrannt worden waren, um die Gefahr von Seuchen zu bannen. Alljährlich am 13. Februar legen Vertreter aus Politik und Öffentlichkeit im Rahmen einer Feierstunde hier Kränze nieder.

Ebenfalls rechts des Hauptweges, aber etwas abseits des Ehrenhains, erinnert eine Skulpturen-Gruppe der Bildhauerin *Thea Richter* an hunderte von Kriegsgefangenen und Zwangsarbeitern aus der Sowjetunion, die in den Jahren 1941–45 im Raum Dresden zu Tode kamen. Das bedrückende Monument zeigt fünf überlebensgroße Liegefiguren, die mit Leichentüchern bedeckt sind.

Am linken Elbufer rund um die Altstadt – vom Hygiene-Museum zum Panometer

Als zu Beginn des 19. Jh. die Festungsanlagen um die Dresdner Altstadt fielen, breiteten sich die Vorstädte immer weiter aus. Sie bildeten im Laufe der Zeit einen geschlossenen Ring um die Innenstadt, wurden häufig wie die **Johannstadt** nach ihren königlichen Gründern benannt oder wie die **Pirnaische Vorstadt** nach den Städten, die als nächste auf der Landstraße erreicht werden konnten. Die Stadt ist über die Jahre gewachsen und so liegen die **Zigarettenfabrik Yenidze** in der **Friedrichstadt**, das **Deutsche Hygiene-Museum** und der **Große Garten** in der Pirnaischen Vorstadt oder das Panometer im Dresdner Stadtteil Gruna heute nicht mehr außerhalb der Stadtgrenzen und sind mit den öffentlichen Verkehrsmitteln gut zu erreichen.

42 Zigarettenfabrik Yenidze

Ein Industriedenkmal und originelles Wahrzeichen Dresdens.

Weißeritzstraße 3
Tram 10 oder Bus 75 bis Heinz-Steyer-Stadion

In der Friedrichstadt unweit der Marienbrücke ragen die wie Minarette gestalteten Schornsteine und die farbig verglaste Kuppel der einstigen *Orientalischen Tabak- und Zigarettenfabrik Yenidze* (1909–12) stolz in die Höhe. Der märchenhaft verspielte Bau des Dresdner Architekten Martin Hammitzsch wurde zur Zeit seiner Fertigstellung durchaus kritisch gesehen, denn die ›Tabakmoschee‹ stand im exotischen Kontrast zum barocken Stadtbild Dresdens. Der Name Yenidze geht auf ein Dorf im osmanischen Reich zurück. Von dort importierte der *königlich-sächsische Hoflieferant* Hugo Zietz seine Orienttabake. In der Dresdner Fabrik wurden sie zu den Zigarettensorten *Salem*, *Mogul* und *Fatima* verarbeitet. Zu DDR-Zeiten war hier das Kontor der Tabakindustrie ansässig, produziert wurden die Zigarettensorten *f6* und *Karo*. Heute lockt unter der 17 m hohen, bunt leuchtenden Kuppel des als Bürohaus genutzten Komplexes das *Kuppelrestaurant* [s. S. 128] mit guten Speisen und mit fantastischem Blick über die Dächer Dresdens. Zudem werden Lesungen von Märchen aus dem Orient und aus aller Welt veranstaltet, dazu gibt es häufig Musik und Bauchtanz (Tel. 03 51/495 10 01, www.1001maerchen.de).

Auf dem nahen **Alten Katholischen Friedhof** mit Grabmälern im Stil des Barock, Rokoko und Klassizismus sind der Maler Giovanni Battista Casanova (1728–1795), der Philosoph Friedrich von Schlegel (1772–1829) und der Komponist Carl Maria von Weber (1786–1826) bestattet. Webers Familiengruft unweit der Friedhofskapelle ist ein Werk Gottfried Sempers. Der Bildhauer Balthasar Permoser (1651–1732) schuf für sein eigenes Grab eine Kreuzigungsgruppe, die inzwischen in der Friedhofskapelle steht.

43 Annenkirche

Die kleine Schwester der Kreuzkirche ist der ›Mutter Anna‹ gewidmet.

Annenstraße
Tel. 03 51/496 58 07
www.annenkirche-dresden.de
tgl. zu den Gottesdiensten geöffnet
Tram 12 bis Alfred-Althus-Straße

Keiner Heiligen, sondern der im Volksmund ›Mutter Anna‹ genannten sächsischen **Kurfürstin Anna** (1532–1585) ist die

Kirche im Annenviertel der Wilsdruffer Vorstadt gewidmet. Die Tochter des dänischen Königs Christian III. und seit 1548 Gemahlin von August von Sachsen gebar 15 Kinder, von denen elf jedoch früh starben. Bei Hofe widmete sich die mildtätige Regentin der Heilkunde, kümmerte sich um Kranke und veröffentlichte eine Sammlung von Rezepturen für Heilmittel. 1769 wurde die nach den Entwürfen von Johann George Schmidt errichtete Kirche als Ersatz für den im Siebenjährigen Krieg zerstörten Vorgänger des 16. Jh. geweiht. Der Baumeister, Schüler und Schwager George Bährs, arbeitete zur selben Zeit an der Dresdner Kreuzkirche. Tatsächlich weisen die beiden spätbarocken Bauten viele Ähnlichkeiten auf. Der 57 m hohe *Turm* der Annenkirche, ein Werk des Hofbaumeisters Gottlob Friedrich Thormeyer, kam erst 1823 hinzu.

Im **Inneren** säumen Pfeilerarkaden den ovalen Gemeinderaum, drei Emporengeschosse sind darüber eingezogen. Von der 1907–09 durch Richard Schleinitz vorgenommenen Umgestaltung im Jugendstil zeugen noch das bronzene Taufbecken, die Wanddekoration in der Brauthalle sowie der Kanzelaltar. Die um 1635 von Zacharias Hegewald geschaffene Sandsteinfigur des *Ecce Homo* stammt aus der Frauenkirche.

Erinnert an Märchen aus Tausendundeiner Nacht – die Kuppel der Zigarettenfabrik Yenidze

44 Prager Straße

Einkaufsstraße und Flaniermeile zwischen Hauptbahnhof und Altmarkt.

Tram 3, 7, 8, 9, 10, 11 oder S 1, S 2, S 3 bis Dresden Hauptbahnhof

Mitte des 19. Jh. entstand zwischen dem damals sogenannten Böhmischen Bahnhof und dem Altmarkt ein Gründerzeitviertel mit der Prager Straße als Verkehrsachse. Die Bürger strömten in die hiesigen Warenhäuser, saßen in berühmten Kaffeehäusern, erstanden in Delikatessenläden, Blumen- und Kunsthandlungen die schönen Dinge des Alltags. An der Ecke zur Waisenhausstraße war seit 1903 die *Dresdner Volkslesehalle* zu finden, eine Stiftung des Odol-Fabrikanten Karl August Lingner. Nach dem Krieg war die Prager Straße ein Trümmerfeld, die Neugestaltung als weitläufiger Boulevard von sozialistisch-geometrischer Strenge mit funktionalen Plattenbauten erfolgte in den 1960er-Jahren. Nach der Wiedervereinigung wurde die Einkaufs- und Hotelmeile restauriert.

Der Dresdner **Hauptbahnhof** südlich der Altstadt ist ein guter Ausgangspunkt für einen Bummel über die Prager Straße. Der von Ernst Giese und Paul Weidner konzipierte Insel- und Kopfbahnhof wurde 1898 eröffnet. Die Jahrhundertflut 2002 richtete große Schäden an, im Rahmen der 2006 abgeschlossenen Erneuerung wurden die markanten Gewölbe der Bahnhofshallen mit einer Glasfasermembran überzogen, ein Werk des britischen Stararchitekten *Sir Norman Foster*. An der Nordseite des Bahnhofs, am Wiener Platz, steht das futuristisch anmutende **Glaskugelhaus** von 2005. Der viergeschossige Gebäudequader aus Glas birgt eine sechsstöckige kugelförmige Halle mit Zugang zu zahlreichen Geschäften und Restaurants. Das hiesige Gebäude ist eine Reminiszenz auf das erste Kugelhaus. Es war 1928 anlässlich einer Ausstellung beim Großen Garten entstanden und ähnelte einem gelandeten Ufo.

Auf der linken Seite der Prager Straße erheben sich die drei elfstöckigen **Hotelkomplexe** der Ibis-Gruppe (www.ibishotel.com), welche nach Felsen in der Sächsischen Schweiz Bastei, Königstein und Lilienstein heißen. Pavillons, Wasserspiele und Skulpturen schmücken die etwas trist wirkende Fußgängerzone, darunter auch die abstrakte Plastik ›Völkerfreundschaft‹ von Wolf-Eike Kuntsche, der ebenfalls das Caspar-David-Friedrich-Denkmal [s. S. 52] im Brühlschen Garten schuf. Nahebei ist das von Gerhard Landgraf und Waltraud Heischkel 1972 errichtete **Neue Rundkino** [s. S. 132] ein Blickfang. In dem 20 m hohen Zentralbau mit einem Durchmesser von 50 m werden amerikanische Blockbuster und 3D-Filme gezeigt. Ergänzt wird das Programm vom benachbarten **Ufa-Kristallpalast** [s. S. 132] von 1998 mit seinem markanten Stahl-Glas-Foyer, das an einen Kristall erinnert.

Wer den Kinobesuch mit einer Shoppingtour verbinden möchte, der wird in der 2009 eröffneten **Centrum Galerie** (www.centrumgalerie.de) mit wabenförmiger Aluminiumfassade garantiert glücklich. Die gigantische Einkaufsmeile bietet alles was das Herz begehrt, von schicker Mode über Accessoires und Parfüms bis zu Designerschmuck.

45 Deutsches Hygiene-Museum

TOP TIPP

Das moderne Wissenschaftsmuseum bietet kreative Antworten auf die Fragen des Lebens.

Lingnerplatz 1
Tel. 03 51/484 64 00
www.dhmd.de
Di–So 10–18 Uhr
Tram 10, 13 bis Großer Garten oder Tram 1, 2, 4, 12 bis Deutsches Hygiene-Museum

Der Name Deutsches Hygiene-Museum lässt vermuten, dass es in dem kubischen Bau am Westrand des Großen Gartens vor allem um Sauberkeit und Händewaschen geht. Tatsächlich war zu Beginn des 20. Jh. in Großstädten wie Dresden angesichts beengter Wohnverhältnisse und unzureichender sanitärer Einrichtungen eine Zunahme von ansteckenden Krankheiten zu verzeichnen. Gegründet wurde das Museum auf Initiative des Industriellen **Karl August Lingner** (1861–1916). Er hatte die viel beachtete *Internationale Hygiene-Ausstellung* des Jahres 1911 in Dresden als Anstoß genommen, eine entsprechende Sammlung aufzubauen. Auf anschauliche und unterhaltsame Weise sollten in Lingners Museum die Erkenntnisse und Maßnahmen der modernen Medizin einer breiten Öffentlichkeit zugänglich gemacht und so das Gesundheits-und Hygienebewusstsein der Bevölkerung gestärkt werden.

Brainstorming – das Deutsche Hygiene-Museum vermittelt allerlei Wissen über den Körper

Lingner, der Hersteller des bekannten Mundwassers *Odol*, war nicht nur ein begnadeter Marketingstratege, sondern auch ein Fabrikant mit gesellschaftlichem Verantwortungsbewusstsein. Lingner hatte 1892 mit seinem Freund, dem Chemiker Richard Seifert, ein antiseptisches Mundwasser entwickelt und in einer auffälligen, formschönen Flasche verkauft. Der ungeheure Erfolg machte Lingner schwerreich, in seinem Testament vermachte er der Stadt Dresden sein Wohnhaus, das *Lingnerschloss* [s. S. 94] am Loschwitzer Elbhang. Die Einweihung des von ihm initiierten Museums im Jahr 1930 erlebte der Mäzen allerdings nicht mehr.

Den kubischen Bau des Deutschen Hygiene-Museums im Stil der Klassischen Moderne und der Neuen Sachlichkeit hatte der Architekt Wilhelm Kreis geplant. Schon im Jahrzehnt nach der Eröffnung fiel ein dunkler Schatten auf diese bedeutende Institution, da sie sich unter den Nationalsozialisten in den Dienst der Rassenideologie stellte. Zu DDR-Zeiten war das Museum wieder für die gesundheitliche Aufklärung zuständig, doch nach der Wiedervereinigung erfuhr es in den 1990er-Jahren eine inhaltliche und bauliche Umgestaltung, in den Jahren 2002–05 wurde es dann unter der Leitung von Peter Kulka modernisiert.

Heute dokumentiert das moderne **Wissenschaftsmuseum**, es ist mit seinem Konzept einzigartig in Europa, den Menschen und seinen Körper sowie die vielfältigen Wechselwirkungen von Umwelt und Gesellschaft, Kultur und Wissenschaft. Auf 2500 m^2 sind in sieben Ausstellungsbereichen rund 1300 Exponate, Medieninstallationen sowie Mitmach- und Experimentierstationen aufgeboten. Der erste Raum widmet sich dem zentralen Thema Mensch–Körper–Gesundheit und ist nach seinem berühmtesten Ausstellungsstück, dem **Gläsernen Menschen** benannt. Bei den aus transparentem Kunststoff gefertigten Modellen von Mann und Frau können Besucher per Knopfdruck die inneren Organe wie Herz, Niere oder Gehirn aufleuchten lassen. Dem menschlichen Lebenszyklus ist der nächste Raum unter dem Titel **Leben und Sterben** gewidmet. Anhand von anatomischen Modellen kan man die Prozesse der embryonalen Entwicklung bis zur Geburt studieren. In Raum 3 wird das Thema **Essen und Trinken** beleuchtet. Es geht um Nahrungsaufnahme und Nahrungsverarbeitung, um den Zusammenhang von Ernährung und Gesundheit und um die Esskulturen im 21. Jh. Eine der Publikumslieblinge in dieser Abteilung ist die *Gläserne Kuh*, die ursprünglich als Studienobjekt für Landwirte und Tierärzte im Museum Aufstellung gefunden hatte. Der menschlichen **Sexualität** sind die Dokumentationen in Raum 4 gewidmet. Hier erfährt man alles über die biologischen Zusammenhänge, Hormone und Vorgänge im Gehirn, über Lust und Liebe,

Wie eine überdimensionale Perle wirkt das Kugelhaus der Gläsernen Manufaktur

kulturelle und soziale Hintergründe, über Krankheiten und die Zukunft der Reproduktionsmedizin. Neueste Erkenntnisse aus der Hirnforschung werden in der Abteilung **Erinnern–Denken–Lernen** in Raum 5 präsentiert. Hier kann man studieren, wie das Gehirn arbeitet und wie das Bewusstsein vom Selbst und die Wahrnehmung der Welt funktioniert. In Raum 6 gilt es den Menschen in **Bewegung** zu bewundern. Modelle erläutern Mimik, Gestik und Koordinationsabläufe, aber auch den Rhythmus von Herz und Lunge. Einen gelungenen Abschluss bildet der Raum 7 zum Thema **Schönheit**. Man erhält Einblicke in die Bedeutung der Haut als Wahrnehmungsorgan, die Funktion von Haut und Haar im Selbstbild des Menschen und Körperkult und Körperpflege im Wandel der Zeiten, die Rolle von Parfüms, Cremes und Pülverchen – sehr interessant ist auch die Sammlung zur Perückenmode des 17./18. Jh.

Junge Besucher (4–12 Jahre) können im **Kindermuseum** auf 500 m² zu den fünf Sinnen experimentieren und beim Hören, Sehen, Fühlen, Riechen und Schmecken viel Spaß haben. Das Spiegelkabinett, die Dunkelkammer, das Geräusche-Labyrinth oder die Geruchssäulen bieten tolle Möglichkeiten mit den eigenen Sinnen die Wirklichkeit zu erforschen.

46 Gläserne Manufaktur

Der Besucher blickt hier hinter die Fassade der VW-Produktionsstätte.

Lennéstraße 1
Tel. 018 05/89 62 68,
www.glaesernemanufaktur.de
tgl. 8–20 Uhr nur auf Voranmeldung
Tram 1, 2, 4, 10, 12, 13 bis
Straßburger Platz

Dass die Autoproduktion ein ästhetisches Ereignis sein kann, wird am Beispiel der Gläsernen Manufaktur, einer **Fertigungs- und Erlebniswelt** des Wolfsburger VW-Konzerns, deutlich. In der komplett verglasten Autofabrik, einem Entwurf des Dresdner Architekten Gunter Henn, wird seit 2001 das VW-Flaggschiff Phaeton gefertigt. Besucher schauen durch Glasscheiben den Montagearbeitern zu, die mit weißen Handschuhen ein Luxusgefährt montieren. Die vorgefertigten Autoteile liefern zwei Güterstraßenbahnen ganz umweltfreundlich vom Umschlagplatz in der Friedrichstadt über das städtische Schienennetz bis zum Werk. Bei einer **Führung** durch die Manufaktur erhält man über interaktive Videoterminals Einblicke in den Produktionsablauf. In dem begehbaren **Kugelhaus** werden über Großprojektoren Werbefilme für verschiedene VW-Modelle aus den letzten Jahrzehnten gezeigt. Bestellte und fertig montierte Fahrzeuge warten in einem 40 m hohen gläsernen Turm auf den Weitertransport oder die Abholung durch die neuen Besitzer. Ihnen wird auf Wunsch auch eine individuelle Führung durch die Manufaktur angeboten. Passend zu den edlen Karossen bietet das hauseigene Restaurant *Lesage* [s. S. 127] Gourmetküche zu gehobenen Preisen.

47 Großer Garten

Naherholungsgebiet im früheren Kurfürstenpark.

Tel. 03 51/445 66 00
www.schloesser-dresden.de
Tram 1, 2, 4, 10, 12, 13 bis Straßburger Platz

Die 147 ha umfassende Parkanlage des Großen Gartens ist die ausgedehnteste Dresdens und gilt vielen als die schönste der Stadt. Mitten im Grün tummeln sich hier auf Wegen mit einer Gesamtlänge von 39 km Spaziergänger, Jogger, Radfahrer und Inlineskater. Außerdem bietet der Park ein vielfältiges Freizeitprogramm – vom Theater- und Konzertbesuch bis zu einer Fahrt mit der Parkeisenbahn. Weitere Glanzlichter in der idyllischen Naturkulisse sind der Botanische Garten und der Zoo [Nr. 48 und Nr. 49].

Geschichte Im Jahre 1676 beauftragte der spätere Kurfürst Johann Georg III. die Anlage eines repräsentativen Gartens im französischen Stil. Vor den Toren der Stadt entstand also ein eleganter Barockgarten, der 1683 mit dem Bau eines Palais auch noch einen Schauplatz für die kurfürstlichen Feste erhielt. War das Flanieren und sich Präsentieren zunächst ein Privileg des Adels, änderte sich dies nach den Napoleonischen Kriegen. Der russische Fürst und Generalgouverneur der Siegermächte, *Nikolai Repnin-Wolkonski*, ließ 1814 die hohen Parkmauern niederreißen und den Großen Garten der Öffentlichkeit zugänglich machen. Mittlerweile waren die streng geometrisch angelegten französischen Gärten aus der Mode gekommen und die Anlage wurde zum englischen Landschaftsgarten umgestaltet. Eine Erweiterung erfolgte 1873 unter der Leitung des Obergartendirektors Johann Karl Friedrich Bouché, einem Schüler des großen preußischen Landschaftsarchitekten Peter Joseph Lenné.

Besichtigung Drei Längs- und eine Querachse durchschneiden den Großen Garten, sie sind Überbleibsel der ursprünglichen Barockanlage. Ansonsten schlängeln sich Wege vorbei an großen Rasenflächen und durch hübsche Wäldchen. Die mittlere Längsachse, die Hauptallee, ist asphaltiert und lädt zum Spazierengehen und zum Skaten ein. An zentraler Stelle, an der Kreuzung von Hauptallee und Querallee, erhebt sich das **Königliche Palais** (Führungen Mi 14.30 Uhr), das erste Herrenhaus Dresdens im Stil des Barock. Es wurde 1678–83 nach Entwürfen von *Johann Georg Starcke* erbaut und verbindet Elemente einer Renaissance-Villa mit Merkmalen eines französischen Schlosses. Das opulent ausgestaltete *Innere* beeindruckt mit farbenfrohen Deckenmalereien, künstlerisch wertvollen Skulpturen und einem großen Festsaal. Die Dauerausstellung im Parterre ›*Permoser im Palais – Geborgene Originale des sächsischen Barock*‹ (Führungen So 14.30 Uhr) zeigt Skulpturen von Balthasar Permoser, dem der Zwinger seinen unvergleichlichen Statuenschmuck verdankt, und von einigen Zeitgenossen wie Johann Benjamin Thomae oder Johann Gottfried Knöffler.

Von den ursprünglich acht um das Palais gruppierten **Pavillons**, schmucke Kavaliershäuschen mit eleganten Mansarddächern, sind noch fünf erhalten. Hinter dem Königlichen Palais schließt sich ein Brunnen mit Wasserspielen an. Bekrönt wird er von der **Üppigkeitsvase**, ein Werk des venezianischen Bildhauers Antonio Corradini (1668–1752). Allenthalben entzücken im Grünen weitere Skulpturen das Auge des Betrachters. Die sinnenfrohe Rokokogruppe von ›Amor und Psyche‹ gefiel dem preußischen König Friedrich II. so gut, dass er sich eine Kopie für sein Schloss Sanssouci anfertigen ließ.

Im weiter südlich gelegenen *Carolaschlösschen* (Tel. 03 51/250 60 00, www.carolaschloesschen.de) können Besucher nun neue Energie tanken, denn der hübsche Neorenaissance-Bau dient heute als Restaurant. Von der Terrasse des Lokals hat man einen herrlichen Blick über den 1881 angelegten **Carolasee**, auf dem Bötchen ihre Bahnen ziehen. Namenspatin des Gewässers ist die Gattin König Alberts von Sachsen.

Auf Touren kommt man wieder durch eine Fahrt in der **Dresdner Parkeisenbahn** (Tel. 03 51/445 67 95, www.parkeisenbahn-dresden.de, April–Okt. Di–So 10–18

Im Großen Garten ist das barocke Königliche Palais der strahlende Mittelpunkt

Uhr) durch den Garten. Ursprünglich 1950 als Schmalspurstrecke zum Abtransport des Kriegsschutts angelegt, wurde sie zu DDR-Zeiten als *Pionier Eisenbahn* in Kinderhände gelegt. Auch heute sind bis auf den Lokomotivführer und den Bahnhofsvorsteher alle Betreiber Kinder oder Jugendliche. Etwa 150 von ihnen tun in ihrer Freizeit Dienst als Aufsicht, Schaffner, Fahrdienstleiter oder Schrankenwärter. Staunenswert sind auch die beiden Dampflokomotiven aus dem Jahr 1925: Trotz ihres hohen Alters ziehen *Moritz* und *Lisa* im Wechsel mit zwei E-Loks die Waggons vom ›Hauptbahnhof‹ neben der Gläsernen Manufaktur (Lennéstraße) zuverlässig mit 20 km/h über den Rundkurs. Kleine Passagiere sollten mit ihren Eltern am Bahnhof Palaisteich aussteigen und zur *Herkulesallee* schlendern, denn hier erfreuen in den Sommermonaten die Puppenspieler des Dresdner Ensembles *Theater Junge Generation* (Tel. 03 51/42 91 20, www.tjg-dresden.de) in der 1955 etablierten Freiluftanlage **Sonnenhäusl** ihre Zuschauer.

Ein etwas anderes Programm bietet im Südosten des Großen Gartens die Freilichtbühne **Junge Garde** (www.junge-garde.de). In dem gleichfalls 1955 eingeweihten Amphitheater mit seinen knapp 5000 Plätzen finden regelmäßig Jazz-, Pop- und Rockkonzerte statt.

Im Westen schließt an den Großen Garten die rund 10 ha große **Bürgerwiese** an, ein 1869 von Peter Joseph Lenné vollendeter Landschaftsgarten mit Wiesen, Bäumen, Teich. Unter den zahlreichen Skulpturengruppen, die dem Park zum Schmuck gereichen, gilt der vergoldete **Mozartbrunnen** (1907) von Hermann Hosaeus als Glanzlicht. Hier tritt nicht etwa Mozart selbst auf, sondern man sieht drei holde Tänzerinnen, Personifikationen von Heiterkeit, Anmut und Ernst, welche zugleich die göttlich Musik des großen Komponisten vergegenwärtigen. Nördlich des Hygiene-Museums öffnet sich der hübsche **Blüherpark**. Seine Ursprünge reichen bis ins 17. Jh. zurück, doch er trägt den Namen von Dresdens erstem Bürgermeister, Bernhard Blüher (Amtszeit 1915–31). In seiner Nähe liegen außerdem das Rudolf-Harbig-Stadion und ein beliebtes Frei- und Hallenbad.

48 Botanischer Garten

Tropisches Klima in Sachsen.
Stübelallee 2
Tel. 03 51/459 31 85
www.tu-dresden.de/bot-garten
April–Sept. tgl. 8–18
(Gewächshäuser ab 10 Uhr)
Febr., Nov. tgl. 10–16
März, Okt. tgl. 10–17
Jan., Dez. tgl. 10–15.30 Uhr
Tram 1, 2, 4, 10, 12, 13 bis
Straßburger Platz

Der erste Botanische Garten Dresdens wurde 1820 von der *Chirurgisch-Medizinischen Akademie* für Forschungszwecke gegründet und lag am Ostrand der Altstadt. Im Jahr 1893 erhielt er seinen heutigen Standort nördlich des Großen Gartens und entwickelte sich schon bald zu einer Forschungseinrichtung von internationalem Rang. Heute gehört die 3,25 ha große Anlage, auf der etwa 10 000 Pflanzenarten gedeihen, zur Technischen

Universität Dresden. Die Gewächse aus acht Klimazonen sind nach geografischen Gesichtspunkten gegliedert und werden in Freilandanlagen und drei Gewächshäusern präsentiert. Im Sukkulentenhaus kann der Besucher Pflanzen aus subtropischen und tropischen Trockengebieten wie Kakteen, Agaven und Aloen bewundern, aber auch eine Vielzahl an Orchideen und sogar fleischfressende Pflanzen. Der Star der botanischen Schau steht hinter Glas: Die aus Mexiko stammende *Königin der Nacht* entfaltet nur im Juni des Nachts kurz ihre Blütenpracht – vor den Augen eines großen Publikums. Den Kontinenten Afrika und Asien widmet sich das Große Tropenhaus mit Kaffeesträuchern, Zuckerrohr, Bananenstauden und Zimtgewächsen. In Aquarien und einem großen Schaubecken treiben tropische Unterwasserpflanzen. In den Abteilungen mit Nutz-, Gift-, und Arzneipflanzen wird auch über die Assimilation der Pflanzen an die Umwelt informiert.

49 Zoo Dresden

Kunterbunte Tierparade in einem der ältesten Zoos Deutschlands.

Tiergartenstraße 1
Tel. 03 51/47 80 60
www.zoo-dresden.de
April–Sept. tgl. 8.30–18.30,
Okt.–März tgl. 8.30–16.30 Uhr
Tram 9, 13 bis Zoo oder Bus 75 bis Zoo

Im Jahr 1861 öffnete der nach einem Entwurf des Landschaftsarchitekten Peter Josef Lenné gestaltete Zoo seine Pforten. In dem viertältesten Tiergarten Deutschlands leben mittlerweile auf 13 ha rund 2000 tierische Bewohner aus allen fünf Kontinenten. Die Tierhäuser und Freigehege sind dem jeweiligen natürlichen Lebensumfeld der rund 300 Arten nachempfunden. Zu den Pionieren, die sich für eine artgerechtere Tierhaltung in Zoos einsetzten, gehört der Dresdner Zoodirektor Gustav Brandes (1862–1941). Seinen

Namen trägt seit 2010 ein *Tropenhaus* mit großem Außenbereich, wo sich Primaten wie Mantelaffen oder Makis munter von Ast zu Ast hangeln. Dort lebt auch – in sicherer Entfernung – das 4,50 m lange Leistenkrokodil *Max*. Zu den besonderen Attraktionen gehört das *Afrikahaus* mit Elefanten, Mandrills und exotisch gefiederten Vogelarten. Ein unbestrittener Publikumsliebling ist hier Thabo-Umasai, der erste im Dresdner Zoo geborene Elefant. Die benachbarte *Löwen- und Karakalanlage* soll an die afrikanische Savanne erinnern, wo der König der Tiere auf Pirsch geht. Im *Giraffenhaus* kann der Besucher von einer Galerie den langhalsigen Tieren einmal richtig tief in die Augen blicken. Zu der Dresdner Tierparade gehören weiter Zebras, Orang-Utans, Reptilien, Papageien und die im Wasser so pfeilschnellen und verspielten Humboldtpinguine. Ein unvergessliches Erlebnis bietet auch der *Zoo unter der Erde*, denn hier kann man Ratte, Rote Wegameise, Höhlengrille und Co. in ihren unterirdischen Behausungen beobachten. Bei Kindern äußerst beliebt sind natürlich auch das Ponyreiten und die *Streichelgehege* mit Meer- und Minischweinchen.

50 Russisch-orthodoxe Kirche

Zwiebeltürme und Ikonenmalerei.

Fritz-Löffler-Straße 19
http://stsimeon.bplaced.net/de
Tram 3, 8 11 bis Reichenbachstraße
Führungen nach Absprache

Mit ihren fünf blauen Zwiebeltürmen und dem Glockenturm mit vergoldeter Kuppel sieht die ›Kirche des hl. Simeon vom wunderbaren Berge‹ aus wie eine altrussische Kirche des 16. Jh. Tatsächlich wurde sie erst 1872–74 für die Mitglieder der russischen Gesandtschaft am sächsischen Hof errichtet. Die Entwürfe stammen von Karl Weißbach und Harald von Bosse. Das Gotteshaus ist dem Asketen und Heiler Simeon aus dem syrischen Antiochien des 6. Jh. geweiht und avancierte bald zur Gebetsstätte für russische Fürsten, Diplomaten und Kunstschaffende. Im Juni 1875 nahm sogar Zar Alexander II. an einem Gottesdienst teil. Der Schriftsteller Fjodor Dostojewski (1821–1881), der einige Zeit in Dresden lebte, ließ in der Gemeinde seine Tochter Ljubow taufen. Auch der weltberühmte Musiker und Komponist Sergej Rachmaninow (1873–1943) wohnte einige Jahre mit seiner Familie in der Stadt. Seine ältere Tochter Irina wurde 1924 in der hiesigen Kirche mit dem Fürsten Pjotr Wolkonskij getraut. Noch heute gehört die Kirche zum Moskauer Patriarchat. Das Innere begeistert vor allem mit seiner 10 m breite Ikonenwand, ein Werk des niederländisch-deutschen Malers James Marshall (1838–1902), der auch vier Ovalbilder in der Dresdner Semperoper gestaltete.

51 Technische Universität

Renommierte Forschung und Lehre.

TU-Dresden Information
Mommsenstraße 9, Glaspavillon
Tel. 03 51/46 33 70 44
www.tu-dresden.de
Tram 3 bis Münchner Platz oder
Bus 66 bis Mommsenstraße

Mit 36 000 Studenten und 4200 Mitarbeitern ist die TU-Dresden die größte Hochschule Sachsens. Ihre Wurzeln reichen mit der Gründung der *Königlich Sächsischen Technischen Bildungsanstalt* im Jahr 1828 knapp 200 Jahre zurück. Nach der Wiedervereinigung entwickelte sie sich zur Volluniversität mit 14 Fakultäten und 126 Studiengängen. Die Spitzenforschung umfasst Bereiche wie Klinische Psychologie und Nanotechnologie. Ein Wahrzeichen an der George-Bähr-Straße ist der **Beyer-Bau** (1913) von Martin Dülfer mit seiner markanten roten Klinkerfassade. Im Georg-Schumann-Bau der TU ist die **Gedenkstätte Münchner Platz** (Tel. 03 51/46 33 19 90, www.stsg.de, Mo–Fr 9–18 Uhr) für die Opfer politischer Strafjustiz ab 1933 eingerichtet. 1907 wurde der Bau als Königlich Sächsisches Landgericht eröffnet. Dieses erlebte unter den Nationalsozialisten, den Sowjets und der DDR-Justiz die dunkelsten Stunden, denn in der angeschlossenen Haftanstalt fanden 1300 Regimegegner den Tod. Heute beleuchten thematische Sonderausstellungen und die einstigen Todeszellen die Schrecken jener politischen Gewaltherrschaft. Im einstigen Richthof steht das Bronzedenkmal ›Widerstandskämpfer‹ (1962) von Arnd Wittig für die Opfer des NS-Regimes. Im Nordosthof erschüttert die Skulptur ›Namenlos – ohne Gesicht‹ (1995) des Dresdner Künstlers Wieland Förster. Sie ist den ›zu Unrecht Verfolgten nach 1945‹ gewidmet.

In der Ruhe liegt die Kraft – im Zoo Dresden futtert der Orang-Utan genüsslich die Möhre

52 Buchmuseum

Die Schatzkammer zeigt erlesene Stücke aus 1000 Jahren Buchkunst.

Sächsische Landesbibliothek – Staats- und Universitätsbibliothek Dresden
Zellescher Weg 18
Tel. 03 51/467 75 80
www.slub-dresden.de
Mo–Fr 10–17 Uhr
Tram 3, 8 bis Nürnberger Platz oder Bus 61 bis Staats- und Universitätsbibliothek

Kurfürst August von Sachsen hatte 1556 damit begonnen, eine wissenschaftliche Bibliothek anzulegen, um eine umfassende Bildung der Prinzen gewährleisten zu können. Auch seine kurfürstlichen Nachfolger erwarben zahlreiche kostbare Drucke und Handschriften, sodass der Bestand rasch auf 100 000 Bände anwuchs und die Bibliothek bald zu den größten Europas gehörte. Aus Platzgründen zog die Sammlung 1728 vom Residenzschloss in den Zwinger und 1786 weiter ins Japanische Palais. Der Öffentlichkeit wurde sie 1788 zugänglich gemacht. Um die erlesensten Stücke vor Abnutzung zu schützen, wurden diese Meisterwerke der Buchdruckkunst ab 1835 im Zimelienzimmer (griech. *Keimelion*, Schatz) hinter Glas ausgestellt. Nach dem Zweiten Weltkrieg fand der durch die Bombardements 1945 stark dezimierte Bestand in einer Kaserne der Albertstadt eine vorläufige Bleibe. Seit 2003 ist das Buchmuseum im Hauptgebäude der *Sächsischen Landesbibliothek – Staats- und Universitätsbibliothek* (SLUB) untergebracht und zeigt in seiner *Schatzkammer* Meisterwerke aus 1000 Jahren Buchkunst. Feierlich-dämmeriges Licht lässt die vergoldeten Buchdeckel, darunter zwei Kalbsledereinbände des 16. Jh. des Renaissance-Buchbinders Jakob Krause, verheißungsvoll schimmern. Zu den kostbarsten Stücken gehört der **Codex Dresdensis** aus dem 13. Jh., eine von nur vier Handschriften der Maya, welche die Zeitläufte überdauert haben. Sie besteht aus 39 Blättern, gefertigt aus Fasern des Feigenbaumes und bemalt mit Darstellungen von Göttern, mit Hieroglyphen und Zahlzeichen. Die 800 Jahre alte Kostbarkeit wurde 1739 im Auftrag von Friedrich August II. erworben. Hinzu kommen eine um 1455 von Johannes Gutenberg gefertigte Bibel, ein Skizzenbuch mit Zeichnungen Albrecht Dürers und Vorlesungsmanuskripte von Martin Luther aus den Jahren 1513–16. Ein Stück Musikgeschichte vermitteln die Autographen von Johann Sebastian Bach, Antonio Vivaldi und Richard Wagner. Den berühmten *Sachsenspiegel*, das älteste Rechtsbuch des deutschen Mittelalters, zeigt das Museum nur sechs Wochen im Jahr.

Die Sammlung wird ergänzt durch Sonderausstellungen, die Wiegendrucke, orientalische und asiatische Handschriften sowie Karten präsentieren.

53 Christuskirche

Jugendstilkirche mit markantem Turmpaar.

An der Christuskirche 1
Tel. 03 51/471 03 30
www.christuskirche-dresden.de
Besichtigung April–Sept. tgl. 17–18 Uhr
Tram 9, 13 bis Wasaplatz oder S 1 bis Dresden Strehlen

Das 66 m hohe Turmpaar der 1903–05 auf einer kleinen Anhöhe im Dresdner Stadtteil Strehlen errichteten Christuskirche ist schon von Weitem zu sehen. Am linken Turm ist die Uhr angebracht, den rechten Turm ziert das alte Strehlener Wappen mit zwei gekreuzten Kornähren. Die Architekten Rudolf Schilling und Julius Graebner lösten sich bei den Entwürfen für die Hallenkirche aus Sandstein von den damals weithin akzeptierten Bauformen des Historismus. Stattdessen nahmen sie erstmals innovative Elemente des Jugendstils auf und schufen damit den ersten modernen Sakralbau Dres-

Schöne Aussichten – das Panometer ermöglicht einen 360-Grad-Blick auf Dresden im 18. Jh.

dens. Das Baudekor konzipierte der Bildhauer Karl Gross, während Peter Pöppelmann die Skulpturen gestaltete. Im Zweiten Weltkrieg wurden Kirchendach und Fenster zerstört, eindringende Kälte und Nässe richteten im Kircheninneren großen Schaden an. Die Jugendstildekorationen von der Hand des Malers *Otto Gussmann* gingen unglücklicherweise zugrunde. Doch in den Jahren 1967–75 erfolgte unter der Leitung von Helmar Helas die vollkommene Neugestaltung des Innenraums unter Berücksichtigung der Originalentwürfe.

Am *Doppelportal* der Hauptfassade liest man die Inschrift ›Jesus Christus gestern und heute und derselbe auch in Ewigkeit‹. Im Zenit erscheint die Figur des segnenden Christus. In der *Vorhalle* bezaubern Deckenmalereien mit einem hübschen blumengeschmückten Engel der Liebe, ein sympathisches Werk Otto Gussmanns. Das *Kircheninnere* wirkt heute schlicht und sachlich. Im Chor zieht der aus griechischem Marmor gefertigte *Altar* die Blicke auf sich. In der Mitte steht ein mächtiges weißes Marmorkreuz, es wird von Skulpturen der Apostel Paulus und Johannes flankiert, für die August Hudler sich verantwortlich zeichnete. Die östliche Stirnseite des Mittelschiffs zieren zwei bemerkenswerte *Reliefs* mit Szenen aus dem Neuen Testament, Arbeiten des Radebeuler Bildhauers Richard König. Die Orgel mit ihren 4316 Pfeifen stammt aus der Werkstatt der Gebrüder Jehmlich und wurde im Jahr 1905 vollendet.

54 Panometer Dresden

Panoramabild im Industriedenkmal.

Gasanstaltstraße 8 b
Tel. 03 51/860 39 40
www.asisi.de
Di–Fr 9–19, Sa/So 10–20 Uhr
Tram 1, 2 bis Liebstädter Straße

Im Südosten des Großen Gartens dient ein Gasometer von 1880 heute der Kunst. Die Wortschöpfung Panometer rührt aus der Kombination der Begriffe Panorama und Gasometer. Denn der Berliner Architekt *Yadegar Asisi* hatte, inspiriert von den Stadtansichten Canalettos in der Gemäldegalerie Alte Meister [Nr. 12], sein riesiges 360-Grad-Panoramabild für den Gasspeicher entworfen. Das 105 m lange und 27 m hohe Rundgemälde zeigt das barocke Dresden an einem sonnigen Augustnachmittag des Jahres 1756, am Vorabend des Siebenjährigen Krieges, welcher im Stadtbild Dresdens einige Wunden schlagen sollte. Der Betrachter blickt vom Turm der Hofkirche hinab auf Residenzschloss, Augustusbrücke, Brühlsche Terrasse, Frauenkirche mit Neumarkt, Kreuzkirche und Altmarkt. In den Straßen sieht man Flaneure und das bunte Treiben eines Markttages. Die Szenerie ist akustisch mit Stimmengewirr, dem Geräusch vorbeifahrender Kutschen und Hundegebell untermalt. Der Blick schweift weiter über die Landschaft des Elbtales bis zur Festung Königstein am Horizont. Dann verdunkelt sich die Leinwand im letzten

Abendlicht und als die Nacht anbricht, verlieren sich auch die Geräusche der Stadt. Abgerundet wird der Kunstgenuss durch eine Ausstellung am Fuße der Aussichtplattform. Sie präsentiert Architekturzeichnungen, Kupferstiche und Lithografien zur Baugeschichte Dresdens.

55 Technische Sammlungen

Technik- und Industriegeschichte und spannende Experimente.

Junghansstraße 1–3
Tel. 03 51/488 72 72
www.tsd.de
Di–Fr 9–17, Sa/So 10–18 Uhr
Tram 4, 10 bis Pohlandplatz

Ein erstes Gebäude entstand 1915–18 im Stil der Neuen Sachlichkeit, ergänzt wurde es 1922/23 durch den markanten 48 m hohen Turm und einen zweiten Bau an der Schandauer Straße. Der Industriekomplex gehörte bis 1926 der Ernemann-Werke AG, einem erfolgreichen Hersteller für Foto- und Kinogeräte. Zu DDR-Zeiten stellte das Pentacon-Werk hier die heute bei Sammlern äußerst begehrten Spiegelreflexkameras *Praktica* und *Exa* her.

Seit 1993 präsentieren die Technischen Sammlungen im Ernemann-Komplex auf einer Gesamtfläche von 3000 m² etwa 25 000 Apparate und Instrumente zur Industrie- und Technikgeschichte Sachsens. Einen Einblick in die Biografie *Heinrich Ernemanns* (1850–1928) und die Geschichte seiner Firma erhält der Besucher im Erdgeschoss mit einer Sammlung früher Fotoapparate und Filmkameras. Im 1. Obergeschoss wartet zudem die Dauerausstellung *Lichtbild und Dunkelkammer* mit Exponaten zu Fotografie und Kinematografie auf. Wie eine *Camera obscura* funktioniert, einst wichtiges Hilfsmittel für Künstler, kann man in einer begehbaren Dunkelkammer nachvollziehen. Canaletto [s. S. 45] benutzte ein solches Gerät im Dresden des 18. Jh., um seine fantastischen Veduten der Elbestadt zu komponieren. Weitere Ausstellungsbereiche präsentieren Exponate zur Schreib- und Bürotechnik, Rechentechnik und Unterhaltungstechnik, darunter Medien zum Speichern und Abspielen wie Diktiergeräte und Plattenspieler.

Ein Höhepunkt ist die Ausstellung von 100 Puppen und Requisiten aus 35 Jahren Trickfilmgeschichte der DEFA, dem Filmstudio der DDR (1955–90). Dokumentiert werden die Arbeitsschritte bei der Herstellung einer Trickfigur und die Einzelphasen für eine Filmsequenz. Das Motto des *Experimentierfeldes* heißt ›Selbst experimentieren, mitmachen, staunen‹. An den Versuchstationen zu Technik und Naturwissenschaften können kleine und große Forscher spielerisch Reaktionszeiten testen, mit der Windkanone schießen, Wasserwellen antreiben und einen Teller zum Schweben bringen.

56 Trinitatisfriedhof

Ruhestätte von Romantikern und Revolutionären.

Fiedlerstraße 1
www.johannisfriedhof-dresden.de
tgl. ab 8 Uhr, Schließzeiten je nach Jahreszeit zwischen 18 und 20 Uhr
Tram 6 bis Trinitatisplatz

Die Verluste an Menschenleben während der Napoleonischen Kriege und eine schwere Typhus-Epidemie in Dresden machten 1815 die Anlage eines neuen Friedhofs vor den Toren der Stadt notwendig. Im Volksmund wurde er aufgrund seiner Lage zunächst nur ›weiter Friedhof‹ genannt, bis man ihn 1834 in Trinitatisfriedhof umtaufte. Der sächsische Hofbaumeister Gottlob Friedrich Thormeyer lieferte die Entwürfe im klassizistischen Stil, allerdings wurden sie aus Kostengründen nur teilweise umgesetzt. Der Torbogen zum Friedhof ist in der Kunstgeschichte übrigens kein Unbekannter: Caspar David Friedrich, der hier selbst seit 1840 begraben liegt, hatte ihn als Motiv für sein Gemälde ›Friedhofseingang‹ von 1825 gewählt. Das schaurigschöne Werk hängt heute in der Galerie Neue Meister im Albertinum [Nr. 20]. Viele Dresdner Persönlichkeiten fanden auf dem Trinitatisfriedhof in der Johannstadt ihre letzte Ruhe, darunter der Bildhauer Ernst Rietschel (1804–1861), der Arzt, Naturphilosoph und Maler Carl Gustav Carus (1789–1869) und der Architekt und Professor an der Kunstakademie Constantin Lipsius (1832–1894). Ein 10 m hoher Obelisk erinnert an die 76 Revolutionäre, die ihr Leben während des Dresdner Maiaufstandes im Jahr 1849 verloren. Gegenüber vom Haupteingang steht die Ruine der **Trinitatiskirche**, das Gotteshaus im Neorenaissancestil wurde in der Bombennacht 1945 zerstört.

Am Elbhang – Albrechtsschlösser, Blaues Wunder und Dresdner Heide

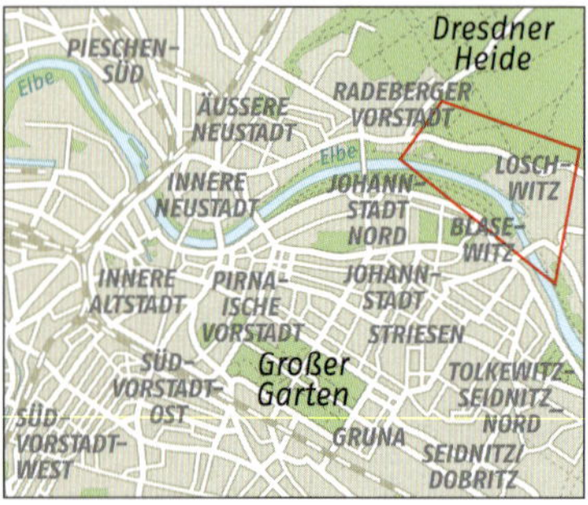

Drei klassizistische Schlösser schmücken den Loschwitzer Hang und blicken über die Elbe auf das Villenviertel **Blasewitz**. Blasewitz, **Loschwitz** und das Stadtviertel **Weißer Hirsch** galten schon vor 150 Jahren als exklusive Wohnadressen. Am Fuße des Elbhanges und direkt am Flussufer, in Altloschwitz, hatten sich damals auch viele Künstler niedergelassen. Seit Ende des 19. Jh. verbindet die Elbbrücke **Blaues Wunder**, eine technische Meisterleistung, Loschwitz mit dem gegenüberliegenden Blasewitz. Der umstrittene Brückenschlag der **Waldschlösschenbrücke** im Scheitelpunkt des Flussbogens hat das Elbtal im Jahr 2009 seinen Titel als UNESCO-Weltkulturerbe gekostet. Autopendlern aus entfernteren Stadtteilen wird hingegen die Anfahrt erleichtert.

57 Dresdner Heide

Einst kurfürstliches Jagdrevier, heute Dresdens grüne Idylle.

S 2 bis Klotzsche oder Tram 11 bis Wilhelminenstraße

Die Dresdner Heide ist ein knapp 50 km^2 großes Heide- und Waldgebiet im Nordosten der Stadt. Das weitläufige **Naherholungsgebiet** macht knapp ein Sechstel des Stadtgebietes aus und ist ideal zum Joggen oder Spazierengehen. Seit dem Mittelalter wurde die Dresdner Heide forstwirtschaftlich und für die Jagd genutzt. Kurfürst August ließ im 16. Jh. ein sternförmiges Wegenetz anlegen, das noch heute mit den Bezeichnungen *Alte Eins* bis *Alte Acht* existiert. Im 19. Jh. wurde das Wegesystem durch Johann Heinrich Cotta (1763–1844), dem Gründer der Tharandter Forstlehranstalt, noch einmal erweitert. Teilweise haben sich auch die historischen **Wegezeichen** erhalten, die sehr symbolhaft waren oder aus stark abgewandelten Buchstaben bestehen. Die ungewöhnliche Form der Zeichen führte zur fantasievollen Benennung der Wege wie *Gänsefuß*, *Kannenhenkel* oder *Kuhschwanz*. Viele Bachläufe, deren wichtigste die *Prießnitz* und das *Stechgrundwasser* sind, durchziehen die grüne Idylle. Einige von ihnen, wie das *Verlorene Wasser*, versickern nach kurzer Fließstrecke wieder im Sandboden.

Zu Zeiten der Adelsherrschaft war die Heide eines der traditionellen **Jagdreviere** der Markgrafen, Kurfürsten und Könige. Eigens angelegt wurden *Saugärten*, in denen Schwarzwild gehalten wurde, das man zur Jagd wieder freiließ. Insgesamt vier dieser Gehege gab es in der Dresdner Heide, das erste und größte unter ihnen war der *Dresdner Saugarten*, der sich im Zentrum des sternförmigen Wegenetzes befand. Dort hatte sich August der Starke von Matthäus Daniel Pöppelmann ein Jagdschlösschen errichten lassen, das aber nur bis 1800 bestand. Nach 1830 wurden auch die Saugärten aufgegeben, da die bisherigen Hetz- und Parforcejagden nicht mehr dem Zeitgeschmack entsprachen. Heute erinnert nur noch ein Gedenkstein an die einstige Nutzung.

Von der Radeburger Landstraße führt der Moritzburg-Pillnitzer-Weg zum 211 m hohen **Wolfshügel**. Von einem einst auf der Hügelkuppe stehenden Aussichtsturm sieht man nur noch eine Ruine, am Fuß des Hügels steht ein *Obelisk* (1903) mit einem Porträtmedaillon König Alberts von Sachsen. Weiter südlich liegt an der Bautzener Straße der *Mordgrund*. Trotz seines Names hat dieses Tal nichts mit irgendwelchen Gewalttaten zu tun, er ist vermutlich ein Ableitung von dem altdeutschen Wort für ›Grenze‹. An der Mordgrundbrücke sieht man eine Skulptur des **Kentauren Chiron** (1903) von Otto Petrenz. Chiron galt in der griechischen Mythologie als Meister der Jagd. Zu den beliebten Ausflugszielen der Dresdner Heide gehören zwei **Gasthäuser**: die 1881 im Stil eines Schweizerhauses gebaute *Heidemühle* (Radeberger Landstraße 101, Tel. 0351/8019821, www.einkehr-heidemuehle.de) besitzt einen schönen Garten und bietet sich als Startpunkt für Wanderungen an. Das *Fischhaus* [s. S. 127]

Ein fantastischer Blick auf Schloss Albrechtsberg bietet sich bei einer Elbeschifffahrt

Genuss garantiert – Schloss Eckberg ist heute ein Luxushotel

im Albertpark war seit dem 15. Jh. das Wohnhaus des Teichwächters, und wurde im 17. Jh. zur Raststätte an der langen Straße durch die Heide umgebaut.

Sportliches Vergnügen bietet der **Kletterwald Dresdner Heide** (Nesselgrundweg 80, Tel. 0351/7958709, www.kletterwald-dresdner-heide.de): auf sechs verschiedenen Parcours kann man sich über Netzbrücken, schwankende Bohlen oder Seile von Baum zu Baum hangeln.

58 Albrechtsschlösser

Herrschaftliche Anwesen in traumhafter Lage am Elbhang.

Bautzner Straße 130–134
Tram 11 bis Elbschlösser

Die drei spätklassizistischen Albrechtsschlösser stehen seit Mitte des 19. Jh. hoch über dem Elbhang am Rand von Oberloschwitz, gleich an der Grenze zur Dresdner Neustadt. Das **Schloss Albrechtsberg** (Bautzner Str. 130, Tel. 0351/811580, www.schloss-albrechtsberg.de, zugänglich nur im Rahmen von Veranstaltungen) wurde 1851–54 für Prinz Albrecht von Preußen erbaut. Der Bruder des späteren Kaisers Wilhelm I. hatte zum Entsetzen der Hohenzollern in zweiter Ehe die nichtstandesgemäße Hofdame Rosalie von Rauch (die spätere Gräfin von Hohenau) geheiratet. Dafür wurde er von der Erbfolge ausgeschlossen und musste seinen Wohnsitz außerhalb Preußens suchen. Tröstlich war nur die millionenschwere Abfindung, die er bekam. Baumeister seines Schlosses war der Schinkel-Schüler *Adolf Lohse* (1807–1867). Die Architektur beeindruckt mit Rückgriffen auf die Antike und die italienische Renaissance. Vorbild war u. a. die Villa d'Este in Tivoli bei Rom. Der preußische Gartenbaumeister Eduard Neide (1818–1883) schuf den **Schlosspark** mit Viadukt, Teichen, Felsen und einem Wasserfall. Bereits 1925 erwarb die Stadt Dresden die Anlage vom Sohn des Preußenprinzen. Ab 1937 wurden Park, Pferdeställe und Reithalle von einer SA-Reiterstaffel genutzt, nach dem Krieg zog die sowjetische Militäradministration ein. Ab 1952 diente das Schloss als Freizeitzentrum für Kinder. Heute ist hier die *Jugend & Kunst-Schule Dresden* ansässig, und eine *Hotel- und Gaststättenschule* tritt als Cateringpartner auf. Denn heute ist das Schloss mit seinen Salons wie dem festlichen *Kronensaal*, dem großzügigen Park und einem *römischen Bad* am Südhang eine gefragte Adresse für kulturelle Veranstaltungen, Bankette und Hochzeiten. Im *Kavaliershaus* von Schloss Albrechtsberg lädt der *Winzer Lutz Müller* (geöffnet Nov.–März, Tel. 0351/3289217, www.winzer-lutz-mueller.de,) zur Weinverkostung mit schönem Blick auf Dresden.

Das von zwei Türmchen bekrönte **Lingnerschloss** (Bautzner Str. 132, Tel. 0351/6465382, www.lingnerschloss.de,

Führungen April–Okt. Mi 15 Uhr, jeden 1. Sa im Monat 14 Uhr) wurde als *Villa Stockhausen* von Adolf Lohse für den Baron von Stockhausen, den Kammerherren von Prinz Albrecht, errichtet. Im Jahr 1906 ging das Schloss mitsamt seinem großen Park in den Besitz des Odol-Fabrikanten und Begründers des Deutschen Hygiene-Museums [Nr. 45], *Karl August Lingner* (1861–1916), über. Lingner ließ das Anwesen nach seinem Geschmack umbauen, mit einem Wintergarten, einer Orgel, deren Musik per Telefonleitung in alle Räume übertragen werden konnte, und einer privaten Standseilbahn für acht Personen hinunter zum Elbufer. Er vermachte das Anwesen der Stadt Dresden mit der Auflage, es dürfe niemals veräußert werden und müsse allen Bürgern zugänglich sein. Nach der Wiedervereinigung war es dann dem Verfall preisgegeben, bis sich ein gemeinnütziger Förderverein für die Restaurierung einsetzte. Heute bittet hier ein *Restaurant* (Tel. 0351/4568510, www.lingnerterrassen.de) seine Gäste zu Tisch, im Sommer können diese von der Terrasse den Blick über die Elbe genießen.

Dem britischen Tudorstil verpflichtet ist **Schloss Eckberg** (Hotel und Restaurant Schloss Eckberg, Bautzner Str. 134, Tel. 0351/80990, www.schloss-eckberg.de). Der Palast mit seinem 25 m hohen Turm und einem idyllischen Park wurde 1859–61 für den Großkaufmann John Daniel Souchay erbaut und gilt als Inbegriff der Dresdner Spätromantik. Ab 1925 war ein Kollege Lingners Besitzer dieses Palazzos. *Ottomar Heinsius von Mayenburg* war der Erfinder der Zahnpastatube und der Chlorodont-Zahnpasta. Sein Labor hatte er im Dachgeschoss der Löwenapotheke in der Wilsdruffer Straße beim Altmarkt. Im Schloss Eckberg ist seit 1985 ein Luxushotel mit Restaurant [s. S. 127] beheimatet. Vom Café-Garten bietet sich ein Traumblick auf die Elblandschaft und Dresden.

Mit dem Ende des 18. Jh. im neogotischen Stil erbauten *Waldschlösschen* gibt es eigentlich noch ein viertes Palais in der Gegend. Das einstige Jagdhaus ist inzwischen in Privatbesitz. Bekannt ist vor allem die hier ansässige **Waldschlösschen Brauerei**, in der schon seit 1838 nach bayerischem Reinheitsgebot und Rezept Bier gebraut wird. Die **Waldschlösschenbrücke**, deren Bau im Jahr 2009 zum Verlust des UNESCO-Weltkulturerbe-Titels für das Dresdner Elbtal geführt hat, brachte das Waldschlösschen gar in die Schlagzeilen der europäischen Presse.

59 Weißer Hirsch

Vom Kurort zum luxuriösen Wohnviertel der Dresdner Prominenz.

Standseilbahn Talstation: Körnerplatz, Loschwitz; Bergstation: Bergbahnstraße, Weißer Hirsch
Bus 61,63 bis Körnerplatz

Eine der ältesten **Standseilbahnen** Europas verbindet den Stadtteil Loschwitz am Elbufer über eine steile Schienenstrecke mit dem Villenvorort Weißer Hirsch. Bereits seit 1895 versehen die gelben Wagen der Seilbahn ihren Dienst und bringen Passagiere in nur wenigen Minuten über eine malerische Strecke mit zwei Tunnels und einem Viadukt in das 95 m höher gelegene Viertel Weißer Hirsch. Technikinteressierte können an der Bergstation einen Blick in das Maschinenhaus werfen (mit Voranmledung unter Tel. 0351/8572410). Wirklich atemberaubend ist der *Panoramablick* auf Dresden und das Elbtal von der Terrasse des gegenüberliegenden Traditionsrestaurants **Luisenhof** (Bergbahnstraße 8, Tel. 0351/2149960, www.luisenhof.org) aus, die deshalb auch *Balkon Dresdens* genannt wird. Die Namensgeberin der Gaststätte, die beim Volk beliebte habsburgische Prinzessin *Luise von Österreich-Toskana* (1870–1947), war mit Friedrich August III. verheiratet, den sie jedoch 1902 nach der Geburt des sechsten Kindes zum Entsetzen des europäischen Hochadels verließ.

TOP TIPP

Entstanden ist der Stadtteil **Weißer Hirsch** aus der Schänke eines Weingutes des 17. Jh., die wegen ihrer Nähe zur Dresdner Heide den Namen ›Zum Weißen Hirschen‹ bekam. Kleinbauern und Häusler, die zumeist auf dem Gut arbeiteten, siedelten sich im Umfeld an. Die Schänke war eine Raststätte für Reisende und entwickelte sich bald zum Ausflugsziel. Ab Mitte des 19. Jh. entdeckten auch wohlhabende Bürger den Ort als Sommerfrische. 1888 entwickelte sich aus dem hiesigen Fridabad das Kurzentrum *Dr. Lahmanns Physiatrisches Sanatorium*, das um 1900 bereits etwa 4000 Kurgäste pro Jahr anzog. Anfang des 20. Jh. kurte der internationale Hochadel im Ort, der sich ab 1932, inzwischen nach Dresden eingemeindet und als Kurort anerkannt, *Dresden-Bad Weißer Hirsch* nannte.

Nach dem Zweiten Weltkrieg avancierte das Viertel zum beliebten Wohnort prominenter Dresdner Bürger. Der Kurbetrieb jedoch kam zum Erliegen. In Dr. Lahmanns Sanatorium richteten die Sowjets ein Lazarett ein, das bis 1990 bestehen blieb. Seitdem steht der denkmalgeschützte Komplex leer. Zu den Berühmtheiten im Weißen Hirschen zählte der Wissenschaftler *Baron Manfred von Ardenne* (genannt der Rote Baron), der sich in den 1950er-Jahren hier niederließ. Zuvor war er an der Entwicklung der sowjetischen Atombombe beteiligt gewesen, nun gründete er an der Plattleite das *Forschungsinstitut Manfred von Ardenne*. Als *Von Ardenne Anlagentechnik GmbH* ist es heute einer der führenden Produzenten von Elektronenstrahl- und Plasmatechnologien. Gleichfalls prominent war der dänische Schriftsteller *Martin Andersen Nexø* (›Pelle der Eroberer‹, 1906–10), der die letzten zwei Jahre bis zu seinem Tod 1954 in der Collenbuschstraße 4 verbrachte. Nahebei ehrt ein Rundplatz mit einem *Obelisken* den 1854 bei einem Sturz im fernen Tirol verstorbenen König Friedrich August II. Viele der etwa 200 **Villen** wurden nach der Wiedervereinigung an die vormaligen Eigentümer zurückgegeben und restauriert. Als widersprüchliche Enklave der *Dresdner Nostalgie* mit Prominenz aus allen Lebensbereichen spielt das Villenviertel im Roman ›Der Turm‹ (2008) von Uwe Tellkamp eine führende Rolle.

60 Schillerhäuschen

Eine Ode an die (Lebens-)Freude.

Schillerstraße 19
Tel. 03 51/65 64 86 11
www.stmd.de
Bus 61, 63, 84, 309, 326, 328 bis Körnerplatz
Mai–Sept. Sa/So/Fei 10–17 Uhr

Von 1785–87 hielt *Friedrich Schiller* (1759–1805) sich auf Einladung des befreundeten Juristen und Kunstmäzens Christian Gottfried Körner in Dresden auf. Die Sommermonate verbrachte er im Sommerhaus der Familie Körner in einem Weinberg in Loschwitz. Während seiner Dresdner Zeit arbeitete Schiller am *Don Carlos* und verfasste die Körner gewidmete *Ode an die Freude*, die später von Beethoven im 4. Satz seiner 9. Symphonie vertont wurde.

Die Ausflugsgaststätte *Fleischersche Schenke* auf der Blasewitzer Seite nahe der damaligen Anlegestelle der Elbfähre und die schöne Wirtstochter *Johanne Justine Segedin*, genannt Gustel, fanden über Schiller Eingang in die Weltliteratur, weil der im Theaterstück *Wallensteins Lager* einen Jäger ›Was? Der Blitz! Das ist ja die Gustel aus Blasewitz!‹ ausrufen ließ. Ob Schiller wirklich jemals im als **Schillerhäuschen** bekannten Gartenhaus im Weinberg der Körners gewohnt hat, ist nicht gewiss, trotzdem gilt dieser Ort als Gedenkstätte für Schillers Jahre in Dresden und beherbergt heute eine Schiller-Ausstellung. Im kleinsten Museum Dresdens dokumentieren Bilder und Handschriften Schillers Dresdner Jahre und die hier entstandenen Werke, außerdem gibt es Informationen zum Künstlerkreis um Schiller und den Mäzen Körner.

Ein **Schiller-Körner-Denkmal** des Bildhauers Martin Pietsch ist seit 1913 auf der gegenüberliegenden Straßenseite in einer Mauerwand eingelassen. Körner, der Schillers Werk verehrte und später dessen erste Gesamtausgabe verlegte, lebte im Haus Nr. 6 der zur Schillerstraße parallel verlaufenden heutigen Körnerstraße.

Wegen ihrer landschaftlichen Schönheit und dem herrlichen Ausblick ins Elbtal gehören die **Loschwitzer Elbhänge** seit jeher zu einer der bevorzugten Wohnlagen der Elbestadt. Das frühere Winzerdorf Altloschwitz am Elbufer mit seinen farbenfrohen Häusern zog viele Künstler, Schriftsteller, Maler oder Komponisten an. Außer Friedrich Schiller waren auch Goethe, Mozart, Friedrich Liszt, Caspar David Friedrich sowie Gerhard Hauptmann hier zumindest zu Gast. In der vom Körnerplatz abgehenden Friedrich-Wieck-Straße findet man am Haus Nr. 10 eine *Gedenktafel*, die auf den Musiker und Vater von *Clara Schumann*, geborene Wieck, hinweist, der hier gelebt hat und 1873 gestorben ist.

61 Blaues Wunder

Technische Meisterleistung des 19. Jh. mit originellem Namen.

Tram 6, 12 bis Schillerplatz (Blasewitz)
Bus 61, 63, 84 bis Körnerplatz (Loschwitz)

Das Blau erscheint etwas verblasst und als Wunder kann die als Blaues Wunder bekannte und berühmte Loschwitzer Brücke über die Elbe heutzutage auch nicht mehr durchgehen, doch zur Zeit ihrer Einweihung im Jahr 1893 galt die in

Technische Meisterleistung – die Brücke ›Blaues Wunder‹ verbindet Blasewitz und Loschwitz

nur zwei Jahren errichtete Stahlkonstruktion von Claus Köpcke und Hans Manfred Krüger als **technisches Meisterwerk**. Die Brücke verbindet die Dresdner Stadtteile Blasewitz und Loschwitz, genauer den linkselbischen Schillerplatz in Blasewitz mit dem rechtselbischen Körnerplatz in Loschwitz. Vor dem Bau der Brücke konnten die Loschwitzer Einwohner die Stadt Dresden nur mit der Elbfähre oder entlang des rechten Elbufers auf dem heutigen Körnerweg erreichen.

Für die Stahlkonstruktion der Auslegerbrücke wurden damals 3500 Tonnen Stahl vernietet. Das 141 m lange Mittelstück ist freitragend und kommt ganz ohne Flusspfeiler aus. Trotz ihres Gewichtes wirkt die insgesamt 286 m lange Brücke nicht plump und schwer. Ihre stählernen Verstrebungen machen einen geradezu filigranen Eindruck und wirken wie aufgespannte Netze. Bereits 1935 musste die Brücke dem gestiegenen Verkehrsaufkommen angepasst werden. Sie wurde verbreitert, indem man die Gehwege nach außen verlegte.

Im Jahr 1945 sollte die Brücke von der SS gesprengt werden, um den sowjetischen Truppen den Vormarsch zu erschweren. Ohne sich abgesprochen zu haben, kappten Dresdner Bürger an beiden Ufern heimlich die Zündschnüre und die Brücke war gerettet. Eine *Gedenktafel* am Blasewitzer Brückenkopf ehrt dieses Beispiel von heldenhafter Zivilcourage. Heute überqueren rund 35 000 Fahrzeuge täglich die Brücke, der Straßenbahnverkehr allerdings wurde bereits 1985 aus Gründen verminderter Tragfähigkeit eingestellt. Vielen Berufspendlern und anderen Autofahrern erscheint es als kleines Wunder, dass die Brücke die Belastungen durch den Verkehr noch immer aushält. Die Rushhour auf dem Blauen Wunder war bei den Dresdnern auch eines der stärksten Argumente für den Bau der verkehrsentlastenden Waldschlösschenbrücke 2,5 km weiter westlich.

Das 1921 eingemeindete Wohnviertel **Blasewitz** rund um Goetheallee und Waldpark gehört zu den ganz gediegenen Wohnadressen Dresdens. Der ruhige Waldpark wurde Mitte des 19. Jh. gestaltet, in der Gründerzeit entstanden gepflegte Villen entlang der von den Bombenangriffen 1945 verschont gebliebenen Straßen. Am Schillerplatz hat man die Wahl zwischen zwei gastronomischen Traditionsbetrieben: dem **Schillergarten** [s. S. 128], in dessen Vorgänger, der *Fleischerschen Schenke*, schon Friedrich Schiller manchen Schoppen zu sich nahm, und dem **Café Toscana** [s. S. 126] mit seiner verführerischen Tortenvitrine.

Wie in alten Zeiten – fröhlich und farbenfroh geht es beim Loschwitzer Elbhangfest zu

62 Bergschwebebahn

Nostalgischer Kurztrip mit Deutschlands einziger Bergschwebebahn.

www.dvb.de
Bus 61, 63, 84 bis Körnerplatz

Seit über einem Jahrhundert bereits können Fußmüde die 84 m Höhenunterschied von der Haltestelle Körnerplatz ins gepflegte Oberloschwitz mit der ältesten Bergschwebebahn der Welt überwinden. Am 6. Mai 1901, sechs Jahre nach der *Standseilbahn*, wurde das Vehikel von Prinz Friedrich August von Sachsen eingeweiht. Heute ist die Bergschwebebahn nicht nur ein beliebtes Nahverkehrsmittel, sondern auch eine Attraktion.

Die Fahrgastkabinen hängen stabil an einer blaugrün gestrichenen Metallkonstruktion und werden von einem Seil gezogen. Für die 274 m kurze Fahrstrecke braucht man viereinhalb Minuten. Weinstöcke und Villen ziehen vorüber, und mit spektakulärem Blick aufs *Blaue Wunder* und ins Elbtal erfahren die Fahrgäste per Lautsprecher allerlei Interessantes über die Technik der Schwebebahn und die Umgebung. Technikfans besuchen in der Bergstation das **Maschinenhaus** mit einer kleinen Ausstellung zu Technik und Geschichte der Anlage. Per Aufzug gelangt man auf den Turm des Maschinenhauses und genießt den *Panoramablick*. Nicht umsonst heißt das Gebiet um die Bergschwebebahn ›Schöne Aussicht‹.

63 Leonhardi Museum

Landschaftsmalerei und moderne Kunst in der ›Roten Amsel‹.

Grundstraße 26
Tel. 0351/2683513
www.leonhardi-museum.de
Di–Fr 14–18, Sa/So 10–18 Uhr
Bus 61, 63, 84 bis Körnerplatz

Das gelbe, seltsamerweise ›Rote Amsel‹ genannte Fachwerkhaus nicht weit von der Talstation der Standseilbahn ist ein ungewöhnlicher Blickfang. Seine Fassade ist über und über mit Kunstwerken und Sinnsprüchen des Landschafts- und Stilllebenmalers *Charles Palmié* (1863–1911) geschmückt. Ein gebeugter Atlant trägt einen kleinen, der Hausfassade vorgesetzten Turm. Doch der altmodische Habitus täuscht, im Atelierhaus des Fabrikbesitzers und Landschaftsmalers **Eduard Leonhardi** (1828–1905) geht es heutzutage um zeitgenössische Kunst aus Dresden und Sachsen.

Im Jahre 1879 hatte Eduard Leonhardi die stillgelegte *Hentschel-Mühle* gekauft und sie zunächst als Ausstellungs- und Atelierhaus umbauen lassen, um ein Künstlerquartier für junge, aufstrebende Talente zu schaffen. ›Maler des deutschen Waldes‹ nannte man Leonhardi, der an der *Königlichen Kunstakademie* [Nr. 18] beim Romantiker *Ludwig Richter* (1803–1884) studiert hatte. Materielle Sorgen hatte er nicht. Nachdem sein Vater August Leonhardi auf die von ihm entwickelte wasserfeste Alizarintinte ein Patent angemeldet hatte, feierte die Tintenfabrik der Familie große wirtschaftliche Erfolge. Eduard Leonhardis Mäzenatentum allerdings scheiterte an Querelen innerhalb der Künstlergruppe und 1885 eröffnete Leonhardi stattdessen ein **Museum** für seine eigenen Werke, das auch über seinen Tod im Jahr 1905 hinaus bestehen blieb. Seit 1963 wird das Haus wieder so genutzt, wie Leonhardi sich das ursprünglich gewünscht hatte: als Forum für junge Künstler. Interessante Wechselausstellungen zeigen aktuelle Werke aus Dresden, aber auch Bilder Leonhardis.

64 Loschwitzer Kirche und Friedhof

Eine ›kleine Frauenkirche‹ mit Künstlerfriedhof.

Pillnitzer Landstraße 7a
Tel. 03 51/215 00 50
www.loschwitzer-kirche.de
tgl. 8–18 Uhr
Bus 61, 63, 84 bis Körnerplatz

Die barocke Loschwitzer Kirche, ein achteckiger Zentralbau in zartem Rosa mit etwas gestrecktem Langhaus, erhebt sich hinter der Talstation der Bergschwebebahn. In den Jahren 1705–08 wurde sie nach Plänen von *George Bähr* und unter Mitarbeit des Ratsmaurermeisters Johann Christian Fehre ausgeführt. Nicht zu übersehen ist, dass sie wie ein Vorspiel zur später ebenfalls von Bähr gestalteten Frauenkirche [Nr. 6] wirkt, weshalb sie auch *Kleine Frauenkirche* genannt wird.

Der einschiffige, schlichte **Innenraum** war mit einer zweigeschossigen hölzernen Emporenanlage, einer Orgel auf der Westseite und einem Kanzelaltar auf der Ostseite ausgestattet. Dem Bombenhagel des 13. Februar 1945 fiel dieses Gotteshaus, ebenso wie die Frauenkirche in der Altstadt, zum Opfer und brannte aus. Zu DDR-Zeiten fehlte das Geld für den Wiederaufbau, in den 1960er-Jahren konnte immerhin die erhaltene Sakristei instandgesetzt und ein neuer Glockenstuhl aufgesetzt werden, sodass wieder Gottesdienste stattfinden konnten. Dank vieler Spenden folgte nach der Wiedervereinigung die originalgetreue Rekonstruktion. Der ursprüngliche *Altar* der Kirche war vollkommen zerstört worden. Stattdessen befindet sich hier seit 2002 der kostbare **Renaissancealtar** (1606) des Schweizer Bildhauers *Giovanni Maria Nosseni* (1544–1620). Er stand einst in der Dresdner Sophienkirche, die im Zweiten Weltkrieg zerstört und später abgerissen wurde. Der Altar besitzt einen dreistufigen Aufbau mit korinthischen und ionischen Säulen, bekrönt von einer Figur des auferstandenen Christus mit der Glaubensfahne. Jesus steht auf einer Weltkugel, an die sich der Tod und der Teufel lehnen.

Der *Kirchhof* der Loschwitzer Kirche wurde bereits um 1800 zu klein, sodass ein größerer **Friedhof** ein Stück weiter außerhalb an der Pillnitzer Landstraße 80 angelegt wurde. Viele der Grabsteine sind von in Loschwitz ansässigen Künstlern gestaltet worden und zahlreiche Persönlichkeiten des Dresdner Kunst- und Kulturlebens sind hier bestattet. Ein besonders auffälliges Grabmal ist das des Landschaftsmalers *Eduard Leonhardi* (s. o.). Der von Robert Henze (1827–1906) gestaltete Grabstein zeigt den Künstler als an eine Pforte anklopfenden Pilger, was die Vollendung seines Lebensweges symbolisieren soll. Das Grab des 1916 verstorbenen Malers *Oskar Zwintscher* gestaltete Sascha Schneider (1870–1927), der ansonsten vor allem für seine Titelillustrationen der Reiseerzählungen Karl Mays bekannt wurde. Die Grabplastik zeigt einen Jüngling mit gesenkter Fackel. Geradezu unheimlich ist das Grabmal für den Uhrmacher Paul Pleißner. ›Der Tod mit Bombe‹ von 1945 zeigt das Gerippe des Todes nicht mit Stundenglas, sondern mit einer Bombe und einer Fackel in der Hand. Es gilt heute deshalb auch als Mahnmal für die zivilen Opfer der Luftangriffe im Zweiten Weltkrieg.

TOP TIPP Das jedes Jahr am letzten Wochenende im Juni veranstaltete **Elbhangfest** (www.elbhangfest.de, s. S. 129) gehört zu den muntersten Dresdner Events. Kulturelle Veranstaltungen, Stände, Theater, Musik und Feuerwerk erstrecken sich entlang des rechtselbischen Ufers auf einem 7 km langen Festparcour zwischen Pillnitz und Loschwitz. Im Jahre 1991 wurde es als Benefizveranstaltung für den Wiederaufbau der Loschwitzer Kirche und der Pillnitzer Weinbergkirche gegründet. Heute lockt es alljährlich Zehntausende von Besuchern an und gehört zu den Glanzlichtern im Veranstaltungskalender der Stadt. Ein Festhöhepunkt ist das farbenfrohe nächtliche Theaterspektakel auf der Elbe mit einigen Dutzend Mitwirkenden und fantasievollen, an der Geschichte orientierten Kostümen.

Elbaufwärts durch die Sächsische Schweiz – Schlösser und Felstürme

Die letzte Eiszeit, Wind und Wetter und der kurvige Lauf des Elbstroms schufen eine vielfältige, teils bizarre Felsenwelt, die Künstler, Naturfreunde und Kletterer gleichermaßen anzieht. Maler der Romantik, wie Caspar David Friedrich, Ludwig Richter und Eduard Leonhardi, fanden hier die besten Motive für ihre Natur- und Landschaftsbilder. **Sächsische Schweiz** tauften die von der Felsenkulisse inspirierten Schweizer Maler Adrian Zingg und Anton Graff den deutschen Teil des **Elbsandsteingebirges** vor 150 Jahren, der Name ist noch heute Inbegriff für Naturschönheiten. Hinter **Pirna** liegen nur noch kleinere Orte, wie Stadt Wehlen, Rathen oder **Bad Schandau** am Elbufer. Sie sind bestens als Ausgangspunkte für Ausflüge in die nahe Berglandschaft und zu den vielen Burgen und Schlössern der Region geeignet.

65 Carl-Maria-von-Weber-Museum

Lebendige Kultur am Sommerwohnsitz des ›Freischütz‹-Komponisten.

Dresdner Straße 44, Hosterwitz
Tel. 03 51/261 82 34
www.stmd.de
Mi–So 13–18 Uhr
Tram 6, 12 bis Schillerplatz, dann
Bus 63 bis Van-Gogh-Straße

Im 19. Jh. zog die ländliche Idylle von Hosterwitz zahlreiche Dresdner an, die hier Sommerhäuser errichteten. Bekanntester Gast war der königliche Kapellmeister des Hoftheaters *Carl Maria von Weber* (1786–1826). Zwischen 1818 und 1824 verbrachte die Familie von Weber die Sommermonate im Haus des Winzers Gottfried Felsner. In der Umgebung fand der Komponist Inspiration für seine Opern ›Der Freischütz‹, ›Oberon‹, ›Euryanthe‹ und für die ›Aufforderung zum Tanz‹.

Heute werden in den Wohnräumen der einstigen Sommerfrische mehrere Faksimiles von Webers Partituren, allerlei Dokumente, Kunstwerke sowie Mobiliar aus

Blumen und muntere Wasserspiele erfreuen die Besucher im Park von Schloss Pillnitz

der Zeit des Biedermeier gezeigt. Zum Rahmenprogramm des Museums gehören musikalische und literarische Events, im Sommer auch im Freien.

Kurz nach der Uraufführung der Oper ›Oberon‹ in London 1826 erlag Carl Maria von Weber dort seinem Tuberkulose-Leiden. Seine Überreste wurden erst 1844 nach Dresden überführt und auf dem Alten Katholischen Friedhof in Friedrichstadt [s. S. 80] beigesetzt. Das Grabmal schuf Gottfried Semper.

Am Hosterwitzer Elbufer erhebt sich die Pfarrkirche **Maria am Wasser**, nicht weit von der kleinen Elbfähre nach Kleinzschachwitz. Sie wird auch *Schifferkirche* genannt, da hier einst Flussschiffer für ein gutes Gelingen ihrer Fahrten beteten. Schon 1406 wurde das Kirchlein erstmals urkundlich erwähnt, 300 Jahre später erhielt es sein süddeutsch-barockes Aussehen mit dem von einem Zwiebelturm bekrönten hohen Dachreiter. Die im *Inneren* schlichte, einschiffige evangelische Kirche ist bei Hochzeitspaaren besonders beliebt.

66 Schloss Pillnitz

TOP TIPP *Zauberhaftes Wasserschloss mit Park direkt an der Elbe.*

August-Böckstiegel-Straße 2
Schlossmuseum im Neuen Palais
Tel. 03 51/261 32 60
www.schlosspillnitz.de
April-Okt. Di-So 10–17,
Nov.–März nur Sa/So mit Führung: 11, 12, 14 und 15 Uhr
Kunstgewerbemuseum im Bergpalais
Mai–Okt. Di–So 10–18 Uhr
Kunstgewerbemuseum im Wasserpalais Mai–Okt. Mi–Mo 10–18 Uhr
03 51/ 49 14 20 00
www.skd.museum
Tram 6, 12 bis Schillerplatz, dann Bus 63 bis Leonardo-da-Vinci-Straße oder Pillnitzer Platz

Dem Pillnitzer Schloss nähert man sich am besten auf der Elbe mit einem Raddampfer der *Sächsischen Dampfschifffahrt* (www.saechsische-dampfschiffahrt.de), auf demselben Wege, den der sächsische Kurfürst *August der Starke* oft für

den Besuch bei seiner Mätresse *Gräfin von Cosel* [s. S. 34] nahm. Ihr hatte er das Renaissanceschloss mit Park geschenkt, sie 1718 aber prompt wieder enteignet, als sie bei Hofe in Ungnade gefallen war. Die zauberhafte Anlage mit Wasserpalais, Bergpalais und Neuem Palais, mit weitläufigen Gärten, Orangerie, Palmenhaus und Pavillons erscheint wie ein harmonisches, wohl geplantes Ensemble von Architektur und Landschaft und hat sich doch erst im Laufe von fast zwei Jahrhunderten zum heutigen Bild gefügt.

Von 1720 an ließ August der Starke das Schloss von seinem Oberlandbaumeister *Matthäus Daniel Pöppelmann* zu einer prunkvollen Sommerresidenz des sächsischen Herrscherhauses umbauen. Das Lustschloss ist eingebettet in eine herrliche barocke Parklandschaft und wird vom *Wasserpalais* und *Bergpalais* flankiert. Es präsentiert sich in einer Mischung verschiedener Bau- und Dekorationsstile. Geschweifte Dächer, hohe pagodenförmige Schornsteine und chinoise Fassadenmalereien mit Palmenkulisse und Kamelkaravanen dokumentierten die Vorliebe jener Zeit für orientalische Sujets und Kunststile. Vom Wasserpalais führt eine Treppe zu einem *Gondelhafen* am Elbufer, wo einst die Gondeln aus Dresden anlegten. Zusätzliche Flügelbauten beiderseits von Berg- und Wasserpalais wurden erst nach dem Tod von Friedrich August II., dem Sohn von August dem Starken, fertiggestellt. Das heutige *Neue Palais* wurde sogar erst 1818–30 im klassizistischen Stil erbaut, nachdem ein Brand das alte Renaissanceschloss vernichtet hatte. Zwei neue Flügel im Osten umfassen den mit zahlreichen Fliederbäumchen bepflanzten *Fliederhof*. Für die umfangreiche kurfürstliche Pflanzensammlung wurden in der zweiten Hälfte des 19. Jh. die *Orangerie* erweitert und das *Palmenhaus* errichtet.

Das *Schlossmuseum* im **Neuen Palais** illustriert die Geschichte des Pillnitzer Schlosses und zeigt seine Wandlung von einem Zerstreuung und Vergnügen bietenden Lustschloss hin zur königlichen Sommerresidenz, in der auch wichtige Regierungsarbeit stattfand. Es dokumentiert das Leben seiner einstigen Bewohner, die Fest- und Spielkultur des Barock und die Kunstrichtung der Chinoiserie im 18. Jh. Besonders interessant ist neben dem prachtvollen Kuppelsaal, in dem die Bankette und Tanzveranstaltungen stattfanden, und der katholischen Schlosska-

TOP TIPP Elbe-Radweg – mit Schwung durch die Sächsische Schweiz

Wer vom Fahrradsattel aus ein dramatisches Bergpanorama genießen möchte ohne sich dabei steile Hänge hinauf zu quälen, findet entlang des sächsischen Teils des Elbe-Radweges seine Idealstrecke. Gut ausgebaute Radfahrwege, meist beiderseits des Elbstromes, von der tschechischen Grenze über Bad Schandau, Königstein, Rathen und Stadt Wehlen bis nach **Pirna** und ins 53 km entfernte **Dresden** bieten herrliche Panoramablicke aufs Elbtal und die Klippen und Wälder des **Elbsandsteingebirges**. Bei der großen Flussschleife um den Rauenstein und die Bärensteine geht der Blick hinauf zum Felsriff der Bastei, 200 m hoch über der Elbe. Um dorthin oder zu der auf einem Tafelberg gelegenen **Festung Königstein** zu gelangen, sind allerdings doch einige Höhenmeter zu überwinden. Und wer gar nicht mehr aufhören möchte zu radeln, kommt auf dem Elberadweg über Magdeburg und Hamburg irgendwann bis zur Nordsee bei Cuxhaven. Infos: www.elberadweg.de.

Grünes Idyll – Elbe-Radweg mit Bastei

pelle vor allem die komplett eingerichtete *Königliche Hofküche*.

Das *Kunstgewerbemuseum* im **Wasserpalais** und **Bergpalais** bietet Zeugnisse des kurfürstlichen Lebenstils. In den opulent ausgestatteten Salons sind Objekte aus 500 Jahren Geschichte des Kunsthandwerks ausgestellt. Zu den Exponaten gehören ein vergoldeter Thronsessel Augusts des Starken, kostbare Silbermöbel und farbenfrohe Lackmöbel sowie umfangreiche Sammlungen von Keramik, Majolika, Glas, Zinn und Textilien. Außerdem gibt es Produkte des Kunsthandwerks aus verschiedenen Epochen und Regionen zu sehen, von bestickten Stoffen aus dem Mittelalter über Produkte der Deutschen Werkstätten Hellerau bis hin zu Objekten aus den Werkstätten internationaler Designer des 20. Jh. wie Piero Fornasetti und Shiro Kuramata.

Der **Schlosspark** wurde ursprünglich als französischer Barockgarten angelegt, wie heute noch der Lustgarten zwischen Berg- und Wasserpalais bezeugt. Die labyrinthartigen *Heckenquartiere* aus Hainbuche und Weißdorn entstanden zu Zeiten der Gräfin von Cosel. Unweit gewahrt man die rote *Tritonengondel* von 1790. Sie gehörte zur Flotte von Prunkbooten, die zwischen Dresden und dem Sommersitz pendelten. Am Ende des Heckengartens beginnt eine 500 m lange *Maillebahn*, auf der Paille Maille, eine Art Krocket, gespielt wurde. Bis 1790 wurde der Park im Sinne eines Landschaftsgartens erweitert. Der *Englische Garten* mit Teich und Pavillon, ein *Holländischer* und ein *Chinesischer Garten* kamen hinzu. Hauptattraktion des Schlossparks ist übrigens ein mehr als 200 Jahre alter und knapp 9 m hoher japanischer **Kamelienbaum** (Camellia japonica) im Englischen Garten, der von Februar bis April den Betrachter mit einer Pracht von über 30 000 roten Blüten überwältigt. Ein mobiles Glashaus schützt die kälteempfindliche Pflanze im Winter vor frostigen Temperaturen.

Die gegenüber dem Wasserpalais des Schlosses gelegene, fast 1 km lange **Elbinsel** ist das Überbleibsel einer ganzen Inselkette, von der das meiste der Verbreiterung der Fahrtrinne zum Opfer gefallen ist. Auf dem unter Naturschutz stehenden Eiland wachsen Reste eines Urwaldes, wie er einst im ganzen Elbtal wuchs.

An den sonnigen Pillnitzer Hängen gleich hinter der Schlossanlage reifen die Trauben für den köstlichen, trockenen *Elbtalwein* [s. S. 128]. Zu den hiesigen reizvollen Wanderwegen gehört auch der beim Schloss startende **Bergweg** durch die Weinfelder, auf dem schon Alexander von Humboldt, Caspar David Friedrich und der Philosoph Arthur Schopenhauer wandelten. Die barocke Weinbergkirche *Zum Heiligen Geist* oberhalb des Weges entstand 1723–27 nach einem Entwurf von Matthäus Daniel Pöppelmann.

i Praktische Hinweise

Weinverkostung

Klaus Zimmerling, Bergweg 27, Dresden Pillnitz, Tel. 03 51/261 87 52, www.weingut-zimmerling.de. Edle Tropfen vom Pillnitzer königlichen Weinberg, Traminer, Riesling, Graue und Weiße Burgunder.

Reise-Video Schloss Pillnitz
QR-Code scannen [s. S. 5] oder dem Link folgen: www.adac.de/rf0203

67 Richard-Wagner-Museum

Gedenkstätte für den Komponisten des Lohengrin.

Richard-Wagner-Straße 6, Graupa
Tel. 03501/461 96 50
www.wagnerstaetten.de
Mi–Mo 10–16 Uhr
Bus 63 bis Graupa, Tschaikowskiplatz

Neben Carl Maria von Weber ist auch Richard Wagner mit einem Museum im Elbtal präsent. In Graupa, auf halbem Weg zwischen Dresden-Pillnitz und Pirna, verlebte der damalige Hofkapellmeister von Dresden mit seiner Frau Minna im Jahre 1846 sommerliche Urlaubswochen auf dem Schäferschen Gut. Hier komponierte der 33-Jährige die Musik zu seiner Oper ›Lohengrin‹. Im **Lohengrinhaus** getauften Bauernhaus sind die beiden damals angemieteten Räume mit Möbeln aus Wagners Zeit ausgestattet. Im frisch restaurierten Jagdschloss präsentieren seit Januar 2013 die **Richard-Wagner-Stätten** eine umfangreiche Ausstellung zum Lebens- und Schaffensweg des Komponisten in Sachsen bis 1850. Interaktive Installationen sowie Hör- und Leseräume machen den Museumsbesuch zu einem Erlebnis für alle Sinne. Ein monumentales **Denkmal** im 5 km entfernten Liebethaler Grund stellt Wagner als Gralsritter dar.

68 Pirna

Marktplatz mit Canaletto-Blick und Tor zur Sächsischen Schweiz.

20 km südöstlich von Dresden
S 1 von Dresden bis Pirna

Eine Stadt wie gemalt, und zwar von Canaletto. Noch heute kann man den Blickwinkel finden, der dieselbe Perspektive bietet wie in Canalettos berühmter Vedute ›Der Marktplatz zu Pirna‹, die der venezianische Künstler in sächsischen Diensten 1753/54 gemalt hat. Ein Glücksfall ist dabei, dass Pirna, im Unterschied zu Dresden, im Zweiten Weltkrieg kein Ziel alliierter Bombenangriffe war und daher weitgehend authentisch erhalten blieb. Canalettos Bild zeigt das imposante weiße Rathaus neben einigen repräsentativen Bürgerhäusern. Fast 50 Gebäude rund um den Marktplatz gelten heute als ›historisch wertvoll‹. Denn nach dem Ende des Dreißigjährigen Krieges und dem sprichwörtlichen ›Pirn'schen Elend‹, der schwedischen Besetzung und monatelangen Belagerung der Festung Sonnenstein, war es der Handels- und Tuchmacherstadt Pirna südlich von Dresden recht gut gegangen. Die Sandsteinbrüche lieferten nicht nur das Baumaterial für Frauenkirche und Zwinger, Sandstein aus Pirna nutzte man auch für den Bau des Brandenburger Tors in Berlin, des Rathauses von Antwerpen und sogar des Kopenhagener Stadtschlosses.

Mitten auf dem **Markt** steht das **Rathaus**, ein reich verzierter Bau (14.–16. Jh.) mit Stilformen der Gotik und Renaissance aus den verschiedenen Bauphasen. Früher verkauften hier auch Tuchmacher, Schuster, Bäcker und Fleischer ihre Produkte. Ein eleganter Blickfang ist der 1718 in barocken Formen erneuerte Turm mit Doppellaterne. Auf der Ostseite sieht man eine Mondphasenuhr und zwei Löwen, die alle 15 Min. die Zeit schlagen.

Das hochgieblige **Canalettohaus** am Markt stammt aus der ersten Hälfte des 16. Jh., am Übergang von Gotik zu Renaissance. Seinen Namen verdankt es seiner Starrolle in Canalettos Marktplatz-Gemälde. Heute logiert hier der *TouristService* der Stadt, in dessen Räumen auch eine kleine *Ausstellung* mit Reproduktionen von Canalettos Gemälden zu sehen ist.

Gleich hinter dem Canalettohaus erhebt sich das spitze Dach von **St. Marien**. Die spätgotische Hallenkirche (16. Jh.) wird noch überragt von ihrem 60 m hohen Turm. Im Inneren faszinieren das opulent ausgearbeitete Netzgewölbe über den himmelstürmenden Rundpfeilern im Langhaus und im Chor ein Fischblasengewölbe. Berühmt ist vor allem die *Pirnaer Bilderbibel*. Jene eindrucksvollen Gewölbemalereien aus der Reformationszeit schildern in zahlreichen Szenen die Schöpfungsgeschichte und den Auszug aus Ägypten gemäß der Luther-Bibel. Zu den weiteren Schätzen des 2004 restaurierten Gotteshauses zählen die Wilden Menschen, Mann und Frau in Tierpelzen, die sich an vom Gewölbe herabhängende Äste klammen. Ferner ein *Taufstein* (1561), um dessen Fuß sich 26 Kindlein tummeln und im Chor dahinter der skulpturengeschückte *Altar* von 1614, ein Meisterwerk der Spätrenaissance.

Das **Stadtmuseum** (Klosterhof 2, Tel. 035 01/55 64 61, www.museum-pirna.de, Di–So 10–17 Uhr) hat im Dominikanerkloster ein passendes Domizil gefunden. Es dokumentiert die fast 700-jährige Geschichte der Stadt von der ersten Besiedlung bis heute. Eine Dauerausstellung ist dem Pirnaer Elbsandstein gewidmet.

Oberhalb der Stadt Pirna erhebt sich **Schloss Sonnenstein**. Seit 1811 wurde die einstige Festung als *Heil- und Pflegeanstalt Pirna-Sonnenstein* genutzt. Dann übernahmen die Nazis das Heft, 1940-41 wurden hier ca. 15 000 vorwiegend psychisch kranke und geistig behinderte Menschen vergast. Eine *Gedenkstätte* (Tel. 035 01/71 09 60, www.stsg.de, Mo–Fr 9–15 Uhr) mit Dauerausstellung erinnert nun an diese furchtbaren Verbrechen. Das *Schloss* selbst ist im Rahmen von Führungen zu besichtigen (Mi 17–19, Fr 15–17.30 Uhr). Höhepunkte einer Tour sind der als technisches Denkmal beeindruckende Wasserspeicher aus dem 19. Jh. sowie die historischen Kellergewölbe.

Einen erbaulichen Anblick bieten die **Botanischen Sammlungen** (Am Landschloss 6, Tel. 035 01/792 96 06, www.kamelienschloss.de, März–Okt. Di–Fr 10–18, Sa/So 10–17 Uhr) im *Landschloss Pirna-Zuschendorf*. Hier gedeihen Kamelien, Azaleen, Hortensien, Bonsai und Efeu in vielen Variationen und Spielarten. Der Botanische Garten gehört zur Technischen Universität Dresden. Das *Schloss* selbst ist nur zu kulturellen Veranstaltungen und Ausstellungen geöffnet.

Ausflug

Erstmals urkundlich erwähnt wurde die mittelalterliche **Burg Stolpen** (Schlossstr.

Kein Blatt tanzt hier aus der Reihe – akkurat geschnittenes Grün im Barockgarten Großsedlitz

10, Stolpen, Tel. 03 59 73/234 10, www.burg-stolpen.de, April–Okt. tgl. 9–18, Nov–März tgl. 10–16 Uhr) knapp 20 km nordöstlich von Pirna im Jahr 1222. Über 300 Jahre lang war sie Eigentum der Bischöfe von Meißen, 1559 ging sie in den Besitz der Kurfürsten von Sachsen über. Als sich Napoleon Anfang des 19. Jh. aus Sachsen zurückziehen musste, ließ er Teile der 220 m langen Festungsmauern sprengen. Trotzdem blieb vieles erhalten, wie das Burgtor, die Kapelle und mehrere Wehrtürme. Die beste **Aussicht** bietet sich vom Siebenspitzenturm und vom Fürstenplatz. Bekannt ist die Wehranlage vor allem durch *die Gräfin von Cosel* [s. S. 34]. 49 Jahre lang, von 1716 bis 1765, war die Burg ihr Wohn- und Verbannungsort. Die berühmteste Mätresse Augusts des Starken hatte sich in die Politik ihres kurfürstlichen Liebhabers eingemischt und seine Gunst verloren. Da sie zu viele Staatsgeheimnisse kannte, ließ August sie für den Rest ihres Lebens inhaftieren. Auch nach seinem Tod verließ die Gräfin von Cosel die düstere, auf dem Gipfel eines Basaltberges gelegene Burg nicht, die letzten 20 Jahre ihres Lebens verbrachte sie sogar im **Johannisturm**, der deshalb im Volksmund auch *Coselturm* genannt wird. Eine Ausstellung dortselbst schildert ihr wechselvolles Leben. Auch die Zimmer der Verbannten können besichtigt werden.

i Praktische Hinweise

Information

Tourist Service, Am Markt 7, Pirna, Tel. 035 01/55 64 46, www.pirna.de

Restaurant

Brauhaus Pirna – Zum Giesser, Basteistr. 60, Pirna, Tel. 035 01/46 46 46, www.brauhaus-pirna.de. Täglich deftige sächsische Küche zu moderaten Preisen, dazu selbst gebraute Biervielfalt. Im Sommer mit schönem Biergarten.

69 Barockgarten Großsedlitz

Ein Juwel barocker Gartenkunst.

Parkstraße 85, Heidenau
Tel. 035 29/563 90
www.barockgarten-grosssedlitz.de
April–Aug. tgl. 8–20, Sept.–März tgl. 8 Uhr bis Einbruch der Dämmerung
S 1 bis Heidenau-Großsedlitz, dann 15 Min. zu Fuß

Das zum Barockgarten Großsedlitz gehörige *Schloss* ist aus Geldmangel nur ein Schlösschen geworden, aber der barocke Lustgarten ist umso beeindruckender.

Der sächsische Generaladjutant August Christoph Graf von Wackerbarth hatte die Anlage samt Schlösschen ab

Märchenkulisse – das Elbsandsteingebirge von der Festung Königstein aus gesehen

1719 von *Johann Christoph Knöffel* erbauen lassen. Bis zu 1000 Soldaten kamen damals bei den umfangreichen Geländearbeiten zum Einsatz. Im Jahr 1723 kaufte *August der Starke* dem Grafen von Wackerbarth den Komplex ab und ließ den Garten von Johann Christoph Knöffel, Matthäus Daniel Pöppelmann und Zacharias Longuelune umgestalten und vergrößern. Die Freitreppen und Terrassen, die Wasserkaskaden, Skulpturen und akkurat geschnittenen Hecken erinnern ein wenig an Versailles, das große Vorbild für Schlossbauten in ganz Europa. Zu den Festivitäten reiste die Hofgesellschaft aus Dresden an, im nahen Kammergut mussten dann bis zu 400 Pferde versorgt werden. Doch bereits 1728 verlor August der Starke das Interesse an Großsedlitz und gab seinen Plan für die Ausweitung der Anlage zu einem repräsentativen vierflügeligen Schloss auf. Vier Jahre später wurden dann sämtliche Baumaßnahmen eingestellt. Man bedenke, dass die ohnehin sehr weitläufige Residenz, wie man sie heute sieht, mehr als doppelt so groß hatte werden sollen.

Rund 350 **Skulpturen** flankierten einst Wege und Blumenrabatten, immerhin 64 sind nach den Kriegszerstörungen noch erhalten. Nach der Neugründung des Freistaates Sachsen 1990 sind große Teile der barocken Anlage restauriert worden. Der Besuch lohnt vor allem in der warmen Jahreszeit, wenn Goldlack und Tulpen auf den Terrassenbeeten leuchten und von Mai bis September 150 Bitterorangenbäume, einst Statussymbol der sächsischen Fürsten, die untere **Orangerie** zieren. Am schönsten wirkt der Garten bei den sommerlichen Konzerten, wenn die Bogengalerien der beiden Orangerien eine prächtige Kulisse abgeben.

70 Schloss Weesenstein

›Fortificatorisches Curiosum‹ mit Baustilen von Gotik bis Klassizismus.

Am Schlossberg 1, Müglitztal
Tel. 03 50 27/62 60
www.schloss-weesenstein.de
April–Okt. tgl. 9–18, Nov.–März tgl. 10–17 Uhr
S 1 bis Heidenau, dann Müglitztalbahn (RB 72) bis Weesenstein, von dort 10 Min. zu Fuß

Äußerst eindrucksvoll erhebt sich das Gebäudeensemble von Schloss Weesenstein auf einem Felskegel in einer engen Schleife der Müglitz, einem der südlichen Zuflüsse zur Elbe.

Knapp 700 Jahre wurde am Schloss gebaut, das aus einer um 1200 gegründeten Grenzfeste zu Böhmen hervorgegangen war. Erst 1830 nahm das Haus Wettin die Schlossanlage in Besitz. Aufgrund zahlreicher An- und Umbauten präsentiert sie sich heute in einem *Stilmix* von der Gotik über Renaissance und Barock bis zum Klassizismus. Auf acht Etagen um drei Innenhöfe birgt das Schloss unzählige Säle und Zimmer und Korridore. Der älteste Teil ist der **Rundturm**, von ihm ausgehend baute man in den folgenden Jahrhunderten paradoxer- und ungewöhnlicherweise von oben nach unten. Und so kommt es, dass sich unterhalb des Kellergeschosses der alten Burg im **Unterschloss** die herrschaftlichen Wohnräume des 18./19. Jh. befinden. In den mit historischem Mobiliar und wertvollen Tapeten ausgestatten Salons kann der heutige Besucher das Lebens- und Wohngefühl jener Zeit nachempfinden. Eine Ausstellung erinnert außerdem an den sächsischen *König Johann* (1801–73). Noch als Prinz hatte er ab 1838 hier seine wissenschaftlichen Studien betrieben und unter dem Pseudonym *Philalethes* Dantes ›Divina Commedia‹ aus dem Italienischen ins Deutsche übersetzt.

Ein Café, ein Restaurant und eine Braustube bewirten die Schlossbesucher. Die Tradition des nach alten Brauverfahren hergestellten *Weesensteiner Schlossbräus* reicht bis ins Jahr 1510 zurück.

71 Elbsandsteingebirge

Märchen aus Stein – bizarre Felsen, enge Schluchten, prominente Aussichtspunkte

S 1 bis Stadt Wehlen, Kurort Rathen, Königstein, Bad Schandau

Die Raddampfer stampfen von Dresden elbaufwärts durch viele Flussschleifen bis nach Bad Schandau, vorbei an mächtigen Tafelbergen und spitzen Felsnadeln. Heute ist ein 93 km² großes Terrain unter dem Namen **Nationalpark Sächsische Schweiz** (www.nationalpark-saechsische-schweiz.de) geschützt. Das dicht bewaldete Naturschutzgebiet zieht sich weit über das wildromantische Elbsandsteingebirge hin und greift auch über auf die Böhmische Schweiz jenseits der tschechischen Grenze. Im Zusammenschluss mit den angrenzenden Landschaftsschutzgebieten überspannen die sächsischen und böhmischen Nationalparks heute mehr als 700 km².

Die aufregende Landschaft mit ihren abenteuerlich-fantastischen Felsen, Plateaus und Höhlen ist aus bis zu 600 m dicken *Sandsteinablagerungen* entstanden, die ein sich zurückziehendes Meer in der Kreidezeit vor 100 Mio. Jahren zurückgelassen hat. Die darauf folgende Eiszeit und die fortschreitende Verwitterung haben den Sandstein spektakulär zerklüftet. Ein Netz von Wanderwegen und Klettersteigen, insgesamt 1200 km, durchzieht heute diese Wildwestkulisse.

Reise-Video Sächsische Schweiz
QR-Code scannen [s.S.5] oder dem Link folgen:
www.adac.de/rf0204

Die mit rund 1700 Einwohnern kleine **Stadt Wehlen** darf diesen Titel bereits seit dem 14. Jh. führen. Sie ist ein guter Ausgangspunkt für Wanderungen zu den Tafelbergen. Auch der 2006 eingerichtete *Malerweg* passiert Wehlen. Die romantische Wanderroute startet im Liebethaler Grund bei Pirna, verläuft dann 68 km rechtselbisch bis Schmilka, quert dort die Elbe und windet sich über 44 km zurück bis Pirna. Auf diesen 112 km verbindet sie pittoreske Aussichtspunkte und Malerwinkel. Auch der Maler Caspar David Friedrich hat für ›Wanderer über dem Nebelmeer‹ (1818), ›Ausblick ins Elbtal‹ (um 1807) und ›Die Felsenschlucht‹ (1823) hier seine Inspirationen gefunden.

Der 400-Seelen Ort **Rathen** liegt direkt an der Elbe. Er schmiegt sich an das gewaltige Felsmassiv der *Bastei*, das man auf einer dreiviertelstündigen Wanderung, aber auch auf einem Umweg per Auto erreichen kann. Vom **Basteifelsen** bietet sich ein Panoramablick auf die Tafelberge und die sich in fast 200 m Tiefe dahinschlängelnde Elbe. Seit 1851 ist der Basteifelsen durch eine Schwindel erregende *Steinbrücke* erschlossen. Kletterer trainieren sich an seinen Steilwänden. Wer in Rathen im Wehlgrund dem Bachlauf folgt, gelangt nach etwa 30 Min. zu einem von Felsen umgebenen Naturtheater unterhalb des Basteimassivs. Auf dieser **Felsenbühne** (Tel. 0351/89540, www.dresden-theater.de) zeigen die Landesbühnen Sachsens von Mai bis September Stücke aus ihrem

TOP TIPP

An die Kanonen – Georgenbatterie der Festung Königstein

Repertoire. Besonders beliebt sind Aufführungen nach den Romanen von Karl May, ferner Opern wie ›Der Freischütz‹, ›Hänsel und Gretel‹ und ›Carmina Burana‹. Genießer kennen noch einen weiteren Grund, Rathen aufzusuchen. Schließlich ist hier die Destillerie **Geist von Rathen** (Kottesteig 3, Tel. 03 50 24/79 00, www.geistvonrathen.de) ansässig, die mit Blick auf die Elbe mehrfach ausgezeichnete Obstbrände produziert.

Reise-Video Bastei
QR-Code scannen [s.S.5] oder dem Link folgen: www.adac.de/rf0205

TOP TIPP Die mächtige **Festung Königstein** (Tel. 03 50 21/646 07, www.festung-koenigstein.de, April–Okt. tgl. 9–18, Nov.–März tgl. 9–17 Uhr) ist mit einer Ausdehnung von 9,5 ha die allergrößte *Bergfestung* Deutschlands. Sie thront auf einem 246 m hohen Plateau links der Elbe und bietet einen herrlichen Ausblick auf die Sächsische Schweiz. Militärisch bezwungen wurde sie nie.

Der 45-minütige Aufstieg von der Stadt Königstein an ihrem Fuße und der Zugang über Torhaus und Georgenburg sind beeindruckend, aber anstrengend. Bequemer geht es per *Aufzug* aufs Plateau oder mit dem *Festungsexpress* vom großen Parkplatz an der B 172 bzw. von Königstein aus. Oben angekommen können Besucher auf einem etwa 2 km langen Spaziergang die Festungsanlage parallel zur Mauer umrunden. Sie umfasst das *Garnisonshaus* von 1589, die barocke *Friedrichsburg*, die *Garnisonskirche* aus dem 17. Jh. und einige Dutzend weitere historische Gebäude. Ein einziger, allerdings 152 m tiefer *Brunnen* versorgte früher die komplette Anlage, die sich Dank mehrerer Gemüsegärten und einer Obstbaumallee mit wichtigen Lebensmitteln selbst versorgen konnte. In diversen Gebäuden dokumentieren **Ausstellungen** die lange Geschichte der Festung als Königsburg, als sächsisches Staatsgefängnis, im Zweiten Weltkrieg als Kriegsgefan-

Die Felsgiganten der Bastei dräuen über der Elbe und dem spielzeugkleinen Raddampfer

Felsenstürmer an der Elbe

Zuschauern läuft es kalt den Rücken herunter, wenn durchtrainierte Kletterer nur mit ihren Fingerspitzen in eine Felsspalte gekrallt über dem Abgrund hängen. Rund 1100 zugelassene Gipfel und Felstürme machen die Sächsische Schweiz, den deutschen Teil des Elbsandsteingebirges, zum Paradies für Kletterfreunde. Mehr als 18 000 ausgewiesene Kletterwege erschließen die Felskulisse. Schon vor rund 100 Jahren wurde hier die Idee des **Freikletterns**, des Kletterns ohne technische Hilfsmittel, geboren. Nach den bereits 1913 eingeführten Sächsischen Kletterregeln sind Leitern oder das Schlagen von Stufen in den Fels strikt untersagt. Seile, Schlingen, Karabiner etc. sind lediglich zur Sicherung erlaubt. Aus gutem Grund, schließlich fördert jedes für einen Haken in den porösen Sandstein geschlagene Loch die weitere Erosion. Kletterschulen in vielen Orten der Sächsischen Schweiz bieten Schnupperkurse an und trainieren das Bewegungsgefühl in der Vertikalen. Neben dem leistungsorientierten Klettern schätzen Kletterfreunde aber auch das Übernachten in sogenannten *Boofen*, in natürlichen Felshöhlen. Zelte und Feuer sind dabei verboten, das Naturerlebnis steht im Vordergrund. An 57 Stellen im Nationalpark Sächsische Schweiz können Kletterer dieses Vergnügen erleben.

Infos: www.nationalpark-saechsische-schweiz.de

genenlager und geheimes Depot für zahllose Kunstschätze aus den Dresdner Sammlungen. In den Räumen der *Georgenburg* war eine Zeit lang der Alchimist *Johann Friedrich Böttger* [s. S. 118] interniert. Er arbeitete damals daran, das Geheimnis der Porzellanherstellung zu entschlüsseln. Zu den prominenten Häftlingen auf der Festung gehörten zu unterschiedlichen Zeiten der Sozialdemokrat August Bebel, der Anarchist Michail Alexandrowitsch Bakunin und der Dichter Frank Wedekind. Im *Alten Zeughaus* finden heute Sonderausstellungen des *Militärhistorischen Museums* [Nr. 39] statt.

Reise-Video
Festung Königstein
QR-Code scannen [s. S. 5]
oder dem Link folgen:
www.adac.de/rf0206

Der schon im 19. Jh. beliebte Kur- und Erholungsort **Bad Schandau** (2900 Einw.) ist der größte Ferienort des Elbsandsteingebirges. Mit seiner zentralen Lage bietet er sich als Ausgangspunkt für Ausflüge in

den Nationalpark an. Östlich des Ortes erhebt sich die Felsgruppe der *Schrammsteine*, die ein beliebtes Ziel für Wanderer sind. Im *Nationalpark Zentrum Sächsische Schweiz* in Bad Schandau (Dresdner Str. 2b, www.lanu.de, April–Okt. tgl. 9–18, Nov.–März Di–So 9–17 Uhr) erfahren Besucher viel über Flora und Fauna des Naturschutzgebietes. Modelle veranschaulichen die geologischen Besonderheiten der Region und Computeranimationen verdeutlichen die Entstehungsgeschichte des Elbsandsteingebirges. Aber auch über die kleinsten Bewohner des Sandsteins, wie z. B. die erstaunlichen Ameisenpopulationen, kann man einiges lernen.

Eine Besonderheit stellt die **Kirnitzschtalbahn** (www.ovps.de) dar: Der kleinste Straßenbahnbetrieb Deutschlands zuckelt seit über 110 Jahren, nämlich seit 1898, vom Stadtpark in Bad Schandau 8 km auf malerischer Strecke durch das romantische Kirnitzschtal bis zum *Lichtenhainer Wasserfall*. Eine alte Stauanlage oberhalb der Kaskaden, die alle halbe Stunde geöffnet wird, sorgt seit 80 Jahren für publikumswirksame Sturzbäche.

i Praktische Hinweise

Information

Touristinformation, Markt 7, Stadt Wehlen, Tel. 03 50 24/704 14, www.stadt-wehlen.de

Haus des Gastes, Füllhölzelweg 1, Rathen, Tel. 03 50 24/704 22, www.kurort-rathen.de

Tourist-Service, Markt 12, Tel. 03 50 22/ 900 30, Bad Schandau, www.bad-schandau.de

Hotels

****Elbschlösschen**, Kottesteig 5, Rathen, Tel. 03 50 24/750, www.hotel elbschloesschen.de. Am schönsten sind die Zimmer mit Elbblick. Großer Wellnessbereich, hübscher Wintergarten im guten Restaurant Lilienstein und angenehmer Service.

***Strandhotel Wehlen**, Markt 9, Stadt Wehlen, Tel. 03 50 24/784 90, www.strandhotel-wehlen.de. Hotel in der Sächsischen Schweiz, direkt an der Elbfähre. Gute regionale Küche.

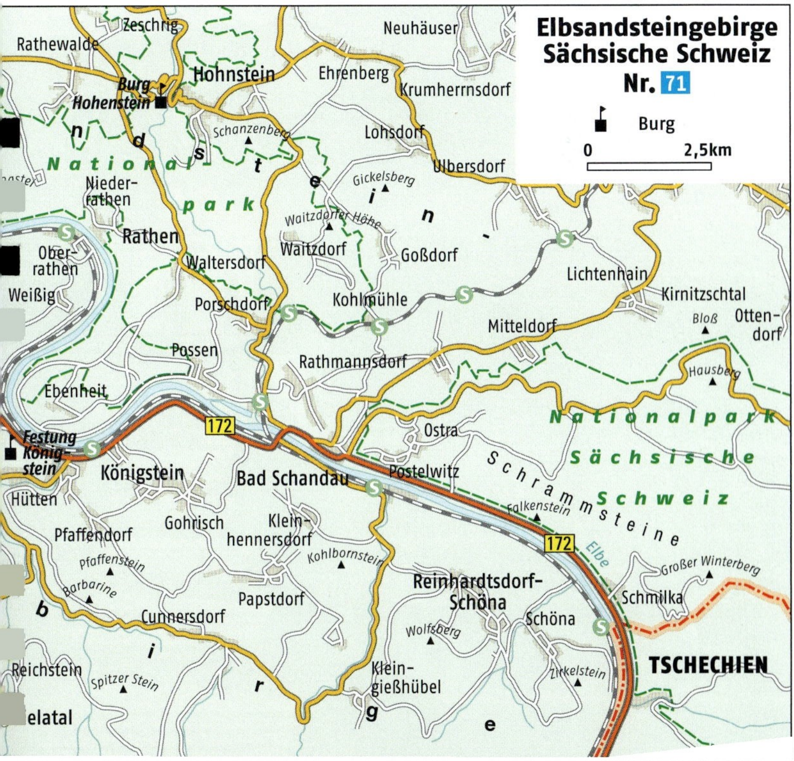

Elbabwärts bis Meißen – edle Weine, weißes Gold und Wildwestromantik

Weit ist es nicht von Dresden bis nach **Meißen**, mit dem Drahtesel entlang dem Elbe-Radweg dauert es weniger als zwei Stunden bis zur ›Wiege Sachsens‹ mit der **Albrechtsburg** und der weltberühmten **Porzellan-Manufaktur**. Villen und Herrenhäuser schmücken die Hügel und an den Hängen nördlich der Elbe wächst edler sächsischer Wein. Auf **Schloss Moritzburg** erfreute sich im 18. Jh. August der Starke an der Pracht seiner barocken Prunkgemächer. Knapp 200 Jahre später verbrachten die Mitglieder der Dresdner Künstlergruppe ›Brücke‹ an den Moritzburger Teichen die Sommermonate. Und in **Radebeul** bewahrt das Karl-May-Museum die Erinnerung an Winnetou und Old Shatterhand für die Nachwelt, während das DDR-Museum Gegenstände des sozialistischen Alltags zeigt.

72 Radebeul

Pilgerstätte für Karl-May-Fans und köstliche Weine.

10 km nordwestlich von Dresden
S 1 bis Radebeul-Ost

Flussabwärts von Dresden erstreckt sich die malerische Lößnitz, die wegen ihres milden Klimas und dem fruchtbaren Boden bereits im Mittelalter ein beliebtes Obst- und Weinanbaugebiet war. Das darin eingebettete Städtchen **Radebeul** (33 500 Einw.) verdankt seine Entstehung der Zusammenführung von zehn benachbarten Gemeinden des Elbtals im Jahr 1924. Die daraus hervorgehenden Orte Radebeul und Kötzschenbroda wurden 1935 zur Stadt Radebeul vereint. Sie ist vom Wetter begünstigt und heute eine beliebte Wohngegend wohlhabender Dresdner Bürger. Ihre Entwicklung zur ›Villenstadt‹ oder zum ›sächsischen Nizza‹ verdankt sie der Tätigkeit eines kleinen, zunächst unscheinbaren Gesellen. Die Reblaus verursachte Ende des 19. Jh. europaweit und auch im Elbtal massive Schäden an den Weinstöcken und vernichtete ganze Rebflächen. Als die brachliegenden Grundstücke zur Terrassenbebauung freigegeben wurden, errichteten schwerreiche Fabrikanten und andere Vertreter der Dresdner Hautevolee hier ihre Sommerresidenzen.

Am Kirchplatz von Radebeul hatte sich 1896 der Bestsellerautor von Wildwestromanen *Karl May* (1842–1912) niedergelassen. Die *Villa Shatterhand*, in der er die letzten 16 Jahre seines Lebens verbrachte, beherbergt heute das **Karl-May-Museum** (Karl-May-Str. 5, Tel. 03 51/837 30 10, www.karl-may-museum.de, März–Okt. Di–So 9–18, Nov.–Febr. Di–So 10–16 Uhr). Eine Dauerausstellung widmet sich hier Leben und Werk des Schriftstellers. Zu besichtigen sind das original eingerichtete Arbeitszimmer, die Bibliothek und der Empfangssalon. Die Wände schmücken Gemälde von Sascha Schneider, der mit seinen Illustrationen der May-Werke [s. S. 114] zu eigenem Ruhm gelangte. Spannende Exponate sind drei von einem Dresdner Büchsenmacher gefertigte Gewehre, sie stammen aus Karl Mays Kostümfundus. Literarisch verewigt wurden *Henrystutzen*, *Bärentöter* und *Silberbüchse* als Feuerwaffen seiner Romanhelden Old Shatterhand und Winnetou. In der Villa *Bärenfett*, einem Blockhaus im Garten, ist eine Ausstellung über die Indianer Nordamerikas mit 800 Exponaten, darunter Federschmuck, Totempfähle und Tomahawks, zu sehen. Das Grab Karl Mays befindet sich auf dem **Friedhof** in Radebeul-Ost (Serkowitzer Str. 33). Alljährlich im Juni zu den *Karl-May-Festtagen* (www.karl-may-fest.de) verwandeln Tausende von Cowboys und Indianern das idyllische Radebeul in eine Wildweststadt.

Einen faszinierenden Blick in die Vergangenheit bietet auch das Museum **Zeitreise – Lebensart DDR 1949–1989** (Wasastr 50, Tel. 03 51/835 17 80, www.ddr-museum-dresden.de, Di–So 10–18 Uhr). Hunderte von Exponaten aus den Bereichen Mode, Wohnen und Unterhaltung beleuchten die Alltagskultur des sozialistischen Staates. Die umfangreiche Sammlung zum Thema Mobilität präsentiert

Das schmucke Belvedere gilt als Wahrzeichen des Weingutes Schloss Wackerbarth

Motorräder und heute als Kultautos verehrte Typen wie Trabant und Wartburg.

Ein etwa 4 km langer Spaziergang in Richtung Westen führt zum baumbestandenen Dorfanger von **Alt-Kötzschenbroda** (www.altkoetzschenbroda.de, S1 bis Radebeul West). Der restaurierte alte Ortskern lockt mit hübschen Cafés, Geschäften, Galerien und Werkstätten.

Dass Radebeul längst wieder Herzstück der sächsischen Weinstraße ist, davon kann man sich 1,5 km weiter nordwestlich auf **Schloss Wackerbarth** (Wackerbarthstr. 1, Tel. 03 51/895 50, www.schloss-wackerbarth.de, Verkauf tgl. 9.30–20 Uhr, Führungen Mo–Fr 14, Sa/So 12, 14, 16 Uhr *Wein* und Mo–Fr 17, Sa/So 13, 15, 17 Uhr *Sekt*, So 16 Uhr *Schloss*) überzeugen. Die barocke Schloss- und Gartenanlage schuf Johann Christoph Knöffel 1727–29 für den General Graf von Wackerbarth. Wahrzeichen des heutigen *Sächsischen Staatsweingutes* ist das schmucke **Belvedere** am Fuße der Weinterrassen. Besucher sollten unbedingt an einer Führung mit anschließender Wein- oder Sektverkostung teilnehmen.

Nicht verpassen sollte man auch das 4,5 km weiter östlich gelegene und zum Museum umgebaute **Weingut Hoflößnitz** (Knohllweg 37, Tel. 03 51/839 83 41, www.hofloessnitz.de, April–Okt. Di–So 10–17, Nov.–März Di–Fr 12–16, Sa/So 11–17 Uhr, Führungen Di–So 14 Uhr). Das Jagdschlösschen wurde 1650 im Auftrag des Kurfürsten Johann Georg I. errichtet. Eine hier installierte *Dauerausstellung* vermittelt die Geschichte des sächsischen Weinanbaus vom ersten Winzer Johann Paul Knohll (1628–1708) über den katastrophalen Reblausbefall im 19. Jh. bis zur Rekultivierung der Trauben durch den Landwirtschaftsrat Carl Pfeiffer ab 1913. Im Obergeschoss kann man den prächtigen *Festsaal* besichtigen, ein Meisterwerk ist die mit 80 Vogelbildern des holländischen Malers Albert van dem Eyckhout verzierte Kassettendecke. Auf dem Anwesen stehen auch noch ein Kavaliershaus, in dem ein Weinladen lockt, und das Pressehaus, wo noch immer der leckere Rebsaft gepresst und gekeltert wird.

Von Hoflößnitz führt ein reizvoller und zugleich schweißtreibender Aufstieg über die 397 Stufen der Weinbergtreppe **Himmelsleiter**. Die nach einem Entwurf von Matthäus Daniel Pöppelmann 1750 fertiggestellte barocke Treppe wird fälschlich auch Jahrestreppe genannt, da ursprünglich 365 Stufen geplant waren. Oben warten der Bismarckturm und das *Spitzhaus* (Tel. 03 51/830 93 05, www.spitzhaus-radebeul.de), ein Restaurant mit Biergarten, das nicht nur mit Kulinarischem, sondern auch mit einem Panoramablick bis nach Dresden punkten kann.

In den Ortskern von Radebeul wieder zurückgekehrt, können Besucher mit einer technischen Errungenschaft noch aus Zeiten des sächsischen Königreichs das Tal der Lößnitz erkunden. Die TOP TIPP **Lößnitzgrundbahn** (Tel. 03 52 07/892 90, www.sdg-bahn.de), die älteste Schmalspurbahn Deutschlands, zuckelt seit mehr als 125 Jahren mit historischen Lokomotiven durch das anmutige 17 km lange Tal des Lößnitzgrundes von Radebeul-Ost über Moritzburg bis nach Radeburg und wieder zurück.

Karl May und der Skandal um Old Shatterhand

Der mutige Indianerhäuptling Winnetou, Old Shatterhand, der seine Gegner mit einem Fausthieb niederstrecken konnte, und Kara Ben Nemsi, der ›Von Bagdad nach Stambul‹ und ›Durchs wilde Kurdistan‹ ritt – sie sind die Superhelden der Romane von **Karl May** [s. S. 113]. Zu seinen bekanntesten Werken gehören ›Der Schatz im Silbersee‹ (1894) und die ›Kolportageromane‹ (1882–88). Die Romane spielten im Orient und **Wilden Westen** des 19. Jh. und suggerierten, dass der Autor mit seiner Romanfigur Old Shatterhand identisch sei und die Abenteuer selbst erlebt habe. May hatte seine Heimat jedoch bis dato nie verlassen, zeigte sich aber gern in Cowboyoutfit mit dem Gewehr in der Hand. Während sich der mittlerweile berühmte May 1899 endlich auf eine Reise in den **Orient** begab, flog sein Lügenspiel auf und wurde von der Heimatpresse als Hochstapelei angeprangert. Die Entlarvung der ›Old-Shatterhand-Legende‹ rief beim Lesepublikum Empörung hervor, doch die Begeisterung für seine Bücher blieb ungetrübt: Mit 200 Mio. Exemplaren und Übersetzungen in mehr als 30 Sprachen zählt Karl May zu den meistgelesenen Autoren deutscher Sprache. Noch immer werden aus Karl-May-Stoffen Theaterstücke, Filme, Hörspiele und Comics produziert.

Praktische Hinweise

Information

Tourist-Information Radebeul, Meißner Str. 152, Radebeul, Tel. 03 51/895 41 20, www.radebeul.de

Weinverkostung

Karl Friedrich Aust, Weinbergstr. 10, Radebeul, Tel. 03 51/89 39 01 00, www.weingut-aust.de. Weingut aus dem 17. Jh. Im angeschlossenen Weinhaus kann man die Weine verkosten, ein Weinlehrpfad vermittelt Interessantes zum Thema Weinanbau.

Hotel

****__Radisson Blu Park Hotel__, Nizzastr. 55, Radebeul, Tel. 03 51/832 10, www.parkhotel-dresden.com. Moderne Hotelanlage mit 450 Zimmern unterhalb der Lößnitzer Weinberge, zwei Restaurants. Spa- und Wellnessbereich mit Pool, mit Hamam-Zeremonie und Ayurveda.

Restaurants

Charlotte K., Coswiger Str. 23, Radebeul, Tel. 03 51/833 68 76, www.charlotte-radebeul.de. Weinstube in einem altem Fachwerkhaus mit kreativer Regionalküche. Auch Zimmer (Di geschl.).

Schloss Wackerbarth, Wackerbarthstr. 1, Radebeul, Tel. 03 51/895 53 10, www.schloss-wackerbarth.de. Zu sächsischen Gerichten mit internationaler Note werden die eigenen Weine und Sekte des Staatsweingutes serviert.

Weingut Hoflößnitz, Knohllweg 37, Radebeul, Tel. 03 51/839 83 55, www.hofloessnitz.de. Urgemütliches Restaurant im früheren Winzerhaus, bemerkenswerte Regionalküche und mediterrane Spezialitäten, dazu Bioweine vom eigenen Gut (Mo geschl.).

73 Schloss Moritzburg

TOP TIPP

Kunst und Lustbarkeiten im barocken Jagdschloss und rundum ein seenreiches Waldgebiet.

14 km nordwestlich von Dresden und 7 km nördlich von Radebeul
Tel. 03 52 07/87 30
www.schloss-moritzburg.de
April–Okt. tgl. 10–17.30, Nov./Dez. Di–So 10–16 stündlich Rundgänge, Febr./März Sa/So 10–16.30 Uhr
Bus 326 ab Dresden bis Schloss Moritzburg oder S 1 bis Radebeul, von dort mit der Schmalspurbahn ›Lößnitzdackel‹ bis Moritzburg

Auf einer Insel inmitten des Schlossteiches thront Moritzburg, das Schloss *Augusts des Starken*. Das sich anschließende Landschafts-Schutzgebiet *Friedewald*, ei-

ne urwüchsige Waldlandschaft mit Teichen, Wiesen und Feuchtgebieten, hatten die Wettiner schon im 16. Jh. zum kurfürstlichen Jagdgebiet deklariert. 1542 ließ Kurfürst Moritz von Sachsen das nach ihm benannte Wasserschloss errichten. Ab 1723 baute *Matthäus Daniel Pöppelmann* es im Auftrag von August dem Starken zu einem viertürmigen barocken Jagd- und Lustschloss um.

Die Raumfluchten Moritzburgs zeugen eindrucksvoll von der höfischen Wohnkultur jener Epoche: zahlreiche Säle sind mit kostbaren Ledertapeten dekoriert, die mythologische Szenen zeigen, im Mittelpunkt steht häufig Diana, die Göttin der Jagd. Umfangreich und eindrucksvoll ist die *Jagdtrophäensammlung*, deren Prachtexemplare einen lichtdurchfluteten Saal fast bis zur Decke schmücken. Kapitale Exponate sind hier das Geweih eines urzeitlichen Riesenhirsches und ein spektakulärer 66-Ender. Das edle *Porzellanquartier* (nur im Rahmen von Führungen zugänglich) stellt exquisite Service und Porzellanfiguren zum Thema Jagd aus. Ein weiteres Glanzlicht, welches die Hingabe der sächsischen Kurfürsten an Kunst und Luxus beleuchtet, ist das *Federzimmer* im Parterre, in dem Millionen farbige Federn in die Wandteppiche und das kurfürstliche Prunkbett eingearbeitet sind.

Das **Fasanenschlösschen**, ein zierliches Palais im chinesischen Stil, wurde Ende des 18. Jh. am Ufer des *Großteiches* errichtet. Auf diesem Gewässer ließ Friedrich August III. zur Erbauung seiner illustren Gästeschar Wasserfeste und Seeschlachten mit hölzernen Fregatten ausrichten. Von den *Dardanellen* genannten Anlagen mit künstlichen Ruinen und Geschützbastionen blieb nur die Mole mit einem rot-weißen *Leuchtturm* erhalten.

In den Sommermonaten 1909/10 fanden sich die Dresdner Expressionisten der Künstlergruppe ›**Brücke**‹, Max Pechstein, Erich Heckel und Ernst Ludwig Kirchner, zu einer gänzlich anderen Form des Kunstgenusses an den Moritzburger Teichen zusammen: Sie verwandelten die Naturkulissse in ein Freiluftatelier, kom-

Spieglein, Spieglein – Moritzburg ist eines der schönsten Schlösser im sächsischen Land

plett mit weiblichen Modellen für das Aktzeichnen. Zahllose Skizzen und einige farbgewaltige Gemälde entstanden. Werke wie Kirchners ›Vier Badende‹, Pechsteins ›Badende in Moritzburg‹ und Heckels ›Fasanenschlösschen‹ machen das offensichtlich anregende Ambiente von Moritzburg in der Bildsprache der Klassischen Moderne lebendig.

Das **Käthe Kollwitz Haus** (Meißner Str. 7, Tel. 035207/82818, www.kollwitz-moritzburg.de, April–Okt. Mo–Fr 11–17, Sa/So 10–17, Nov.–März Di–Fr 12–16, Sa/So 11–16 Uhr) ist der großen deutschen Grafikerin gewidmet, die 77-jährig auf dem *Rüdenhof* ihre letzte Wohnstätte fand. Das kleine Museum birgt 30 Radierungen, Lithografien und Holzschnitte sowie einige persönliche Erinnerungsgegenstände der Käthe Kollwitz. Prinz Ernst Heinrich von Sachsen hatte die von den Nationalsozialisten mit einem Ausstellungsverbot belegte Künstlerin im Juli 1944 nach Moritzburg eingeladen. Als sie wenige Monate später, am 22. April 1945, verstarb, bettete man sie auf dem hiesigen Friedhof zur letzten Ruhe, später wurde sie nach Berlin-Friedrichsfelde überführt.

Im **Wildgehege Moritzburg** (Radeburger Str. 2, Tel. 035207/99790, www.wildgehege-moritzburg.sachsen.de, Jan/Febr. Sa/So 9–16, März–Okt. tgl. 10–18, Nov./Dez. tgl. 9–16 Uhr) sind rund 30 Tierarten zuhause, darunter Wölfe, Rot- und Schwarzwild, Elche und Luchse. Früher hielten die Förster des Hofes in großen, durch Zäune und Mauern gesicherten Tiergärten Rot- und Schwarzwild, das bei Jagden vor die herrschaftlichen Flinten getrieben wurde. Einige der Bruchsteinmauern aus jener Zeit blieben erhalten und dienen noch immer zur Abtrennung der einzelnen Gehege. Gejagt wird in dieser Gegend heute natürlich nicht mehr. Ganz im Gegenteil, das Wildgehege ist Partner europäischer Auswilderungsprojekte. In den Wipfeln des Buchen- und Eichenwaldes kann man sich außerdem einigen sportlichen Herausforderungen stellen: Der Hochseilgarten **Abenteuerpark Moritzburg** (Radeburger Str. 2, Tel. 035207/28892, www.abenteuerpark-moritzburg.de) bietet auf sieben Parcours mit Drahtseilen, Holzstegen, Schaukeln und Seilrutschen Kletterspaß für Groß und Klein.

Praktische Hinweise

Information

Tourist-Information, Schlossallee 3b, Moritzburg, Tel. 035207/8540, www.moritzburg.de

74 Meißen

Die Wiege Sachsens und die Manufaktur des Weißen Goldes.

25 km nordwestlich von Dresden
S 1 bis Meißen

Am Anfang war die Albrechtsburg, von der man heute einen herrlichen Blick auf die Stadt Meißen (27700 Einw.) und das Elbtal mit den von Wein bewachsenen Hängen genießt. Von der ›Wiege Sachsens‹ aus regierte seit dem Mittelalter die Dynastie der Wettiner, im Schutze ihrer Mauern ließ Kurfürst August der Starke einst sein geliebtes Porzellan produzieren. Nahebei ragt der Meißner Dom mit seinen 70 m hohen Doppeltürmen in den

Himmel und bildet zusammen mit der Albrechtsburg ein grandioses architektonisches Ensemble. Am Fuße des Burgberges breitet sich die malerische Altstadt mit ihren mittelalterlichen Häusern und den verwinkelten Gässchen aus. Zahlreiche Kunsthandwerksläden, Cafés und Weinstuben laden hier zur Einkehr.

Geschichte Im Jahr 929 n. Chr. ließ der ostfränkische König Heinrich I. während seines Eroberungskrieges gegen die Slawen auf einem Felsen die Burg *Misni* errichten. 1125 gelangte die Markgrafschaft Meißen unter Konrad dem Großen in den erblichen Besitz der Wettiner, deren Herrschaft die folgenden 800 Jahre andauern sollte. Als Herzogsresidenz und Bischofssitz entwickelte sich die Stadt schnell zu einem Zentrum der Macht. 1470 beschlossen die gemeinsam regierenden Brüder Albrecht und Ernst von Wettin eine prachtvollere Residenz in Meißen zu errichten. Der Umbau der Burg zum Schloss erfolgte 1471–85 durch den Landesbaumeister Arnold von Westfalen. Doch zu einem Einzug der Brüder kam es nie, 1485 erfolgte die Aufteilung des Landes auf die beiden wettinischen Brüder. Albrecht, der Albertiner, erhielt Sachsen und wählte Dresden als neue Residenz. Mit der 1539 beginnenden Reformation verlor Meißen zudem den Bischofssitz. Als Lehrstätte der humanistischen Bil-

Böttger und die Meissener Porzellan-Manufaktur

Ursprünglich wollte der Apothekerlehrling **Johann Friedrich Böttger** (1682–1719) künstlich Gold herstellen. Tatsächlich schien ihm das 1701 in einem Experiment in Berlin gelungen zu sein. Sofort versuchte der preußische König Friedrich I. Böttgers habhaft zu werden, doch dieser konnte zu seinem Onkel nach Wittenberg fliehen. Allerdings war auch die Aufmerksamkeit des sächsischen Kurfürsten **August des Starken** geweckt. Er ließ Böttger nach Dresden bringen und unter strenger Bewachung seine alchimistischen Versuche fortführen – jedoch ohne Erfolg. Der Physiker **Ehrenfried Walther von Tschirnhaus** (1651–1708), der schon länger das Geheimnis der Porzellanherstellung erforschte, überzeugte Böttger zur Mitarbeit an seinen Experimenten. Porzellan, auch **Weißes Gold** genannt, war an allen Königs- und Fürstenhöfen ein begehrtes Luxusgut und musste aus China importiert werden. Böttger und Tschirnhaus gelang es 1708 mit Kaolin und Feldspat weißes Porzellan herzustellen, das noch härter war als das chinesische. Nach dem Tod von Tschirnhaus leitete Böttger die bald gegründete und in die Albrechtsburg von Meißen verlegte Porzellan-Manufaktur. Mit 37 Jahren starb er in Meißen, sein Körper war durch die Arbeit am Brennofen und den Umgang mit Chemikalien wie Arsen und Quecksilber ausgelaugt.

Edle Kreationen – Vasen und Figuren im Museum der Porzellan-Manufaktur Meissen

dung machte sie sich ab 1543 einen Namen, als Herzog Moritz im Augustinerkloster St. Afra die *Sächsische Landesfürstenschule* gründete. Zu ihren berühmtesten Schülern gehörten die Dichter Gotthold Ephraim Lessing und Christian Fürchtegott Gellert. 1710 ließ Kurfürst August der Starke eine Porzellanmanufaktur in Meißen einrichten. Hinter den dicken Mauern der Albrechtsburg schien das Geheimnis um die Herstellung des Weißen Goldes sicher zu sein. Erst 1863 zog die Produktionsstätte an den heutigen Standort im Triebischtal. Nach der Wiedervereinigung wurde der neue Freistaat Sachsen am 3. Oktober 1990 auf der Albrechtsburg proklamiert.

Seit 1676 trägt die spätgotische Anlage auf dem Burgberg den Namen **Albrechtsburg** (Domplatz 1, Tel. 03521/47070, www.albrechtsburg-meissen.de, März–Okt tgl. 10–18, Nov.–Febr. tgl. 10–17 Uhr). Die zum Burghof ausgerichtete Fassade ziert der *Große Wendelstein*, ein kunstvoll gestalteter viergeschossiger Treppenturm. Das Innere des Schlosses wurde nach dem Auszug der Porzellanmanufaktur in den Jahren 1873–85 durch Professoren der Dresdner Kunstakademie mit imposanten Historienbildern ausgemalt. Der prächtigste Saal ist die *Große Hofstube* mit ornamentverziertem Netzrippengewölbe und drei Wandgemälden, die Jugendszenen der Prinzen Ernst und Albrecht von Wettin zeigen. Zudem sind hier sieben geschnitzte und bunt bemalte Fürstenfiguren aufgestellt. Seit Mai 2011 ist eine neue Dauerausstellung in den Räumen zu sehen, die anhand von Gemälden, Urkunden und Karten Einblicke

Mit viel Liebe zum Detail wird in in der Manufaktur Meissen das Porzellan verziert

in die Geschichte, Architektur und Wohnkultur gibt. Zudem erfährt der Besucher Wissenswertes über Johann Friedrich Böttger und die Porzellanproduktion seit Gründung der Manufaktur im Jahr 1710.

Der benachbarte, seit der Reformation evangelische **Dom zu Meißen** (Domplatz 7, Tel. 03521/452490, www.dom-zu-meissen.de, April–Okt. tgl. 9–18, Nov.–März tgl. 10–16 Uhr) ist ein Hauptwerk der sächsischen Gotik. Die beiden *Westtürme* aus dem 15. Jh. wurden erst 1904–08 nach über 400-jähriger Bauunterbrechung vollendet. Im reich ausgestatteten *Inneren* lassen die hoch aufragenden Bögen die dreischiffige Hallenkirche eigentümlich schmal erscheinen. Die überlebensgroßen *Stifterfiguren* im Chor, darunter Otto d. Gr. und seine Gemahlin Adelheid, sind Meisterwerke der Naumburger Domwerkstatt aus dem 13. Jh. Zur wertvollen Ausstattung gehören auch der Lettner aus dem 13. Jh. und die *Sandsteinkanzel* aus dem 16. Jh. Die *Gemälde* (1526) am Laienaltar vor dem Lettner mit der Kreuzigungs- und der Kreuzauffindungslegende stammen, ebenso wie das *Altartriptychon* (1534) in der Georgskapelle mit Christus als Schmerzensmann, beweint von Maria und Johannes, von *Lucas Cranach d. Ä.* bzw. aus seiner Werkstatt. In der im 15. Jh. westlich angebauten *Fürstenkapelle* sind zahlreiche wettinische Herrscher und deren Familien bestattet. In die Kapelle einbezogen wurde das reich geschmückte einstige *Westportal* (um 1370), das so zum Innenportal wurde.

Die von den Zerstörungen des Zweiten Weltkrieges verschont gebliebene **Altstadt** rund um den Theaterplatz, den Heinrichsplatz und den Marktplatz verströmt mit ihren alten Bürgerhäusern und Gasthöfen nostalgischen Charme. Die Franziskanerklosterkirche aus dem 14. Jh. bildet heute den Rahmen für das **Stadtmuseum** (Heinrichsplatz 3, Tel. 03521/458857, tgl. 10–17 Uhr), dessen Sammlung über ›Meißen als Wiege Sachsens‹ informiert. Das spätgotische **Rathaus** am Marktplatz stammt aus dem 15. Jh., ebenso die **Frauenkirche** gleich nebenan, an deren Turm mehrmals am Tag ein Glockenspiel aus 37 Meissener Porzellanglocken ertönt. Eine Turmbesteigung (Ostern–Okt. Di, Do–So 10–12 und 14–16 Uhr) ermöglicht außerdem einen schönen Blick über die Stadt.

Berühmt ist Meißen aber vor allem für sein Porzellan, das aus der **Staatlichen Porzellan-Manufaktur Meissen** (Talstr. 9, Tel. 03521/468208, www.meissen.com, Mai–Okt. tgl. 9–18, Nov.–April tgl. 9–17 Uhr) im Triebischtal stammt. Der Meissener Porzellanstempel mit den beiden gekreuzten Schwertern ist auf der ganzen Welt bekannt. Die Manufaktur selbst gehört zu den beliebtesten Attraktionen Sachsens. Hier kann man die *Schauwerkstatt* besichtigen und die verschiedenen Stufen der Porzellanfertigung kennenlernen. Im *Museum of Meissen Art* bezaubern die schönsten Stücke der Produktion aus allen Epochen von 1710 bis heute. Der größte *Meissen Flagshipstore* weltweit und ein Outlet für Porzellan zu günstigen Preisen runden das Porzellanerlebnis ab.

Praktische Hinweise

Information

Tourist-Information, Markt 3, Meißen, Tel. 035 21/419 40, www.touristinfo-meissen.de

Weinverkostung

Walter Schuh, Dresdner Str. 314, Coswig, Tel. 035 23/848 10, www.weinhaus-schuh.de. Gute Weiße und Rote vom Klausenberg und Kapitelberg nicht weit von Meißen, dazu gibt es ein Weincafé mit sächsischer Küche.

Hotels

******Welcome Parkhotel**, Hafenstr. 27–31, Meißen, Tel. 035 21/722 50, www.welcome-hotels.com. Jugendstilvilla mit modernen Anbauten am rechten Elbufer. Komfortable Zimmer, schöner Wintergarten und Wellnessbereich.

*****Goldener Löwe**, Heinrichsplatz 6, Meißen, Tel. 035 21/411 14 44, www.welcome-hotels.com. Gediegenes Traditionshaus in der Altstadt mit stilvoll eingerichteten Zimmern und zwei Restaurants.

Restaurants

Bauernhäus'l, Oberspaarer Str. 20, Meißen, Tel. 035 21/73 33 16, www.bauernhaeusl.de. Gute sächsische Küche, serviert auf Meissener Porzellan, und Weine von sächsischen Winzern, dabei moderate Preise (Mo geschl.).

Café Zieger, Rote Stufen 5, Meißen, Tel. 035 21/45 31 47, www.konditorei-zieger.de. Der Familienbetrieb nicht weit von der Albrechtsburg ist bekannt für seine Stollen, Eierschecken und den luftigen ›Meißner Fummel‹ (Mo geschl.).

Café Schreiber, Elbstr. 31, Meißen, Tel. 035 21/45 20 00, www.konditorei-cafe-schreiber.de. Traditionsbetrieb in der Altstadt, mit bestem Baumkuchen, Stollen und Pralinen (Mo geschl.).

Vinzenz Richter, Dresdner Str. 147, Meißen, Tel. 035 21/73 16 06, www.vincenz-richter.de. Das zum Weingut gehörende Restaurant serviert regionale Feinschmeckerküche (Mo geschl.).

zenSuR, Heinrichsplatz 6, Meißen, Tel. 035 21/411 10, www.das-zensur.de. Mediterrane Küche mit pfiffigen Ideen. Gute und umfangreiche Weinkarte (Do mittags, Di, Mi geschl.).

Flott unterwegs – Radfahrer vor der Prachtkulisse von Meißen mit Dom und Albrechtsburg

Zur schönsten Aussicht Dresdens

mit den Bergbahnen der DVB AG

Wir bewegen Dresden.

DVB
DRESDNER VERKEHRSBETRIEBE AG

Dresden aktuell A bis Z

Vor Reiseantritt

ADAC Info-Service:
Tel. 0800 5/10 11 12 (gebührenfrei)

Unter dieser Telefonnummer oder bei den ADAC Geschäftsstellen erhalten ADAC Mitglieder umfangreiches und kostenloses Informations- und Kartenmaterial zu Dresden und Umgebung.

ADAC im Internet:
www.adac.de
www.adac.de/reisefuehrer

Dresden im Internet:
www.dresden.de/dig

Dresden Information GmbH, Prager Str. 2 b, 01069 Dresden, Tel. 0351/501501, info@dresdeninformation.de

Tourismusverband Sächsische Schweiz, Bahnhofstr. 21, 01796 Pirna, Tel. 035 01/47 01 47, www.saechsische-schweiz.de

Nationalparkverwaltung Sächsische Schweiz, An der Elbe 4, 01814 Bad Schandau, Tel. 03 50 22/90 06 00, www.nationalpark-saechsische-schweiz.de

Tourismusverband Sächsisches Elbland, Fabrikstr. 16, 01662 Meißen, Tel. 035 21/763 50, www.elbland.de

Allgemeine Informationen

Tourist-Information Dresden

Dresden Information, Hauptbahnhof, Wiener Platz 4, Dresden, Tel. 0351/501501, www.dresden.de/dig, tgl. 9–19 Uhr

Dresden Information, Am Neumarkt 2, Dresden, Tel. 0351/501501, April–Dez. Mo–Fr 10–19, Sa 10–18, So 10–15 Uhr, Jan.–März verkürzte Öffnungszeiten

Die Adressen der Tourismusbüros außerhalb von Dresden sind im Haupttext bei den jeweiligen Orten unter *Praktische Hinweise* aufgeführt.

Dresden-Cards

Die **Dresden-City-Card** gilt einen oder zwei Tage und bietet freie Fahrt mit den öffentlichen Verkehrsmitteln der Stadt, ermäßigten Eintritt (1-Tages-Card) bzw. freien Eintritt (2-Tages-Card) in die Museen der Staatlichen Kunstsammlungen sowie Vergünstigungen bei über 70 weiteren Sehenswürdigkeiten, darunter Museen, Schlösser und Parkanlagen.

Die **Dresden-Regio-Card** für drei oder für fünf Tage bietet alle Leistungen der City-Card und freie Fahrt mit den Verkehrsmitteln des Verkehrsverbundes Oberelbe (VVO).

Infos: www.dresden.de/dig

Ärztliche Versorgung

Ärztlicher Notdienst: Universitätsklinikum, Fiedlerstr. 25, Haus 28, Tel. 03 51/192 92

Giftnotrufzentrale: Tel. 03 61/73 07 30

Apotheken-Notdienst: Tel. 03 51/115 00, www.aponet.de

Dresden ohne Barrieren

Zahlreiche Unterkünfte, Lokale und Sehenswürdigkeiten in Dresden und Umgebung sind behindertengerecht gestaltet. Die Broschüre ›Dresden ohne Barrieren‹ enthält Informationen zu Museen, Hotels, Restaurants und öffentlichen Verkehrsmitteln. Das Infomaterial kann bestellt werden unter Tel. 03 51/50 16 01 60 oder online unter www.dresden.de.

Verband der Körperbehinderten der Stadt Dresden, Begegnungs-, Beratungs- und Geschäftsstelle, Strehlener Str. 24, Dresden, Tel. 03 51/472 49 42, www.kompass-dresden.org

Fundbüros

Fundbüro der Stadt Dresden, Theaterstr. 13, Tel. 03 51/488 59 96

Fundservice der Deutschen Bahn, Tel. 09 00/199 05 99 (0,59 €/Min.), www.bahn.de

Anreise

Auto

Die **A 4** verbindet Dresden in westlicher Richtung mit Köln, Erfurt und Chemnitz sowie östlich mit Bautzen, Görlitz und Wroclaw (Breslau) in Polen. Die **A 13** führt von Norden (Stettin, Rostock, Berlin) aus in die sächsische Hauptstadt, in südlicher Richtung verläuft die **A 17** bis nach Prag.

Parkplätze

Im Stadtzentrum stehen viele Parkhäuser und Parkplätze zur Verfügung (Gebührenpflicht), ein **Parkleitsystem** weist Autofahrern den Weg zur nächsten Parkmöglichkeit mit freien Plätzen. Zudem kann man unter www.dresden.de unter der Rubrik ›Stadtentwicklung und Umwelt‹ und dann ›Parkplatzbelegung‹ aktuelle Informationen zur Parksituation abrufen.

Parkmöglichkeiten in der Altstadt

Parkhaus Mitte
(Zufahrt Magdeburger Straße)

Tiefgarage Altmarkt
(Zufahrt Wilsdruffer Straße)

Tiefgarage Frauenkirche Neumarkt
(Zufahrt Landhausstraße)

Tiefgarage Semperoper
(Zufahrt Devrientstraße)

Bahn

Rund 40 Fern- und über 150 Nahverkehrszüge halten täglich neben den S-Bahnen an Dresdens beiden großen Bahnhöfen, dem **Hauptbahnhof** am südlichen Rand der Altstadt und dem **Neustädter Bahnhof** auf der nördlichen Elbseite.

City Night Line

Über Nacht fahren die Züge der *City Night Line*, die Dresden mit Amsterdam, Köln und Dortmund verbindet, eine andere Route führt von Zürich aus über Karlsruhe und Frankfurt nach Sachsen:

City Night Line, Tel. 018 05/99 66 33 (0,14 €/Min.), www.citynightline.de).

Fahrplanauskunft:

Deutsche Bahn, 018 05/99 66 33 (0,14 €/Min.), 08 00/150 70 90 (sprachgesteuert), www.bahn.de

Österreichische Bundesbahn,
Tel. 05 17 17, www.oebb.at

Schweizerische Bundesbahnen,
Tel. 09 00 30 03 00 (max. 0,68 €/Min.), www.sbb.ch

Flugzeug

Der Flughafen **Dresden International** (Tel. 03 51/881 33 60, www.dresden-airport.de) liegt ca. 9 km nördlich vom Stadtzentrum im Ortsteil Klotzsche. Über die Autobahn A 4 sowie die Bundesstraße B 97 gelangt man in die Innenstadt. Die S 2 verbindet den Airport mit dem Hauptbahnhof (Dauer etwa 20 Min.). Anbieter von Mietwagen sind am Flughafen vertreten.

Service und Notruf

Notruf
Tel./Mobil: 112 (EU-weit: Polizei, Unfallrettung, Feuerwehr)

ADAC Info Service
Tel. 0800 5 10 11 12
(Mo–Sa 8–20 Uhr)

ADAC Pannenhilfe Deutschland
Tel. 0 180 2 22 22 22
(dt. Festnetz 6 ct/Anruf;
dt. Mobilfunk max. 42 ct/Min.),
Mobil-Kurzwahl: 22 22 22
(Verbindungskosten je nach Netzbetreiber/Provider)

Hilfe an Notrufsäulen
Unbedingt den ADAC verlangen

ADAC Ambulanzdienst München
Festnetz: +49 89 76 76 76 (24 Std.)

ÖAMTC Schutzbrief Nothilfe
Tel. +43 1 251 20 00, www.oeamtc.at

TCS Einsatzzentrale
Tel. +41 5 88 27 22 20, www.tcs.ch

Bank, Post, Telefon

Bank

Öffnungszeiten: in der Regel Mo–Fr 9–13 und 14–16 Uhr, Do bis 18 Uhr

Post

Öffnungszeiten: in der Regel
Mo–Fr 8–18, Sa 10–13 Uhr.

Webergasse 1, Altmarktgalerie,
Mo–Sa 9.30–21 Uhr

Schweriner Str. 36, Wilsdruffer Vorstadt,
Mo–Fr 9–18.30, Sa 10–13 Uhr

Metzgerstr. 1, Innere Neustadt,
Mo–Fr 8–20, Sa 8–18 Uhr

Telefon

Vorwahl Dresden: 03 51

Vorwahl Meißen: 035 21

Vorwahl Pirna: 035 01

Einkaufen

Die **Prager Straße** zwischen Hauptbahnhof und Altstadt ist nach aufwendiger Sanierung wieder eine Shoppingmeile, hier locken die *Centrum-Galerie* (www.centrumgalerie.de), Kaufhäuser, Boutiquen, Kinos und Cafés. Am **Altmarkt** lädt die *Altmarkt-Galerie* (www.altmarkt-galerie-dresden.de) zu einem Einkaufsbummel ein. Rund um den **Neumarkt** und in der Einkaufspassage *Quartier an der Frauenkirche* (www.qf-dresden.de) warten edle Boutiquen auf betuchte Kunden. Am rechten Elbufer sind in der **Inneren Neustadt** diverse Geschäfte beiderseits der Hauptstraße aneinandergereiht. Auch die *Neustädter Markthalle* (www.markthalle-dresden.de), die *Prisco Passage* oder die Königstraße lohnen hier einen Besuch. In der **Äußeren Neustadt** nördlich vom Albertplatz findet man viele kleine Läden mit origineller Mode oder mit Dekor für die Wohnung. Ein besonderes Angebot vom Feng-Shui-Laden über Kunstgalerien bis zu Textildesign hält die **Kunsthofpassage** (www.kunsthof-dresden.de) bereit, die man durch Torbögen in der Görlitzer- oder Alaunstraße erreicht. TOP TIPP

Zu den beliebten Mitbringseln aus Dresden gehören Porzellan aus der Meissener Manufaktur, Schnitzereien aus dem Erzgebirge, Wein aus der Lößnitz, Dresdner Stollen oder Bildbände der Staatlichen Kunstsammlungen.

Antiquitäten und Bücher

Dresdner Antiquariat, Wilsdruffer Str. 14, Tel. 03 51/490 45 83. Hier kann man nach Herzenslust stöbern, Bücher von Klassikern bis Fachliteratur auf drei Etagen.

Haus des Buches, Dr.-Külz-Ring 12, Tel. 03 51/49 73 60, www.thalia.de. Riesige Buchhandlung über fünf Etagen. Bei einem Sortiment von über 100 000 Büchern bleiben keine Wünsche offen.

Kunsthandlung Kühne, Plattleite 68, Tel. 03 51/267 90 64, www.kunsthandlung-kuehne.de. Kunst und Antiquitäten vor allem sächsischer Künstler vom 18.–20. Jh. im Stadtviertel Weißer Hirsch.

Süße Weihnachtsspezialitäten – Dresdner Stollen erfreut nicht nur das Auge

Delikatessen

Augustus Rex, Spezialitätenbrennerei, Klotzscher Hauptstr. 24, Tel. 03 51/880 89 89, www.augustus-rex.com. Im Keller eines ehemaligen Weingutes in Dresden-Klotzsche entstehen über 50 sortenreine Obstbrände, viele von Streuobstwiesen rund um die Stadt.

Chocolaterie Demnitz, Friedrich-Wieck-Str. 45, Tel. 03 51/263 31 68. Große Auswahl an handgeschöpften Schokoladen und Pralinen. Die Kreationen kann man auch im angeschlossenen Café kosten.

TOP TIPP **Pfunds Molkerei**, Bautzner Str. 79, Tel. 03 51/80 80 80, www.pfunds.de. Ausgezeichnetes Käsesortiment. Am besten kauft man die gereiften Köstlichkeiten gleich bei Ladenöffnung um 10 Uhr – dann ist der Andrang der Besucher, welche die handbemalten Fliesen des Milchladens bestaunen, noch nicht so groß. Im Restaurant werden Spezialitäten rund um die Milch serviert [Nr. 37].

Phoenix Coffee Roasters, Bautzner Str. 75, Tel. 03 51/656 86 99, www.phoenix-coffeeroasters.com. Köstliche Kaffeesorten aus eigener Röstung für Liebhaber des ›Schwarzen Goldes‹.

Sächsische Vinothek, Salzgasse 2, Tel. 03 51/484 52 00, www.saechsische-vinothek.de. Größte Auswahl sächsischer Weine in der Stadt, von Meißner Spätburgunder bis Goldriesling. Auch Brände, Liköre sowie Sekt.

Vorwerk Podemus, Bio-Hofmarkt, Podemuser Ring 1, Tel. 03 51/658 79 50, www.vorwerkpodemus.de. Beste Biolandwa-

Blumendesign mit ruhiger Hand – Porzellanmalerin in der Meissener Manufaktur

ren, sehr lecker sind die Lammknacker und die Haussalami mit Kirschwasser.

Kunsthandwerk

TOP TIPP **Meissen Shop am Fürstenzug**, im Hilton Dresden Hotel, An der Frauenkirche 5, Tel. 03 51/864 29 64, www.meissen.com. Herrliche Stücke aus der berühmten Manufaktur in Meißen.

Kunsthandwerk an der Kreuzkirche, Kreuzstr. 6, Tel. 03 51/496 48 40, www.ratags.de. Werkschau sächsischer Kunsthandwerker, hier kann man schöne Mitbringsel erstehen.

TOP TIPP **Kunsthandwerkerpassagen**, Hauptstr. 9–19, Tel. 03 51/802 47 74, www.kunsthandwerkerpassagen.de. Werkstätten und Ateliers in barocken Bürgerhäusern, hier bekommt man alles von handgemachten Seifen bis zu Glaskunst und Holzschnitzerei.

Märkte

Elbeflohmarkt, Trödelmarkt am Elbufer zwischen Carola- und Albertbrücke (Sa 7–14 Uhr).

Sachsenmarkt, Lingnerallee (beim Deutschen Hygiene-Museum), Wochenmarkt mit einem Angebot von Spreewaldgurken bis Kunsthandwerk (Fr 8–16 Uhr).

Wochenmarkt auf dem Schillerplatz, frisches Obst, Gemüse, Fisch oder Käse (Di, Do 9–18, Sa 8–12 Uhr).

Sauerbraten und Fummel

Herzöge und Kurfürsten Dresdens verlangte es im 17. Jh. nach französischer Kochkunst, sie eiferten auch darin Ludwig XIV. und seinem Hof in Versailles nach. Doch auf den Tisch des Volkes kam meist nur bescheidene Kost. Zu den Spezialitäten der Dresdner Küche gehören noch heute **Kartoffelsuppe** und **Sauerbraten**. Letzterer, ein mehrere Tage in Marinade eingelegtes Rinderfilet, stammt vom Vogtländischen Rotvieh, einer seltenen sächsischen Rinderrasse. Auch raffiniert zubereiteter Hirschrücken vom Wild aus sächsischen Wäldern kann als kulinarischer Genuss eingestuft werden. Abgerundet wird ein solches Mahl durch ein Glas **Wein** [s. S. 128] oder **Bier**. Beliebte Sorten sind Feldschlösschen, Wernesgrüner und Radeberger. Am Schluss mag man einen der sortenreinen Obstbrände von den Streuobstwiesen bei Dresden probieren.

Die Sachsen selbst sind passionierte **Kaffeetrinker**. Schließlich verwendete die Dresdner Hausfrau Melitta Bentz 1908 erstmals Löschpapier als Filter für ihren Bohnenkaffee, wie der Name erkennen lässt, mit nachhaltigem Erfolg. Auch süße Köstlichkeiten stehen in Sachsen hoch im Kurs: Für die **Quarkkäulchen** wird ein Teig aus Pellkartoffeln, Mehl, Eiern, Rosinen und Quark hergestellt. Die **Dresdner Eierschecke** wiederum ist ein dreischichtiger Kuchen aus Quark und Vanillepudding. Der Name erinnert an den Männerrock des 14. Jh., der Schecke hieß und aus drei Teilen bestand Ober- und Unterrock sowie Gürtel. **Meißner Fummel** ist ein zerbrechliches Gebäckstück aus Nudelteig, das innen hohl ist. Unter den Süßigkeiten ist jedoch der **Dresdner Stollen** der wahre Star. Seine Zubereitung gilt als hohe Kunst, und es sollten nur die feinsten Zutaten Verwendung finden. Es sind neben Butter, Mehl und Hefe zerkleinerte Mandeln, in Rum eingelegte Rosinen, Orangeat und Zitronat. Der Teig soll nach dem Kneten 4 Std. ruhen, dann kommt er in den Backofen. Der noch warme Stollen wird mit Butter eingepinselt und später mit Puderzucker bestäubt.

Mode, Schmuck, Uhren

A. Lange & Söhne, Töpferstr. 8, Tel. 03 51/ 48 18 50 51, www.alange-soehne.com. Luxusprodukte der Uhrenmanufaktur aus Glashütte nahe der Frauenkirche.

Herrmann Collection, Wilsdruffer Str./ Ecke Gewandhausstr. 2, Tel. 03 51/ 804 19 78, www.abendkleider-dresden.de. Dresdner Modedesigner für Brautmode, Abendkleider und Herrengarderobe.

Juwelier Leicht, An der Frauenkirche 3, Tel. 03 51/497 39 70, www.leicht-jewellery.com. Schmuckkreationen aus eigener Werkstatt, daneben Repliken wie der Siegelring Luthers oder Pretiosen aus dem Besitz Augusts des Starken.

Prüssing & Köll, Heinrichstr. 5, Tel. 03 51/810 46 46, www.pruessingundkoell.de. Maßschneiderei für Anzüge und Hemden auch mit Monogramm.

Essen und Trinken

Cafés

Café Blumenau, Louisenstr. 67, Tel. 03 51/802 65 02, www.cafe-blumenau.de. Wunderbares Frühstück, Restaurant und trendige Cocktailbar im Szeneviertel Äußere Neustadt.

TOP TIPP **Café Kreutzkamm**, Altmarkt 25/ Ecke Wilsdruffer Straße, Tel. 03 51/ 495 41 72, www.kreutzkamm.de. Seit 1825 köstliche Süßigkeiten wie Eierschecken, Quarkkäulchen, Stollen und Baumkuchen.

Café Toscana, Schillerplatz 7, Tel. 0351/ 310 07 44, www.cafe-eisold.de. Café aus dem 19. Jh., benannt nach der sächsischen Kronprinzessin Luisa von Toscana. Tolles Angebot an Kuchen und Torten.

Café Vis-à-Vis, im Hilton Dresden Hotel, Brühlsche Terrasse, Tel. 03 51/864 28 37, www.hilton.de/dresden. Einst lagerte man in der Sekundogenitur von 1896 die königliche Grafiksammlung, heute frönt man hier der Wiener Kaffeehauskultur.

Café Vestibül, im Hotel Taschenbergpalais Kempinski, Taschenberg 3, Tel. 03 51/ 491 27 30, www.kempinski.com. In herrschaftlichem Ambiente kann man Kaffee trinken und die Kreationen der hauseigenen Patisserie genießen.

Sächsische Küche

Coselpalais, An der Frauenkirche 12, Tel. 03 51/496 24 44, www.coselpalais-dresden.de. Wunderschöner Barockbau von 1765. Sächsische und mediterrane Gerichte auf Meissener Porzellan arrangiert.

Fischhaus Dresden, Fischhausstr. 14, Tel. 03 51/89 91 00, www.fischhaus-dresden.de. Traditionsgaststätte für Fisch im König Albert Park. Mit Bar und Kamin, im Sommer auch Biergarten.

Sächsisch-Böhmisches Bierhaus, Altmarktkeller Dresden, Altmarkt 4, Tel. 03 51/481 81 30, www.altmarktkeller-dresden.de. Böhmische und sächsische Küche im Gewölbekeller.

Sophienkeller, Taschenbergpalais, Taschenberg 3, Tel. 03 51/49 72 60, www.sophienkeller-dresden.de. Stimmungsvoll ausgeleuchtetes Kellergewölbe, das Angebot reicht von der Kartoffelsuppe bis zum Traditionsgericht Sauerbraten.

TOP TIPP **Zschoner Mühle**, Zschonergrund 2, Tel. 03 51/421 02 52, www.zschoner-muehle.de. Gefüllte Krautroulade, warmes Bratenbrot und andere sächsische Leckereien. Im Hintergrund plätschert eine Wassermühle.

Neue internationale Küche

Alte Meister, Theaterplatz 1 a, Tel. 03 51/ 481 04 26, www.altemeister.net. Blick aus dem ehem. Braun'schen Atelier im Zwinger auf den Theaterplatz. Tagsüber Café und ambitionierte Küche am Abend.

TOP TIPP **bean & beluga**, Bautzner Landstr. 32, Tel. 03 51/44 00 88 00, www.bean-and-beluga.de. Sternekoch Stefan Hermann präsentiert seine Gourmetküche im Stadtteil Weißer Hirsch. Mediterrane und asiatische Küche werden hier raffiniert kombiniert. Mit Kochschule (So/Mo geschl.).

Italienisches Dörfchen, Theaterplatz 3, Tel. 03 51/49 81 60, www.italienisches-doerfchen.de. Im 18. Jh. wohnten an dieser Stelle italienische Handwerker, heute genießt man unter der stuckverzierten Decke sächsische und mediterrane Küche. Das angeschlossene Café lockt mit schöner Aussicht auf die Elbe.

Kastenmeiers, im Kurländer Palais, Tzschirnerplatz 3–5, Tel. 03 51/48 48 48 01, www.kastenmeiers.de. Kreativ zubereite Fischgerichte serviert in elegantem Ambiente. Schöner Arkadenhof.

Kümmelschänke, Kümmelschänkenweg 2, Tel. 03 51/421 61 44, www.kuemmelschaenke.de. Die ehemalige Dorfschänke in Omsewitz hat sich zu einem Treff-

Weine aus Sachsen

Kenner rühmen ihren sortenreinen Geschmack und die fruchtige Säure. Über 40 verschiedene Rebsorten werden schon seit mehr als 800 Jahren an den steilen, mit Bruchsteinmauern terrassierten Elbhängen zwischen Pirna, Dresden und den Weindörfern um Diesbar-Seußlitz nördlich von Meißen angebaut, die bekanntesten sind Weiß- und Grauburgunder, Müller-Thurgau sowie Riesling. Der *Heilige Benno,* um das Jahr 1100 Bischof von Meißen, gilt als Begründer des Weinbaus im Elbtal. Bis zur Mitte des 17. Jh. dauerte die Blütezeit des Weinbaus in Sachsen, dann reduzierten die Säkularisierung der Kirchengüter, harte Winter und Reblausbefall die ehemals über 5000 ha Anbaufläche drastisch. Waren es Mitte des 18. Jh. immerhin noch etwa 1600 ha, so waren nach dem Zweiten Weltkrieg nur noch 60 ha mit Weinreben bepflanzt. Ab den 1950er-Jahren begann man mit der **Wiederaufrebung**, und heute gedeihen in dem nordöstlichsten Anbaugebiet Deutschlands die Rebstöcke wieder auf rund 425 ha und erfreuen sich an den knapp 1600 Sonnenscheinstunden im Jahr. Die Spezialität sind leichte, spritzige Weißweine, aber auch einige Rote sind nicht zu verachten. Gut zwei Dutzend Weingüter laden Ende August zum *Tag der Offenen Tür* ein und informieren über die Arbeit im Weinberg und im Weinkeller (Infos: www.weinbauverband-sachsen.de). Auch die im 16. Jh. etablierten **Straußenwirtschaften**, die im Spätsommer jungen Wein mit Zwiebelkuchen oder Käse kredenzen, sind heute wieder beliebt. Weingüter wie Hoflössnitz und Schloss Wackerbarth sind im Haupttext beschrieben, Adressen zur Weinverkostung sind bei den Orten unter Praktische Hinweise aufgelistet.

punkt für Freunde guter Bio-Gerichte gemausert. Den traditionellen Kümmelschnaps gibt es immer noch.

Lesage, Lennéstr. 1, Tel. 03 51/420 42 50, www.lesage.de. Kreativ zubereitete Gerichte wie Limonen-Ruccola-Linguine oder Perlhuhnbrust mit Mandel-Quiche. Originelles Ambiente, das Restaurant befindet sich im Gebäude der Gläsernen Manufaktur (So/Mo abends geschl.).

Palais Bistro, im Hotel Taschenbergpalais Kempinski, Taschenberg 3, Tel. 03 51/491 27 10, www.kempinski.com. Schöne Atmosphäre, der Gast diniert stilvoll unter Kronleuchtern. Serviert wird leichte französische Bistroküche.

Petit Frank, Bürgerstr. 14, Tel. 03 51/821 19 00, www.petit-frank.de. Ländliche französische Küche von Frank Ollhoff in einem Gewölbekeller in Dresden Pieschen-Süd, mit schöner Terrasse. Reservierung empfohlen (So/Mo geschl.).

TOP TIPP **Schloss Eckberg**, Bautzner Str. 134, Tel. 03 51/809 90, www.schloss-eckberg.de. Das Schloss im Tudorstil beherbergt ein Hotel. Im holzvertäfelten Gartensaal werden regionale Gerichte mit mediterraner Note serviert. Im Sommer speist man auf der Terrasse und genießt den Blick über die Elbterrassen.

TOP TIPP **Schmidt's**, Moritzburger Weg 67, Tel. 03 51/804 48 83, www.schmidts-restaurant.de. Lokal im Gebäude der Deutschen Werkstätten Hellerau, mediterran inspirierte Küche (So geschl.).

Scheunecafé, Alaunstr. 36–40, Tel. 03 51/802 66 19, www.scheunecafe.de. Gemütliche Atmosphäre, leckere indische Gerichte wie Samosa und Tandoori Chicken, dazu trinkt man Chaipur.

Villa Marie, Fährgässchen 1, Tel. 03 51/315 44 0, www.villa-marie.de. Die mediterrane Atmosphäre in der gelben Villa weckt Erinnerungen an die Toskana. Einfache italienische Speisen. Von der Terrasse herrlicher Blick auf die Elbe mit der Brücke Blaues Wunder.

Villandry, Jordanstr. 8, Tel. 03 51/899 67 24, www.villandry.de. Aus regionalen Produkten zaubert der Küchenchef einen mediterranen Gaumenschmaus. Mit lauschigem Sommergarten (So geschl.).

Kuppelrestaurant in der Yenidze, Weißeritzstr. 3, Tel. 03 51/490 59 90, www.kuppelrestaurant.de. Unter der bunten Glaskuppel der einstigen Zigarettenfabrik genießt man internationale Küche und den herrlichen Ausblick.

Szene-Kneipen und Biergärten

Planwirtschaft, Louisenstr. 20, Tel. 03 51/801 31 87, www.planwirtschaft.de. Köstliches Frühstücksbüffet, lauschiger

Garten mit Betrieb bis in die späten Abendstunden sowie uriges Kellerlokal.

TOP TIPP **Ball- und Brauhaus Watzke,** Kötzschenbroder Str. 1, Tel. 03 51/ 85 29 20, www.watzke.de. Tradition seit 1898, Brauerei mit dem ersten unfiltrierten Bier der Stadt und dazu deftige Speisen. Im Sommer Biergarten mit Elbeblick. Der Ballsaal wird regelmäßig für Theaterstücke und Konzerte genutzt.

TOP TIPP **Schillergarten,** Schillerplatz 9, Tel. 03 51/81 19 90, www.schillergarten.de. Eine der ältesten Gaststuben in Dresden, in der auch schon Friedrich Schiller speiste. Das Restaurant bietet gutbürgerliche Küche. Herrlicher Biergarten mit Blick aufs Wasser.

Feiertage

1. Januar (Neujahr), Karfreitag, Ostermontag, 1. Mai (Tag der Arbeit), Himmelfahrt, Pfingstmontag, 3. Oktober (Tag der Deutschen Einheit), 31. Oktober (Reformationstag), Buß- und Bettag, 25./26. Dezember (1. und 2. Weihnachtsfeiertag).

Festivals und Events

Februar

TOP TIPP **Semper Opernball:** Prunkvoller Ball in der Semperoper nach Wiener Vorbild und auf dem Theaterplatz ein Open-Air-Ball für jedermann (www.semperopernball.de).

13. Februar: Gedenkveranstaltungen an die Bombennacht 1945 und gegen Gewalt und Fremdenhass, mit Konzerten in der Frauen- und der Kreuzkirche (http://13februar.dresden.de).

März

Hutball: Kunterbunte Pracht auf den Häuptern der Gäste im Parkhotel Weißer Hirsch (www.hutball.de).

April

Filmfest Dresden: Beim internationalen Kurzfilmfestival werden die Beiträge an über 15 Veranstaltungsorten gezeigt (www.filmfest-dresden.de).

Mai

TOP TIPP **Flottenparade:** Am 1. Mai laden die historischen Schaufelraddampfer zum Ausflug nach Schloss Pillnitz ein, Start an der Brühlschen Terrasse (www.saechsische-dampfschiffahrt.de).

Dresdner Musikfestspiele: Dreiwöchiges Event mit klassischen Konzerten internationaler Stars und Dresdner Ensembles (www.musikfestspiele.com).

Internationales Dixieland Festival: Fast drei Wochen lang spielen Bands aus aller Welt beim größten Dixieland-Festival Europas (www.dixieland.de).

Oberelbe-Marathon: auf dem Elberadweg durch die Sächsische Schweiz bis Dresden (www.oberelbe-marathon.de).

Juni

BRN Dresden: Das alternative Stadtteilfest der Bunten Republik Neustadt bietet eine Menge Kultur rund um die Talstraße (www.bunterepublikneustadt.de).

Drachenboot-Festival: 120 Teams paddeln auf der Elbe um die Wette (www.wsv-am-blauen-wunder.de).

TOP TIPP **Elbhangfest:** Das Volksfest findet am letzten Juniwochenende statt, auf dem Programm stehen Theateraufführungen, Konzerte und Drachenbootrennen von Dresden bis Pillnitz (www.elbhangfest.de).

Karl-May-Festtage: Aufführungen nach den Wildwestromanen und Vorträge über den Autor in Radebeul und Umgebung (www.karl-may-fest.de).

Juli

Dresdner Schlössernacht: Events in den Albrechtsschlössern und ihren Parks (www.dresdner-schloessernacht.de).

Filmnächte am Elbufer: Open-Air-Kino mit Blick auf Dresdens Stadtsilhouette, mit Konzerten am Wochenende (www.filmnaechte.de).

August

Dresdner Stadtfest: Dreitägiges Kulturfestival zwischen Barock und Hightech (www.dresdner-stadtfest.com).

Pillnitzer Schlossnacht: Abendliches Lustwandeln durch die illuminierte barocke Parkanlage. Kleinkünstler gestalten ein buntes Rahmenprogramm (www.pillnitzer-schlossnacht.de).

TOP TIPP **Tag des offenen Weingutes:** Schloss Wackerbarth und andere Weingüter an der Sächsischen Weinstraße veranstalten Degustationen (www.weinbauverband-sachsen.de).

September

Hengstparaden in Moritzburg: An den ersten drei Wochenenden, mit Paraden, Stallbesichtigungen und Veranstaltungen rund um die edlen Halbblüter (www.smul.sachsen.de).

Oktober

Dresden Marathon: Entlang der Elbwiesen, durch den Großen Garten und die Altstadt (www.dresden-marathon.de).

November

Jazztage: Dutzende swingende Konzerte finden in der ersten Hälfte des Monats statt (www.jazztage-dresden.de).

TOP TIPP **Striezelmarkt:** Der älteste Weihnachtsmarkt Deutschlands zelebriert das festliche Ambiente auf dem Altmarkt von Ende November bis zum 24. Dezember (www.dresden.de/striezelmarkt).

Dezember

Silvester: Am 31. Dezember wird das neue Jahr auf dem stimmungsvollen Theaterplatz lautstark begrüßt (www.silvester-theaterplatz.de).

Dresden er-lesen

Christine von Brühl, Gebrauchsanweisung für Dresden, Piper Verlag 2005. Persönliches Stadtporträt einer Nachfahrin von Heinrich Graf Brühl.

Matthias Gretzschel, Als Dresden im Feuersturm versank, Ellert & Richter Verlag 2006. Ergreifende Schilderung der Bombennacht vom 13. Februar 1945 mit Schilderungen unterschiedlicher Zeitzeugen.

Wolfgang Hädecke, Dresden, dtv 2009. Essays zu verschiedenen Themen aus 800 Jahren Stadtgeschichte.

Erich Kästner, Als ich ein kleiner Junge war, dtv 2009. Kindheitserinnerungen des Schriftstellers, der in der Dresdner Neustadt aufwuchs.

Kai Leuner, Kardinalfehler, Prolibris Verlag 2009. Turbulenter Dresden-Thriller über einen skrupellosen Attentäter, der nach dem Leben des Bundeskanzlers trachtet.

Monika Rosner, Glummie Riday, August der Starke, Sandstein Verlag 2008. Der sächsische Kurfürst und seine Zeit, für Kinder ab 8 Jahre.

Uwe Tellkamp, Der Turm, Suhrkamp Verlag 2009. Das 1000-seitige Epos schildert in geschliffener Sprache den Niedergang der DDR zwischen 1982 und 1989 aus dem Blickwinkel von drei Generationen einer bildungsbürgerlichen Dresdner Familie.

Sebastian Dehnhardt, Das Drama von Dresden, Warner Home Video DVD 2006. Preisgekrönte Dokumentation als ›Echtzeitreportage‹ über den Bombenangriff von 1945.

Klima und Reisezeit

Die Stadt an der Elbe hat mit ihren Museen, Schlössern und Parkanlagen zu jeder Jahreszeit ihren Reiz. Im Sommer lockt Dresden mit Spaziergängen durch die barocken Gärten oder auf der Brühlschen Terrasse. In der Weihnachtszeit zieht der *Striezelmarkt* Besucher aus aller Welt an.

Monat	Luft (°C) min./max.	Sonnen-std./Tag	Regen-tage
Januar	-3/ 1	2	9
Februar	-2/ 3	3	9
März	0/ 7	4	8
April	4/13	5	10
Mai	8/18	6	11
Juni	12/22	7	11
Juli	14/24	7	10
August	13/23	7	9
September	10/20	6	8
Oktober	6/14	4	9
November	2/ 7	2	9
Dezember	-1/ 3	1	11

Kultur live

Karten

Konzertkasse im Florentinum, Ferdinandstr. 12, Tel. 03 51/866 60 11, www.konzertkasse-dresden.de

saxTicket, Königsbrücker Str. 55, Tel. 03 51/803 87 44, www.saxticket.de.

Kabarett und Varieté

Die Herkuleskeule, Sternplatz 1, Ticket-Tel. 03 51/492 55 55, www.herkules keule.de. Das politisch-satirische Kabarett ist mittlerweile eine Institution in Dresden.

Dresdner Kabarett Breschke & Schuch, Wettiner Platz 10, Ticket-Tel. 03 51/ 490 40 09, www.kabarett-breschke-

Festliche Overtüre – Semperoper und Theaterplatz im abendlichen Lichterglanz

schuch.de. Höhepunkt des anspruchsvollen Programms: Die ›Striezelmarktwirtschaft – Jahresendabrechnung‹.

Sarrasani Trocadero Dinner-Variétheater, Straßburger Platz, Tel. 03 51/646 50 56, www.sarrasani.de. Ab November präsentiert der weltberühmte Zirkus für ein Vierteljahr sein Varietéprogramm.

Oper, Operette, Konzert

Dresdner Kreuzchor, Kreuzkirche, Altmarkt, Ticket-Tel. 03 51/496 58 07, www. kreuzchor.de. Exzellenter Knabenchor mit geistlichem und weltlichem Repertoire.

Dresdner Philharmonie, Kulturpalast, Altmarkt, Ticket-Tel. 03 51/486 68 66, www.dresdnerphilharmonie.de. Orchester der Landeshauptstadt mit regelmäßigen Konzerten im Kulturpalast.

Semperoper – Sächsische Staatsoper und Staatskapelle Dresden, Theaterplatz 2, Ticket-Tel. 03 51/491 17 05, www. semperoper.de. Weltbekanntes Haus mit Traditionsorchester, das schon seit 460 Jahren besteht.

Staatsoperette Dresden, Pirnaer Landstr. 131, Ticket-Tel. 03 51/207 99 99, www. staatsoperette-dresden.de. Das stimmgewaltige Ensemble präsentiert Operetten und Musicals.

Schauspiel

Hoftheater Dresden, Hauptstr. 35, Weißig, Ticket-Tel. 03 51/250 61 50, www.hoftheater-dresden.de. Kammerstücke, Filmkunst oder Musicals genießt man in Dresdens ›Liebhabertheater‹.

Komödie Dresden, Freiberger Str. 39, Tel. 03 51/86 64 10, www.komoedie-dresden.de. Boulevardtheater im World Trade Center, die Inszenierungen erfreuen mit ihren heiteren Dialogen.

Societätstheater, An der Dreikönigskirche 1a, Ticket-Tel. 03 51/803 68 10, www.societaetstheater.de. Modernes Theater in barockem Gebäude, im Sommer auch mit Gartenbühne.

Staatsschauspiel, Theaterstr. 2, Ticket- Tel. 03 51/491 35 55, www.staatsschauspiel-dresden.de. Auf der Bühne werden Klassiker und Stücke junger Autoren performt. Zweite Spielstätte in der Glacisstr. 28.

Theater Junge Generation, Meißner Landstr. 4, Tel. 03 51/42 91 20, www.tjg-dresden.de. Puppentheater, Märchen, Klassiker und moderne Stücke für Kinder bzw. Jugendliche. Sommertheater im Dresdner Stallhof und Puppenspiel im Sonnenhäusel des Großen Gartens.

Theaterkahn, Terrassenufer an der Augustusbrücke, Ticket-Tel. 03 51/496 94 50, www.theaterkahn-dresden. Ein Elbkahn wurde zum schwimmenden Theater umfunktioniert. Das Repertoire reicht vom Kabarett bis zur Komödie.

Swing and Swirl – schicke Tänzerinnen und Tänzer im Club Pier 15 an der Puro Beach

Wechselbad der Gefühle, Maternistr. 17, Ticket-Tel. 0351/7961155, www.theater-wechselbad.de. Breites Programm vom Dinner-Theater bis zum Musical.

1001 Märchen in der Yenidze, Weißeritzstr. 3, Tel. 0351/4951001, www.1001maerchen.de. Märchenerzählungen für Jung und Alt im orientalischen Ambiente der früheren Zigarettenfabrik [Nr. 42].

Kino

Vier Multiplex- und acht Programmkinos bieten in Dresden Filmvergnügen für jeden Geschmack (Adressen und Infos auf www.dresden.de). An der Prager Straße beeindrucken zwei Kinos auch mit ihrer architektonischen Gestalt:

Neues Rundkino, Prager Str. 6, Tel. 0351/4843922, www.rundkino.com. Hier werden täglich 3D-Filme mit moderner Digitaltechnologie präsentiert.

UFA Kristallpalast, Prager Str./St. Petersburger Str., Tel. 0351/4825825, www.ufa-dresden.de. Das größte Kino Dresdens verfügt über acht Säle in einem auffällig gestalteten Gebäude.

Nachtleben

Bars

Balance Bar, im Hilton Dresden Hotel, An der Frauenkirche 5, Tel. 0351/8642848, www.hilton.de/dresden, tgl. bis 1 Uhr. Gemütliche Lounge mit Ledersesseln, orangeroten Wänden sowie leckeren Cocktails und einem guten Angebot an Tapas.

TOP TIPP **Karl May Bar**, im Hotel Taschenbergpalais Kempinski, Taschenberg 3, Tel. 0351/4912720 www.kempinski-dresden.de, tgl. 18–2 Uhr. Elegante Atmosphäre und die besten Cocktails der Stadt.

TOP TIPP **Wein Kultur Bar**, Wittenberger Str. 86, Tel. 0351/3157917, www.weinkulturbar.com, Di–Sa 15–23 Uhr. Moderne Weinbar mit bester Auswahl an etwa 600 Weinen. Die Küche bietet Suppen und köstliche Käsesorten.

Diskotheken und Livemusik

Alter Schlachthof, Gothaer Str. 11, Tel. 0351/431310, www.alter-schlachthof.de. Alter Sandsteinbau mit viel Platz für Livemusik und Konzerte aller Art.

Arteum, Am Brauhaus 3, Tel. 0351/2152770, www.arteum-dresden.de. Clublounge in der Radeberger Vorstadt mit Riesentanzfläche und Party-Events in von Gewölben überfangenen Hallen.

Bärenzwinger, Brühlscher Garten 1, Tel. 0351/4951409, www.baerenzwinger.de. Studentisches Kulturzentrum in den historischen Gewölben der Festung Dresden mit Konzerten, Disco etc.

Blue, Wallstr. 11, Tel. 0351/8020066, www.blue-dresden.de. Diskothek mit drei Dancefloors. Mittwochs Black Music, freitags Party Zone, samstags Schlagerparty.

Downtown, Katharinenstr. 11–13, Tel. 03 51/811 55 92, www.downtown-dresden.de. Einer der ältesten und beliebtesten Klubs in der Neustadt. Neben dem normalen Programm gibt es viele Konzerte und Sonderveranstaltungen.

Jazzclub Neue Tonne, Königstr. 15, Tel. 03 51/802 60 17, www.jazzclubtonne.de. Über 100 Auftritte internationaler Jazzmusiker im Jahr und sogar ein eigenes Jazzfestival.

Scheune, Alaunstr. 36–40, Tel. 03 51/ 32 35 56 40, www.scheune.org. Die Kulturinstitution aus DDR-Zeiten bietet ein kunterbuntes Programm aus Lesungen, Song Slams und Punk-Konzerten.

Sport

Fahrrad und Kanu

Dresden und seine Umgebung lassen sich gut per Fahrrad erkunden. Fahrräder leihen und geführte Touren buchen kann man u. a. bei:

Fahrrad Riemer, Oschatzer Str. 19, Tel. 03 51/849 23 93, www.fahrradriemer.de

Fahrradverleih der Deutschen Bahn, Dresden Hauptbahnhof (auch Kinderräder), Tel. 03 51/461 32 32 und Bahnhof Dresden Neustadt, Tel. 03 51/461 10 53

Engel Reisen, Ostra-Allee 29, Tel. 03 51/ 281 92 06, www.engel-fahrradreisen.de

Kanu Aktiv Tours, Schandauer Str. 17–19, Königstein, Tel. 03 53 21/59 99 60, www.kanu-aktiv-tours.de. Verleih von Kanus und Fahrrädern für Touren auf oder entlang der Elbe, auch in Kombination.

Skaten

Nachtskaten, Treffpunkt Halfpipe Lingner Allee, www.nachtskaten-dresden.de. Von der Halfpipe geht es freitags ab 21 Uhr zwischen Mai und September durch ganz Dresden.

Wandern und Klettern

Im einfachen Gelände der Dresdner Heide und entlang der Elbe oder im anspruchsvollen Terrain der Sächsischen Schweiz lässt es sich gut wandern. Für Kletterabenteuer im Elbsandsteingebirge sollte man über eine gute sportliche Kondition verfügen und sich erfahrenen Führern anvertrauen.

Bergsport Arnold, Obere Str. 2, Hohnstein, Tel. 03 59 75/812 46, www.bergsport-arnold.de. Geführte Wanderungen und Kletterkurse.

Kletterschule & Bergsport KSH, Pirnaer Str. 9, Königstein, Tel. 03 50 21/592 57, www.kletterschule-dresden.de

Schwimmbäder

Elbamare, Wölfnitzer Ring 65, Tel. 03 51/ 41 00 90, www.elbamare.de. Großes Erlebnisbad mit Innen- und Außenbecken sowie Whirlpool, Wasserrutschen und schönem Saunabereich.

Georg-Arnhold-Bad, Helmut-Schön-Allee 2, Tel. 03 51/494 22 03. Schönes Hallenbad mit Sport-, Erlebnis- und Planschbecken.

Schwimmsportkomplex Freiberger Platz, Freiberger Platz 1 a, Tel. 03 51/ 488 16 90. Große Schwimmhalle mit täglichem Kursangebot.

Die süßesten Bengel der Welt – Raffaels Engelchen in der Gemäldegalerie Alte Meister

Wohlklang in der Frauenkirche – die barocke Silbermann-Orgel mit Engelchen

Stadtbesichtigung

Mit PKW und Bus

Stadtrundfahrt, Start am Theaterplatz, www.stadtrundfahrt.de. Feste Route, individuelles Aus- und Zusteigen an 22 Haltestellen.

Rote Doppeldecker, Feldschlösschenstr. 8, Tel. 03 51/494 04 04, www.stadtrundfahrt-dresden.de. Auf unterschiedlichen Touren geht es mit den oben offenen Doppeldeckerbussen durch die Stadt.

Trabi Safari, Ostra-Allee 25, Tel. 03 51/89 90 01 10, www.trabi-safari.de. Mit der legendären ›Rennpappe‹ im Konvoi über Dresdens Straßen (nur mit PKW-Führerschein). Nach kurzer Einweisung darf man einen Trabi auf einer 90-minütigen Rundtour selbst steuern.

Zu Fuß, per Fahrrad und Schiff

Engel Reisen, Tornaer Str. 74, Tel. 03 51/281 92 06, www.touristik-dresden.de. Thematische Stadtrundgänge mit ›historischen Persönlichkeiten‹ und geführte Fahrradtouren durch die Stadt.

Igeltour, Pulsnitzer Str. 10, Tel. 03 51/804 45 57, www.igeltour-dresden.de. Stadterkundungen zu Fuß, per Bus, Fahrrad, Schiff oder mit öffentlichen Verkehrsmitteln auf verschiedenen thematischen Touren.

Sächsische Dampfschifffahrt, Hertha-Lindner-Str. 10, Tel. 03 51/86 60 90, www.saechsische-dampfschiffahrt.de. Auf historischen Schaufelraddampfern und Salonschiffen kann man Panoramafahrten auf der Elbe zwischen Dresden und seinen Vororten oder bis ins Elbsandsteingebirge unternehmen.

Statistik

Bedeutung: Dresden ist die Landeshauptstadt des Freistaates Sachsen und sein politisches, wissenschaftliches und kulturelles Zentrum.

Lage: 51° 02' 55'' N und 13° 44' 29'' O. Dresden liegt im südöstlichen Teil des Freistaates Sachsen.

Fläche: 328,31 km², davon 62 % Grün- und Waldflächen. Nach Berlin, Hamburg und Köln ist Dresden die flächenmäßig viertgrößte Großstadt Deutschlands.

Einwohnerzahl: Dresden zählt über 520 000 Einwohner, d.h. 1590 pro km².

Religion: Knapp 80 % der Dresdner sind konfessionslos, ca. 15 % gehören der evangelischen, rund 5 % der katholischen Kirche an. Etwa 1,5 % sind Mitglieder anderer Glaubensgemeinschaften.

Verkehrsnetz: Dresden ist mit dem Flughafen in Klotzsche und den Fernbahnhöfen Hauptbahnhof und Neustadt gut mit anderen Städten Deutschlands und Europas verbunden. 12 Straßenbahn- und 29 Buslinien bilden das Netz der Dresdner Verkehrsbetriebe (www.dvb.de). Bislang neun Brücken verbinden die beiden Elbseiten innerhalb der Stadtgrenzen. Zum Nahverkehr gehören noch vier Elbfähren, die Standseilbahn [s. S. 95] zum Quartier Weißer Hirsch und eine Schwebebahn [Nr. 62] nach Oberloschwitz.

Wirtschaft: Gleich nach Leipzig ist Dresden der zweitgrößte Gewerbestandort Sachsens. Die starke Position der Mikroelektronik hat der Region zum Beinamen ›Silicon Saxony‹ verholfen. VW produziert in Dresden den Phaeton in der Gläsernen Manufaktur. Jeder fünfte Beschäftigte der Stadt hat einen Hochschulabschluss. In Dresden studieren gut 40 000 Studenten an neun Hochschulen. Der Tourismus ist mit knapp 10 Mio. Gästen und gut 3,3 Mio. Übernachtungen pro Jahr wichtigster Wirtschaftszweig. Die Arbeitslosenquote beträgt etwa 11 %.

Stadtverwaltung: Der Bürgermeister ist Leiter der Stadtverwaltung und wird für sieben Jahre direkt gewählt. Ihm stehen Bürgermeister für einzelne Fachbereiche zur Seite. Die gewählte Vertretung der Dresdner Bürger ist der Stadtrat, seine Abgeordneten werden für fünf Jahre gewählt. Die Kommunalverwaltung der Stadt gliedert sich in zehn Ortsämter.

Stadtwappen: Das Dresdner Stadtwappen zeigt auf goldenem Grund einen aufgerichteten schwarzen Löwen mit roter Zunge und roten Krallen in der linken und die senkrechten schwarzen Landsberger Pfähle in der rechten Hälfte. Es begründet sich auf Wappen des Adelshauses Wettin.

Partnerstädte: Dresden pflegt 13 Städtepartnerschaften, darunter mit Coventry (seit 1959), mit Hamburg (seit 1987) und mit Hangzhou in China (seit 2009).

Unterkunft

Camping

Campingplatz Mockritz, Boderitzer Str. 30, Dresden, Tel. 03 51/471 52 50, www.camping-dresden.de. 95 Stellplätze im Ortsteil Mockritz im Süden der Stadt. Außerdem werden Ferienwohnungen vermietet.

Campingplatz Wostra, An der Wostra 7, Tel. 03 51/201 32 54, cp-wostra@freenet.de. Städtischer Platz mit 60 Stellplätzen in einem ebenen Wiesengelände etwa 200 m von der Elbe entfernt. Nicht weit davon gibt es auch ein Freibad und einen FKK-Badesee.

Hotels

*****__Hilton Dresden Hotel__, An der Frauenkirche 5, Tel. 03 51/864 20, www.hilton.de/dresden. Moderne Unterkunft im Herzen der Altstadt mit elegant eingerichteten Zimmern, ausgezeichneten Restaurants und Bars sowie einem komfortablen Wellnessbereich.

*****__QF Hotel__, Neumarkt 1, Tel. 03 51/563 30 90, www.qf-hotel.de. Modernes Ambiente und hochwertige Einrichtung in Naturtönen. Dachterrasse mit Blick auf die Frauenkirche.

TOP TIPP *****__Steigenberger Hotel de Saxe__, Neumarkt 9, Tel. 03 51/438 60, www.steigenberger.com/Dresden. Repräsentative Herberge nach historischem Vorbild direkt am Neumarkt. Große Dachterrasse und gutes Restaurant mit regionalen und internationalen Spezialitäten.

*****__Taschenbergpalais Kempinski__, Taschenberg 3, Tel. 03 51/491 20, www.kempinski-dresden.de. Luxushotel im barocken Stadtpalais [s. S. 35], elegant möbliert und mit bestem Service.

TOP TIPP *****__The Westin Bellevue__, Große Meißner Str. 15, Tel. 03 51/80 50, www.westin.com/dresden. Am rechten Elbufer inmitten malerischer Gärten gelegen. Moderne Einrichtung mit barocken Akzenten, Pool mit Elbblick und mehrere gute Restaurants.

TOP TIPP ****__art'otel Dresden__, Ostra-Allee 33, Tel. 03 51/492 20, www.artotels.com. Mit Werken des Künstlers A. R. Penck eingerichtetes Hotel mit 174 Zimmern und 19 Suiten am Rande der Altstadt, kleiner Entspannungsbereich.

****__Innside__, Salzgasse 4, Tel. 03 51/79 51 50, www.innside.de. Modernes Design-Hotel in bester Lage zwischen Frauenkirche und Albertinum, mit Fitnessbereich und gutem Restaurant.

***__Novalis__, Bärnsdorfer Str. 185, Tel. 03 51/821 30, www.novalis-hotel.de. Einfaches Hotel mit 83 Zimmern, ca. 5 km vom Stadtzentrum entfernt.

***__Pension am Großen Garten__, Beilstr. 30, Tel. 03 51/25 47 40, www.pension-am-grossen-garten.de. Schöne Pension etwas außerhalb des Zentrums in einer ruhigen Wohnstraße. Hervorragendes Frühstücksbuffet.

****Alttolkewitzer Hof**, Alttolkewitz 7, Tel. 03 51/251 04 31, www.alttolkewitzer-hof.de. Radfahrerfreundliches Haus mit 24 schlicht eingerichteten Zimmern in Dresden Laubegast/Alttolkewitz. Hotelrestaurant mit regionaler Küche.

****Gästehaus Mezcalero**, Königsbrücker Str. 64, Tel. 03 51/81 07 70, www.mezcalero.de. Bed & Breakfast in mexikanisch-aztekischem Ambiente. Einzel-, Doppel- und Mehrbettzimmer, ruhige Lage in der munteren Äußeren Neustadt.

TOP TIPP ****Nebenan**, Schillerplatz 10, Tel. 03 51/314 87 11, www.pensionnebenan.de. Freundliche, besonders bei Radlern beliebte Pension direkt neben dem Blauen Wunder am Elberadweg.

Aparthotels An der Frauenkirche, Münzgasse 10, 03 51/438 11 11, www.aparthotels-frauenkirche.de. Mit viel Komfort ausgestattete Apartments von 40–120 m² Größe in verschiedenen Häusern rund um den Neumarkt.

Pension am Zwinger, Ostra-Allee 27, Tel. 03 51/89 90 01 00, www.pension-zwinger.de. Nette Apartments und Zimmer mit Kochzeile in der Nähe des Zwingers.

Hostels und Jugendherbergen

Herbergsschiff Die Koje, Leipziger Str. 15, Tel. 03 51/840 09 81, www.diekoje.de. Günstige Übernachtung in Zwei- und Dreibettkojen an Bord eines Flussdampfers im Neustädter Hafen.

Hostel Louise 20, Louisenstr. 20, Tel. 03 51/889 48 94, www.louise20.de. In einem malerischen Innenhof der quirligen Louisenstraße und über einem gemütlichen Restaurant liegt die Herberge mit individuell ausgestatteten Ein- bis Fünfbettzimmern. Gästeküche und gutes Frühstücksbüffet. Im Vorderhaus stehen zudem Apartments zur Verfügung.

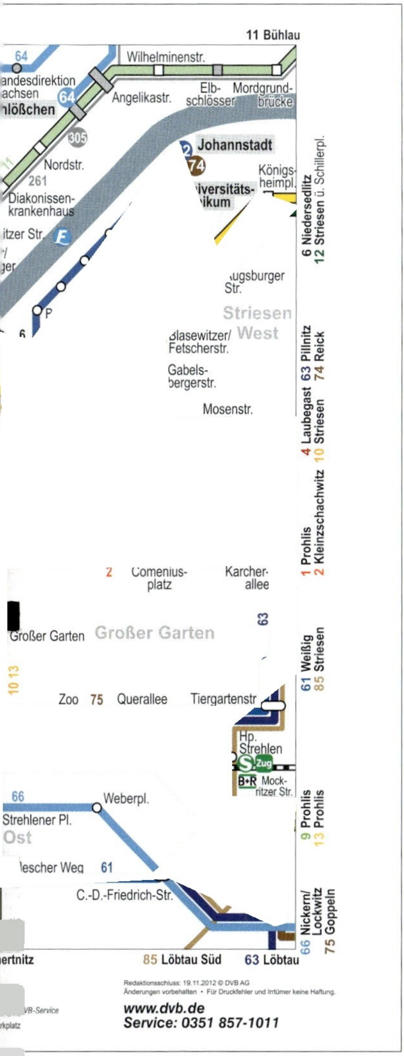

Hostel Mondpalast, Louisenstr. 77, Tel. 03 51/563 40 50, www.mondpalast.de. Unkompliziertes Hostel für Backpacker, Familien oder Einzelreisende. Gästeküche, Fahrradverleih, gutes Frühstücksbuffet und nette Bar.

TOP TIPP

Jugendherberge Dresden, Maternistr. 22, Tel. 03 51/49 26 20, www.jugendherberge-sachsen.de. Größte Jugendherberge Sachsens, überwiegend Zwei-Bettzimmer. Zünftiges Frühstücksbuffet.

Verkehrsmittel

Öffentliche Verkehrsmittel

Dresdner Verkehrsbetriebe DVB, Tel. 03 51/857 10 11, www.dvb.de

Verkehrsverbund Oberelbe VVO, Tel. 03 51/852 65 55, www.vvo-online.de

Mit der **Familientageskarte** können zwei Erwachsene und bis zu vier Kinder (bis 14 Jahre) wahlweise in einer Tarifzone, zwei Zonen oder dem gesamten Verkehrsverbund fahren, sie ist 24 Std. gültig. Die **Kleingruppenkarte** für max. fünf Personen gilt für den ganzen Verbundraum.

Bergbahnen

Die **Standseilbahn** führt vom Körnerplatz zum Weißen Hirsch, die **Schwebebahn** von der Pillnitzer Landstraße nach Oberloschwitz (www.dvb.de).

Elbschifffahrt

Sächsische Dampfschiffahrts GmbH, Hertha-Lindner-Str. 10, Tel. 03 51/86 60 90, www.saechsische-dampfschiffahrt.de

Personenfähren zwischen Johannstadt und Neustadt, Niederpoyritz und Laubegast, Kleinzschachwitz und Pillnitz.

Mietwagen

ADAC Mitglieder können über die Geschäftsstellen oder die **ADAC Autovermietung** einen Mietwagen (Tel. 089/76 76 20 99) buchen.

Avis, Tel. 03 51/881 46 00, www.avis.de.

Europcar, Tel. 03 51/881 45 91, www.europcar.de

Hertz, Tel. 03 51/881 45 80, www.hertz.com

Taxi

Funktaxi Dresden, Tel. 03 51/21 12 11, www.taxi-dresden.de

Reiseziel	■ ADAC Reiseführer	■ ADAC Reiseführer plus
Ägypten	■	■
Algarve	■	■
Allgäu	■	■
Alpen – Freizeitparadies	■	
Amsterdam	■*	■*
Andalusien	■*	■*
Australien	■	■
Bali & Lombok	■	■
Baltikum	■	■
Barcelona	■*	■*
Bayerischer Wald	■	■
Berlin	■*	■*
Bodensee	■	■
Brandenburg	■	■
Brasilien	■	
Bretagne	■	■
Budapest	■*	■*
Bulgarische Schwarzmeerküste	■	■
Burgund	■	
City Guide Germany	■	
Costa Brava und Costa Daurada	■	
Côte d'Azur	■	■
Dänemark	■	■
Dalmatien	■	■
Deutschland – Die schönsten Autotouren		■
Deutschland – Die schönsten Orte und Regionen	■	■
Deutschland – Die schönsten Städtetouren	■	
Dresden	■*	■*
Dubai, Vereinigte Arab. Emirate, Oman	■	■
Elsass	■*	■*
Emilia Romagna	■*	■*
Florenz	■	■
Florida	■	■
Franz. Atlantikküste	■	■
Fuerteventura	■	■
Gardasee	■	■
Golf von Neapel	■	■
Gran Canaria	■	■
Hamburg	■	■
Harz	■*	■*
Hongkong & Macau	■	
Ibiza & Formentera	■	■
Irland	■	■
Israel	■	■
Istanbul	■	■
Istrien und Kvarner Bucht	■	■
Italien – Die schönsten Orte und Regionen	■	■
Italienische Adria	■	■*
Italienische Riviera	■	■*
Jamaika	■	
Kalifornien	■	■
Kanada – Der Osten	■	■
Kanada – Der Westen	■	■
Karibik	■	■
Kenia	■	■
Korfu & Ionische Inseln	■	■
Kreta	■	■
Kuba	■	■
Kykladen	■	
Lanzarote	■	■
Leipzig	■	■*
Lissabon	■	■*
London	■	■
Madeira	■	■
Mallorca	■	■
Malta	■	■
Marokko	■	■
Mauritius & Rodrigues	■	■
Mecklenburg-Vorpommern	■	■*
München	■	■*
Neuengland	■	■
Neuseeland	■	■
New York	■	■*
Niederlande	■	■
Norwegen	■	■
Oberbayern	■	■
Paris	■	■
Peloponnes	■	
Piemont, Lombardei, Valle d'Aosta	■	■*
Polen	■	■
Portugal	■	■*
Prag	■	■*
Provence	■	■
Rhodos	■	■
Rom	■	■
Rügen, Hiddensee, Stralsund	■	■
Salzburg	■	■*
St. Petersburg	■	■
Sardinien	■	■
Schleswig-Holstein	■	■
Schottland	■	■
Schwarzwald	■	■*
Schweden	■	■
Schweiz	■*	■*
Sizilien	■	■
Spanien	■	■
Südafrika	■	■
Südengland	■	■
Südtirol	■	■*
Sylt	■	■
Teneriffa	■	■
Tessin	■	■
Thailand	■	■
Thüringen	■	■
Toskana	■*	■*
Trentino	■	■
Tunesien	■	■
Türkei – Südküste	■	■
Türkei – Westküste	■	■
Umbrien	■	
Ungarn	■	■
USA – Südstaaten	■	
USA – Südwest	■	■
Usedom	■	■
Venedig	■	■
Wien	■	■*
Zypern	■	■

* mit Reise-Videos oder Audio-Features (abrufbar über QR-Code)

■ ADAC Reiseführer
144 bzw. 192 Seiten

■ ADAC Reiseführer plus
(mit Extraplan)
144 bzw. 192 Seiten

Mehr erleben, besser reisen … mit ADAC Reiseführern!

Foto: © Jens Wulf – Fotolia.com

Stand: 4/2013

Register

Impressum

Chefredakteur: Dr. Hans-Joachim Völse
Textchefin: Dr. Dagmar Walden
Chef vom Dienst: Bernhard Scheller
Lektorat: Julia Babin, Nadine Hildebrandt, Dr. Dagmar Walden
Aktualisierung: Astrid Rohmfeld
Bildredaktion: Jörg Fokuhl
Kartographie: ADAC e.V. Kartographie/KAR, Computerkartographie Carrle
Layout: Michael Bibl
Herstellung: Barbara Thoma
Druck, Bindung: Rasch Druckerei und Verlag

Printed in Germany

Ansprechpartner für den Anzeigenverkauf: KV Kommunalverlag GmbH & Co KG, München, Tel. 089/92 80 96 53

ISBN 978-3-86207-120-3

Neu bearbeitete Auflage 2014

© ADAC Verlag GmbH & Co. KG, München

Das Werk einschließlich aller seiner Teile ist urheberrechtlich geschützt. Jede Verwendung ohne Zustimmung des Verlags ist unzulässig und strafbar. Das gilt insbesondere für Vervielfältigungen, Übersetzungen, Mikroverfilmungen und die Verarbeitung in elektronischen Systemen. Die Daten und Fakten für dieses Werk wurden mit äußerster Sorgfalt recherchiert und geprüft. Wir weisen jedoch darauf hin, dass diese Angaben häufig Veränderungen unterworfen sind und inhaltliche Fehler oder Auslassungen nicht völlig auszuschließen sind. Für eventuelle Fehler können die Autoren, der Verlag und seine Mitarbeiter keinerlei Verpflichtung und Haftung übernehmen.

Bildnachweis

Titel: Frauenkirche auf dem Neumarkt. Foto: Shutterstock (Scirocco340)

A1PIX: 41 (Your Photo Today) – **Action Press**: 90 – **AKG-images**: 12 (NN), 57 (L. M. Peter) – **Alimdi.net**: 32, 105, 108 – **AP Images**: 2.2 (NN), 66 (Jens Meyer) – **Artur**: 84 (Jörg Schöner) – **Avatra Images**: 51 (Peter Widmann) – **Blickwinkel**: 101 – **Blumebild**: 72 (Gunter Kirsch) – **Bildagentur Online:** 63, 102 – **Bildstelle**: 97 (Ariane Lohmar) – Hans Ludwig Böhme: 48 – **bpk-Staatliche Kunstsammlungen Dresden**: 2.4, 7.2, 34 (Elke Estel, Hans-Peter Klut), 8, 13, 45 (Wh.) (Hans-Peter Klut), 21 (David Brandt), 10, 24, 44 (Jürgen Karpinski) – **Caro**: 62 (Kahnert) – D-Foto: 70 (Ilona Studre) – **dpa Picture-Alliance**: 29 (NN), 43, 143.1 (Wh.), U4 rechts (Wh.) (Matthias Hiekel) – **Freelens Pool**: 64, 121 (Rainer Weisflog), 106 (Ernst Wrba) – **Getty Images**: 8.1, 36, 125, U4 links (Wh.) – **Jose Giribas**: 20 – **Huber Bildagentur**: 4.1 (Kaos02), 39 – **imagebroker**: 87, 143.3 (Wh.) (Michael Nitzschke) – **imagetrust**: 11 (Ralf Meyer) – **imago**: 4.3, 98, 126, 132 (Momentphoto, Killig), 15 (Star-Media), 26 (McPhoto), 60, 112 (imagebroker) – **laif**: 2.1 (Stefan Volk), 4.4, 31, 78, 134 (Rabouan/hemis.fr), 7.1 (Thoma Babovic), 19, 81, 131, 142.2 (Berthold Steinhilber), 59 (Kirchner), 69 (Thomas Linkel) – **Literaturweltendresden.de**: 73 – **Look**: 53, 92 (H & D Zielske), 110 (Bernhard von Dierendonck), 116 (Age Fotostock) – **Mauritius images**: 54 (NN), 75 (Ernst Wrba) – **Momentphoto**: 25 (Oliver Killig) – **Plotpoint**: 94 (Daniel Koch) – **Porzellan-Manufaktur Meissen**: 3.4, 119, 120 – **Staatliche Kunstsammlungen Dresden**: 4.2, 6, 58 (David Brandt), 9.3, 9.4, 22 (Jürgen Karpinski), 16, 47 (Jürgen Lösel – **Süddeutsche Zeitung Photo**: 14 (Peter Probst) – **Star-Media**: 89 (Georg Nowotny) – **Vario Images**: 109 (Bernhard Classen) – **Visum**: 83 (Jürgen Lösel) – **Your Photo Today**: 76 (PM), 133 (Superbild)

1 Tag in Dresden

Die weitläufige Anlage des **Theaterplatzes** ist ein guter Ausgangspunkt für die Erkundung Dresdens. Auch der nahe gelegene **Zwingerhof** ist bereits früh am Morgen zugänglich und lädt zum Lustwandeln ein. Um 10 Uhr (Di–So) geht es dann in die **Gemäldegalerie Alte Meister** mit Weltberühmtheiten wie Raffaels ›Sixtinischer Madonna‹ und den romantischen, doch detailgetreuen Dresden-Veduten des Venezianers Canaletto. An der Hofkirche vorbei geht es danach hinauf zur **Brühlschen Terrasse**. Hier genießt man den Blick vom ›Balkon Europas‹ auf die Elbe und das Neustädter Ufer. Nun lenkt man den Schritt wieder durch die Gassen der Altstadt bis zum **Neumarkt**, dessen strahlender Mittelpunkt die **Frauenkirche** ist. Nach deren Besichtigung verlocken die umliegenden Cafés zu einer kleinen Pause. Danach geht es am **Fürstenzug** entlang zum Residenzschloss mit seinen spektakulären Kunstsammlungen. Zeit nehmen sollte man sich für das **Grüne Gewölbe**, das opulenteste Schatzkammermuseum Europas. Den Abend krönt ein Besuch der **Semperoper** (Karten reservieren) sowie ein Drink im Bistro des Taschenbergpalais Kempinski.

1 Wochenende in Dresden

Freitag Startpunkt ist der **Theaterplatz** mit der berühmten **Semperoper**. Von dort aus schlendert man an der Hofkirche und am **Fürstenzug**, dem größten Porzellanbild der Welt, entlang. Nach einem Blick in den **Stallhof** gelangt man zum **Neumarkt**, auf dem sich Dresdens Wahrzeichen, die **Frauenkirche**, erhebt. Nach der Besichtigung und einer kurzen Pause in einem der zahlreichen Cafés am Neumarkt schlendert man über die **Brühlsche Terrasse** und genießt den Ausblick vom ›Balkon Europas‹. Der restliche Tag gehört dem Residenzschloss. Im **Grünen Gewölbe** bewundert man die Kostbarkeiten, die die Herrscher Sachsens einst zusammengetragen haben, in der **Türckischen Cammer** wird eine einmalige Sammlung osmanischer Kunst präsentiert.

Samstag Nach einem Besuch des **Zwingerhofes** geht es in die **Gemäldegalerie Alte Meister** mit Raffaels ›Sixtinischer Madonna‹, Canalettos Dresdner Stadtansichten und vielen weiteren Gemälden aus dem 15.–18. Jh. Danach überquert man auf der **Augustusbrücke** die Elbe, um in die Neustadt zu gelangen. Ein Rundgang führt vom Denkmal des **Goldenen Reiters** am Neustädter Markt über die von Brunnen und Skulpturen gesäumte **Hauptstraße** oder vorbei an den Barock- und Gründerzeitbauten der **Königstraße**. Nach einem Abstecher in die **Dreikönigskirche** mit dem berühmten Relieffries des ›Totentanzes‹ geht es weiter zum **Albertplatz** und von da über die Bautzner Straße in den Käseladen **Pfunds Molkerei**. Vor oder nach dem abendlichen Besuch der **Semperoper** (Karten vorbuchen) bietet sich ein Abendessen in einem der Restaurants des nahen **Italienischen Dörfchens** an.

Sonntag Der Tag beginnt mit dem Besuch der Skulpturensammlung und der Galerie Neue Meister im spektakulär modernisierten **Albertinum**. Danach geht es über den **Altmarkt** zur **Kreuzkirche**. Ihr 92 m hoher Turm bietet einen wunderbaren Blick über die ganze Stadt. Gemütlich beschließen kann man das Wochenende mit einer gemütlichen **Stadtrundfahrt zu Wasser**: die historischen Raddampfer der Sächsischen Dampfschiffahrt starten unterhalb der Brühlschen Terrasse und passieren im Rahmen der etwa 90-minütigen Tour auf der Elbe die Albrechtsschlösser, die malerischen Villenviertel Blasewitz und Loschwitz und die berühmte Brücke ›Blaues Wunder‹.

Besuchen Sie auch diese historischen Orte!

Gedenkstätten zur Erinnerung an die Opfer politischer Gewaltherrschaft in Dresden und Umgebung

GEDENKSTÄTTE MÜNCHNER PLATZ DRESDEN
STIFTUNG SÄCHSISCHE GEDENKSTÄTTEN

Gedenkstätte Münchner Platz Dresden
Gerichtsort, Haftanstalt und Hinrichtungsstätte während der nationalsozialistischen Diktatur, der sowjetischen Besatzung und der DDR
Geöffnet Mo–Fr 10–16 Uhr,
Sa, So, Feiertag 10–18 Uhr
Öffentliche Führungen Sa, So,
Feiertag 14 Uhr, Eintritt frei
Münchner Platz 3, 01187 Dresden
Tel.: 0351 46331990
www.muenchner-platz-dresden.de

GEDENKSTÄTTE
Bautzner Straße Dresden

Gedenkstätte Bautzner Straße Dresden
Original erhaltene Stasi-Untersuchungshaftanstalt mit Stasi-Festsaal und sowjetischem Haftkeller
Geöffnet täglich 10–18 Uhr
Bautzner Straße 112a, 01099 Dresden
Tel.: 0351 6465454
www.bautzner-strasse-dresden.de

GEDENKSTÄTTE PIRNA SONNENSTEIN
STIFTUNG SÄCHSISCHE GEDENKSTÄTTEN

Gedenkstätte Pirna-Sonnenstein
Erinnern an die Opfer der nationalsozialistischen „Euthanasie“-Verbrechen am historischen Ort der früheren Tötungsanstalt
Geöffnet Mo–Fr 9–16 Uhr, Sa 11–16 Uhr
Öffentliche Führung Sa 14 Uhr
Eintritt frei
Schlosspark 11, 01796 Pirna
Tel.: 03501 710963
www.pirna-sonnenstein.de